REA: THE TEST PREP AP TEACHERS RECOMMEND

AP* FRENCH LANGUAGE AND CULTURE ALL ACCESS™

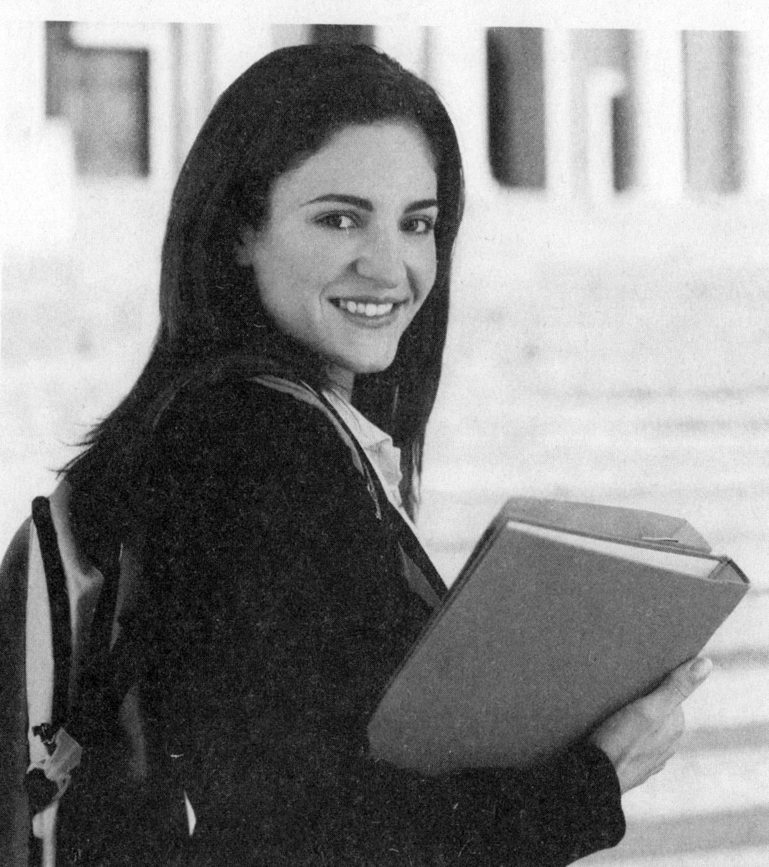

[illegible]en M. Angelini, Ph.D.
Professor of French
Canisius College
Buffalo, New York

Geraldine O'Neill, Ph.D.
Adjunct Professor of French
Pace University
Pleasantville, New York

Adina C. Alexandru, Ed.D.
Adjunct Professor of French
Bay Path College
Longmeadow, Massachusetts

Julie Huntington, Ph.D.
Assistant Professor of French
Marymount Manhattan College
New York, New York

Erica Stofanak
AP French Language and Culture Teacher
Spaulding High School
Berwick, Maine

Research & Education Association

Visit our website: www.rea.com/studycenter

Planet Friendly Publishing
✔ Made in the United States
✔ Printed on Recycled Paper
Text: 10% Cover: 10%
Learn more: www.greenedition.org

At REA we're committed to producing books in an Earth-friendly manner and to helping our customers make greener choices.

Manufacturing books in the United States ensures compliance with strict environmental laws and eliminates the need for international freight shipping, a major contributor to global air pollution.

And printing on recycled paper helps minimize our consumption of trees, water and fossil fuels. This book was printed on paper made with **10% post-consumer waste**. According to the Environmental Paper Network's Paper Calculator, by using this innovative paper instead of conventional papers, we achieved the following environmental benefits:

Trees Saved: 8 • Air Emissions Eliminated: 1,845 pounds
Water Saved: 1,596 gallons • Solid Waste Eliminated: 541 pounds

Courier Corporation, the manufacturer of this book, owns the Green Edition Trademark.
For more information on our environmental practices, please visit us online at **www.rea.com/green**

Research & Education Association
61 Ethel Road West
Piscataway, New Jersey 08854
E-mail: info@rea.com

AP FRENCH LANGUAGE AND CULTURE ALL ACCESS™

Printed in the United States of America

Library of Congress Control Number 2011943700

ISBN-13: 978-0-7386-1060-3
ISBN-10: 0-7386-1060-7

Contents

About Our Authors

Eileen M. Angelini, Ph.D., is a Professor of French in the Department of Modern Languages, Literatures, and Cultures at Canisius College in Buffalo, New York. Dr. Angelini received her B.A. from Middlebury College, Middlebury, Vermont, and her M.S. and Ph.D. in French Studies from Brown University, Providence, Rhode Island. Dr. Angelini was the recipient of a Canada-U.S. Fulbright award as a Fulbright Visiting Research Chair in Globalization and Cultural Studies at McMaster University, Hamilton, Ontario.

Prior to coming to Canisius College, Dr. Angelini was the Director of the Foreign Language Program and Associate Professor of Foreign Languages at Philadelphia University, Philadelphia, Pennsylvania. As Director of the Foreign Language Program, she developed a four-skilled proficiency- and content-based language program that incorporated computer- and video-assisted instruction at a school that is known for its general education program and its interdisciplinary majors.

Dr. Angelini was the recipient of the 2008 AATF Dorothy Ludwig National Award for Outstanding Teacher of the Year at the University Level and the 2007 New York State Association of Foreign Language Teachers Ruth E. Wasley Distinguished Teacher Award Post-Secondary.

A firm believer in the importance of service to the foreign language profession, Dr. Angelini actively participates on several organizational committees. She is currently Chair of the American Association of Teachers of French National Commission on French for Business and Economic Purposes; a question leader for the AP French Language and Culture Examination; a Senior Reviewer for the AP French Language Audit; a Workshop Consultant for the College Board; a member of the Praxis II World Languages National Advisory and Test Development Committees; the Northeast Vice President for Pi Delta Phi (the National French Honor Society); and a current member of the NYSAFLT Board of Directors.

Geraldine O'Neill, Ph.D., is currently an Adjunct Professor at Pace University, Pleasantville, New York, where she teaches beginning, intermediate and advanced French Language classes. She received her B.A. and M.A. from the University of

Michigan and her Ph.D. from Ohio State University. Dr. O'Neill has taught all levels of French Language for more than 27 years. She serves as a Reader for the AP French Language and Culture exam.

Adina C. Alexandru, Ed.D., is a secondary foreign language teacher, as well as an adjunct professor at Bay Path College in Longmeadow, Massachusetts. She also teaches graduate classes online for the University of Phoenix. Dr. Alexandru holds an M.A.T. in Secondary Education and French, a C.A.G.S. in Spanish, and a Doctorate in Education with a focus on Language, Literacy, and Culture. She is a National Board Certified Teacher of French.

Dr. Alexandru is also an active member of the Teacher to Teacher Initiative. She is a member of ACTFL, MAFLA, COLT, AATF, and NATSFL. Dr. Alexandru currently teaches AP French Language and Culture at Southington High School and manages the Le Grand Concours (the National French Exam) for the State of Connecticut.

Julie Huntington, Ph.D., is currently an Assistant Professor of French at Marymount Manhattan College, New York, New York. She received her B.A. in French and Anthropology from Eastern Michigan University and her M.A. and Ph.D. in French from Vanderbilt University, Nashville, Tennessee.

Dr. Huntington's teaching and research interests focus on exploring questions of language, identity, voice, and representation in twentieth- and twenty-first-century Francophone literature. She also works on projects in foreign language pedagogy, placing particular emphasis on evaluating strategies for teaching literature and promoting intercultural awareness at all levels of foreign language teaching.

Erica Stofanak is an AP French Language and Culture teacher at Spaulding High School, Berwick, Maine. She earned her B.A. in French and Mathematics at the University of Maine, Presque Isle, Maine. She is currently enrolled in a Masters program at St. Joseph's College of Maine, Standish, Maine.

Ms. Stofanak is currently the International Language Department Head at Spaulding High School and is actively engaged in Competency Based Instruction Training. In 2009, Ms. Stofanak was nominated for Maine Teacher of the Year.

About Research & Education Association

Founded in 1959, Research & Education Association is dedicated to publishing the finest and most effective educational materials—including software, study guides, and test preps—for students in middle school, high school, college, graduate school, and beyond. Today, REA's wide-ranging catalog is a leading resource for teachers, students, and professionals.

Acknowledgments

REA would like to thank Larry B. Kling, Vice President, Editorial, for supervising development; Pam Weston, Publisher, for setting the quality standards for production integrity and managing the publication to completion; John Cording, Vice President, Technology, for coordinating the design and development of the REA Study Center; Diane Goldschmidt and Michael Reynolds, Managing Editors, for coordinating development of this edition; Claudia Petrilli, Graphic Designer, for interior book design; American BookWorks Corp. for content development and typesetting; and Weymouth Design and Christine Saul for cover design.

We also thank Clint Huffaker, Jane See, and Mico Raebiger for their professional recordings of the audio portions of our practice exams.

Chapter 1

Welcome to REA's All Access for AP French Language and Culture

A new, more effective way to prepare for your AP exam.

There are many different ways to prepare for an AP exam. What's best for you depends on how much time you have to study and how comfortable you are with the subject matter. To score your highest, you need a system that can be customized to fit you: your schedule, your learning style, and your current level of knowledge.

This book, and the free online tools that come with it, will help you personalize your AP prep by testing your understanding, pinpointing your weaknesses, and delivering flashcard study materials unique to you.

Let's get started and see how this system works.

How to Use REA's AP All Access

The REA AP All Access system allows you to create a personalized study plan through three simple steps: targeted review of exam content, assessment of your knowledge, and focused study in the topics where you need the most help.

Here's how it works:

Review the Book	Study the topics tested on the AP exam and learn proven strategies that will help you tackle any question you may see on test day.
Test Yourself & Get Feedback	As you review the book, test yourself. Score reports from your free online tests and quizzes give you a fast way to pinpoint what you really know and what you should spend more time studying.
Improve Your Score	Armed with your score reports, you can personalize your study plan. Review the parts of the book where you are weakest, and use the REA Study Center to create your own unique e-flashcards, adding to the 100 free cards included with this book.

Finding Your Weaknesses: The REA Study Center

The best way to personalize your study plan and truly focus on your weaknesses is to get frequent feedback on what you know and what you don't. At the online REA Study Center, you can access two types of assessment: chapter quizzes and two full-length practice tests. Each of these tools provides true-to-format questions and delivers a detailed score report that follows the topics set by the College Board.

Quizzes

Short, 15-minute online quizzes are available throughout the review and are designed to test your immediate grasp of the topics just covered.

Full-Length Practice Tests

After you've finished reviewing the book, take our full-length exams to practice under test-day conditions. Available both in this book and online, these tests give you the most complete picture of your strengths and weaknesses. We strongly recommend that you take the online version of the exams for the added benefits of timed testing, automatic scoring, and a detailed score report. When you register at the REA Study Center and enter your access code, you will be able to download audio for both practice exams. Audio is integrated within the online practice tests.

Improving Your Score: e-Flashcards

Once you get your score report, you'll be able to see exactly which topics you need to review. Use this information to create your own flashcards for the areas where you are weak. And, because you will create these flashcards through the REA Study Center, you'll be able to access them from any computer or smartphone.

Not quite sure what to put on your flashcards? Start with the 100 free cards included when you buy this book.

REA's Suggested 8-Week AP Study Plan

Depending on how much time you have until test day, you can expand or condense our eight-week study plan as you see fit.

To score your highest, use our suggested study plan and customize it to fit your schedule, targeting the areas where you need the most review.

	Review 1-2 hours	Quiz 15 minutes	e-Flashcards Anytime, anywhere	Full-Length Practice Test 3 hours
Week 1	Chapters 1-2		Access your e-flashcards from your computer or smartphone whenever you have a few extra minutes to study. Start with the 100 free cards included when you buy this book. Personalize your prep by creating your own cards for topics where you need extra study.	
Week 2	Chapter 3	Quiz 1		
Weeks 3-4	Chapter 4	Quiz 2		
Weeks 5-6	Chapter 5	Quiz 3		
Week 6	Review Chapter 2 Strategies			Full-Length Practice Exam 1 (Just like test day)
Week 7	Review material that gave you trouble on the practice exam.			
Week 8	Review Chapter 2 Strategies			Full-Length Practice Exam 2 (Just like test day)

Test-Day Checklist

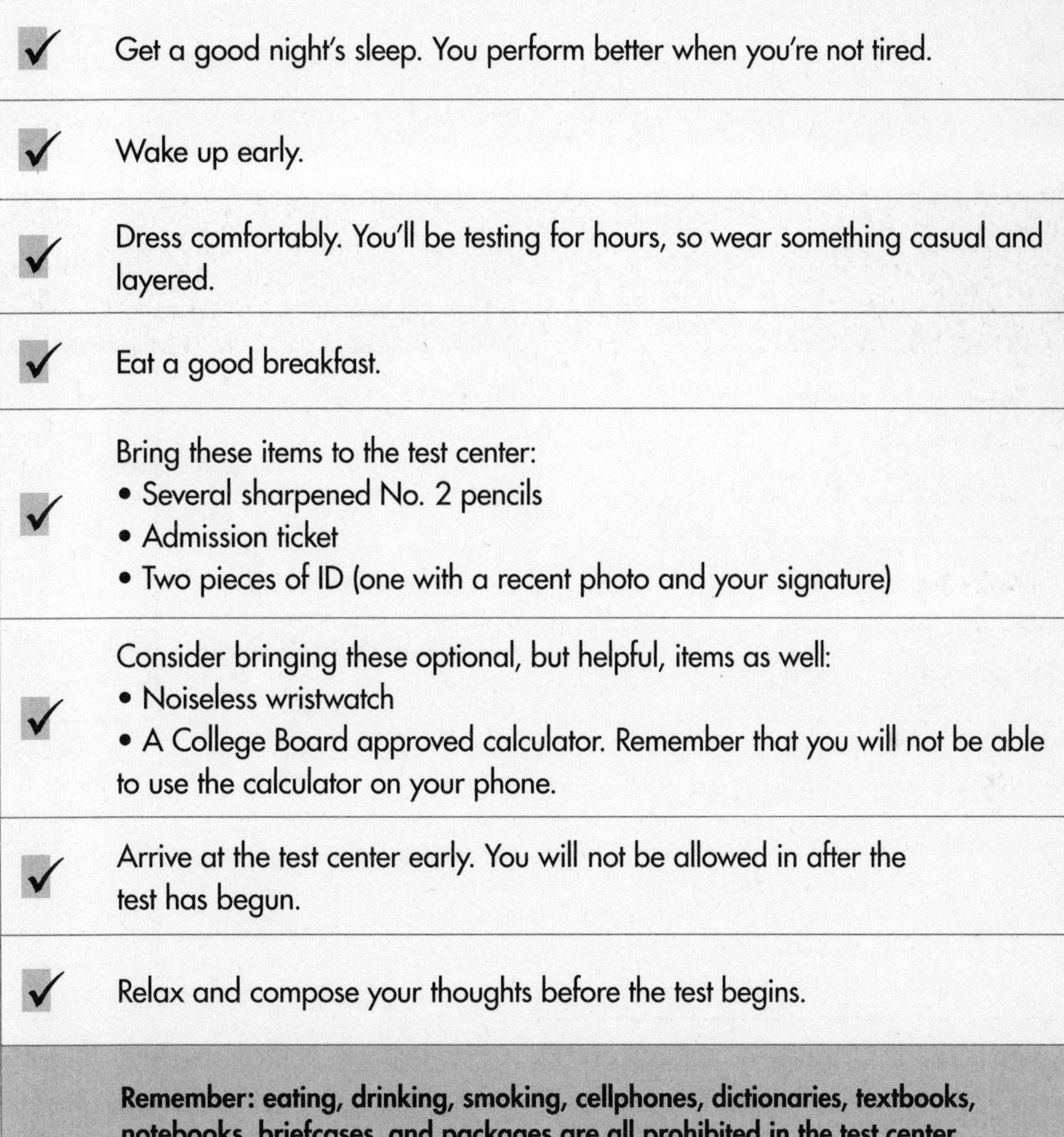

✓	Get a good night's sleep. You perform better when you're not tired.
✓	Wake up early.
✓	Dress comfortably. You'll be testing for hours, so wear something casual and layered.
✓	Eat a good breakfast.
✓	Bring these items to the test center: • Several sharpened No. 2 pencils • Admission ticket • Two pieces of ID (one with a recent photo and your signature)
✓	Consider bringing these optional, but helpful, items as well: • Noiseless wristwatch • A College Board approved calculator. Remember that you will not be able to use the calculator on your phone.
✓	Arrive at the test center early. You will not be allowed in after the test has begun.
✓	Relax and compose your thoughts before the test begins.
	Remember: eating, drinking, smoking, cellphones, dictionaries, textbooks, notebooks, briefcases, and packages are all prohibited in the test center.

Chapter 2

Strategies for the Exam

General Strategies

As you have likely heard, the AP French Language and Culture exam is difficult. Success requires not only fluency in the French language and culture, but also a familiarity with the format of the test itself. In the first section, you'll need to be able to understand and interpret written and audio texts in French. To do this, you must know French vocabulary and have cultural knowledge of several Francophone countries. In the second section, you must actively use your ability to communicate in French by writing and presenting orally on culturally-connected topics. A thorough understanding of the exam's structure will allow you to focus on showcasing your strength in the language. This book will give you many examples of questions you might see on the AP French Language exam. You will be able to practice both "forme et fond" using this book. As you complete the practice exercises to better understand the form of the exam, you will also be practicing your speaking and comprehension skills and learning more about Francophone countries.

If we had to choose one area of preparation where a student should focus his or her attention, it would be the study of **vocabulary**. Understanding and using French vocabulary is the key to the entire exam. You need to master a wide scope of passive vocabulary (words you recognize and understand) as well as active vocabulary (words with which you are comfortable enough to use when you are speaking and writing). The best way to internalize vocabulary is to see it in context as you are reading or listening and then challenge yourself to use these words in your classes and presentations to make them part of your active vocabulary as well. If you connect context or images to your learning of vocabulary, it is easier to commit these words to memory.

For most students, French class alone most likely will not give you enough time to master the French language and be successful on the French AP exam. You need to use your class time effectively and find ways to extend the amount of time that you are spending outside of class strengthening your skills of communication and cultural understanding in French. There are several ways you can practice French outside of the classroom. You can watch a favorite movie on DVD while listening to the audio in French. Many Disney movies and classic films have a French audio track. If it is a movie you are already familiar with, you'll likely find it even easier to understand. As an added benefit, you are exposing yourself to native French speakers, using various accents and speaking at normal speed. You can also easily find authentic sources on the Internet for songs or subjects that interest you. Enjoy learning French outside of class: watch TV or a movie in French, read in French, use the Internet[1] to learn more about a variety of Francophone cultures—all of this will also help you improve your French skills.

Use every opportunity to speak in French. It goes without saying that the only way you'll achieve fluency is to actively use the language. Make sure to maximize your participation in class. When you first enter the classroom, start speaking with your fellow students in French. You will practice everyday vocabulary, practice fluency and hone pronunciation by engaging others in conversation. You should also consider using time outside of class to practice your oral skills. Speak with friends in French when you are together. Cook a French recipe and speak in the target language as you prepare it, then enjoy tasting it as your conversation continues. Correspond with a friend by e-mail in French. Look up words you don't know, but try to use words you do know. The more you use both your passive and active vocabulary, the easier it will be to communicate on the day of the test.

Section 1: The Multiple-Choice Section

Part A: Interpretive Communication: Print texts

Part B: 1-Interpretive Communication: Print and audio texts

2-Interpretive Communication: Audio texts

As we have already discussed, the key element in this part of the exam is vocabulary. The more vocabulary you know, the easier it will be to understand and interpret the authentic sources and the related questions. A few key words could allow you to

[1] Instead of going to the *.com* version of your favorite search engine—try the *.fr* version (e.g., www.google.fr). This will allow you to more easily access content written in French.

interpret a text and its questions more easily. It is also very important to draw from your cultural understanding of French-speaking countries. On exam day, the authentic materials you will be interpreting will be connected to Francophone culture. Authors of the test will assume that you have a basic understanding of this culture—and this knowledge should extend beyond "La France."

In Part A, when you are interpreting a written source, you have the advantage of being able to re-read and look for answers to your questions. But remember—this exam is timed so you need to work quickly. Read the text, make note of headers and titles, and try to understand the general idea. Underline key words as you read, but do not waste time by taking detailed notes. After reading the questions, the words you underline will help you identify the right answer. Start by eliminating answers that you know to be incorrect and try to find evidence of why a particular answer is correct. You may even find it beneficial to read the questions before you read the text—use your practice exercises to find the technique that works for you.

Audio texts can be more frightening to the AP French student because you do not have control over the speed of the audio clip and you must acclimate yourself immediately to the accent and possible background noise. Again, the more you practice, the calmer and more successful you will be on the day of the test. It is *very* important to use the time you are given before the audio starts, to read the introduction and, if time permits, to skim the questions. If you know what the audio clip is about, it will aid your understanding of the content—especially at the beginning of the segment. Focus, stay calm, and try not to translate material. Glean whatever meaning you can from the words being spoken. You can take notes as you listen, but be careful not to let yourself be distracted by the writing or you will miss important points. We suggest only trying to write key details.

All audio recordings are read twice so you will have two opportunities to identify and jot down important details. We would also strongly recommend you use the one minute you have between readings to answer the questions you can and see what details you'll need to listen for during the second reading. After the second reading, you will have 15 seconds to answer each question. If there are four questions, you will have one minute; if there are five questions, you will be given 75 seconds. If you have already answered some of the easy questions, you can use the time you are given to focus on the difficult ones.

Important note: The only difference between Part A and Part B of Section 1 is whether you are presented with audio or written sources. Part A is all written sources followed by questions. Part B starts with written and audio sources which are paired together on one subject with one set of questions (each selection has one audio source and one written source and one set of questions) and Part B finishes with three selections of each which has one audio source and one set of questions. Work quickly but carefully and use the time before the audio text to get prepared.

Section II: The Free-Response Section

Interpersonal Writing: E-mail reply
Presentational Writing: Persuasive Essay
Interpersonal Speaking: Conversation
Presentational Speaking: Cultural Comparison

In the second section of the exam, you must actively show your ability to both speak and write in French. As we have already mentioned, it is essential that you understand the format of the exam so you know what will be asked of you and the most effective way for you to complete each section. The timing is very precise and you'll want to maximize the time allotted to prepare your answers versus wasting time decoding the instructions.

AP graders look for good grammar and advanced structure. You also must show varied vocabulary and idiomatic expressions. Your graders do not expect to see a series of simple sentences that a first-year French student could write. Show off your ability to use high-level vocabulary and the tenses you have spent years learning.

We have two suggestions to help you improve the French you will produce in this part of the exam. First, whether you are writing or speaking, there are likely a few errors you make repeatedly. Take note of feedback from your teacher on errors you make when speaking or when writing. Make a journal of those errors so you know what you need to work on. During the academic year, as you prepare for the Advanced Placement exam, review those corrections before you write a final draft or record a certain project. By putting an end to your common errors, your French will improve enormously. Second, as you write, keep a simple rubric in mind that reminds you to use upper-level vocabulary and structure. In your first draft, circle all those words that show upper-level vocabulary or structure to make sure they are represented in all your writing. To show your ability to use upper-level structure, you can use the subjunctive or use a "si" clause to show that you know the correct sequence of tenses. Show the richness of your vocabulary—for example, don't always use the word "même"; substitute "pareil" or "semblable." If you write with these suggestions in mind during the year, you will automatically write at a higher level on the AP French exam.

Writing for the Exam

Interpersonal Writing: E-mail reply
Presentational Writing: Persuasive Essay

Interpersonal Writing: E-mail reply

You will have 15 minutes to complete this task. You will need to read the e-mail, reflect on your response, and then write a response that answers all the questions mentioned in the e-mail. As always, you must show good grammatical accuracy as well as appropriate and varied vocabulary. The instructions also require a greeting and a closing. Make sure you are familiar with how to start and close an e-mail. You will find a long list of these expressions in Chapter 4 of this book. This chapter will also give you 36 sample e-mails that you can respond to for practice. You will notice that many of the e-mails concern cultural topics and expect you to have some knowledge of Francophone culture.

As you read, you may want to underline key words and questions to save time later. Give yourself a minute to reflect on what you will write and what vocabulary you may be able to use. Be sure to include specific details, not just general statements. Write your response; then re-read it to make sure you:

1. Answered all the questions
2. Used correct verb tenses
3. Avoided grammatical errors

Make sure you save a minute or two at the end of your 15-minute time limit to address these three critical steps.

Presentational Writing: Persuasive Essay

You will have six minutes to read the essay topic and the printed material. At the conclusion of this time, you will hear the audio material. As mentioned earlier, underline key words in the written sources, make the most of the preparation time and limit notetaking during the audio segment so you do not miss anything important. Once again, you will hear the audio material twice. After you have all the information, you will have forty minutes to organize and to write your persuasive essay. You should present the point of view of all the sources and identify them as you mention them. You'll also need to present and support your point of view. It is vital that your presentation be well organized and that it demonstrate your high level of French. Use varied vocabulary and sentence structure as well as transitional elements. Use specific information to make your point—avoid generalities. Again, leave time at the end of your forty-minute limit to re-read your essay, make grammatical corrections, and confirm you have accomplished the task asked of you. You are not given guidance as to length for the persuasive essay. Use all the time you are given to accomplish the task while still leaving a little time at the end for editing.

You will find that many of the persuasive essay topics will involve Francophone culture. It is expected that you will have some knowledge of the cultural topics. Make sure to use *specific* details to highlight your familiarity with Francophone countries.

The second part of Chapter 5 in this book deals with presentational communication. In this chapter, you will see a sample persuasive essay topic as well as two sample responses. The responses also include explanations of how the essays will be graded. It is important for you to read over these examples to understand what will be expected of you in this part of the exam. This chapter lets you see the rubrics used by graders of the Advanced Placement exam. It also gives several sample topics and related questions that would promote thinking and possible discussion. You will improve your cultural awareness as well as your ability in French by practicing with these examples.

Interpersonal and Presentational Speaking

Interpersonal Speaking: Conversation
Presentational Speaking: Cultural Comparison

You will now be expected to give spoken responses to prompts and situations. Again, it is very important to be familiar with the form of the exam so you can use your preparation time effectively and show your strengths. Since you will be using a recording device, be sure to speak loudly enough for the graders to hear you clearly. It is essential for you to be comfortable with the technology you will be expected to use on the day of the exam. Try to use all the time you are given to produce the most comprehensive responses possible. As you speak, use good pronunciation and appropriate expression. As always, show the high level of your ability in French by using upper-level vocabulary and structures as much as possible.

Interpersonal Speaking: Conversation

In this part of the exam, you will be asked to participate in a conversation. You'll have one minute to read the instructions and then an additional minute to read both a preview of the conversation as well as an outline of the actual conversation. Read the outline carefully—try to reflect on what specific answers you might give. Once you hear the first audio exchange, you will hear a tone signaling you to speak. You will have twenty seconds to speak and you'll want to use all of the time if possible. Glance at the outline as you speak to make sure you are following the instructions and are ready for the next exchange. Continue answering each exchange and speaking for twenty seconds when prompted. Try to use normal expression and incorporate details whenever possible. Pay careful attention to whether you should be using "tu" or "vous" and whether you are conversing with a male or female.

Many of the topics you will see on this part of the exam are based on everyday conversations. You might talk to a friend about what movie you want to see or discuss what everyday chores you need to do at home. You might be talking to your doctor about what medicine you need to take or to your mechanic about what repairs have to be made to your car. Obviously, you must have a great base of specific vocabulary in order to specifically respond in these situations. You can't just say, "Let's go to the movies." You need to talk in specifics about different genres of movies and if you can mention specific French movies…"tant mieux." There are also dialog situations that require specific cultural knowledge as well as vocabulary. You might be asked about festivals in Canada because a friend is going to visit during Carnaval. In cases like this, you'd need to have the cultural expertise as well as the vocabulary. You can increase the level of your dialogue when you use specific cultural information. For example, if you are talking about seeing an art exhibition in Paris, mention that Van Gogh is a favorite post-impressionist of yours or suggest your friend see Renoir's "Deux Jeunes Filles au Piano" because it is typical of his impressionist style and his passion for painting young women doing everyday activities. Comments like these are a great way to show your knowledge of Francophone culture.

In Chapter 4 of this book, there are thirty-six practice situations. Your teacher may incorporate opportunities for you to practice situations like this in class. You can also do practice situations with a classmate and trade off speaking and giving feedback. Consider asking your teacher if you could record several situations for him or her and ask for comments. Your teacher can give you notes on how you accomplished the task, including the level of your grammar and vocabulary as well as your pronunciation, intonation, expression and ease of expression. The more practice you do, the more comfortable you will become with the form of this exam and your ability to speak French.

Presentational Speaking: Cultural Comparison

In this section of the test, you will record a two-minute presentation in which you will compare your culture to a Francophone culture. You will have 4 minutes to read the presentation topic and organize and prepare your speech. It is essential that you show your awareness of the Francophone culture you choose as you present. As always, you want to use high-level structures and vocabulary, accurate grammar, and correct pronunciation and intonation. Do not try to write the entire presentation because you simply will not have the time. Make an outline of important points that you can refer to as you speak. Some people like to write the first sentence so they have a confident start. Don't forget to use specific details and examples and not to just speak in generalities. You need to accomplish the task. If you hear yourself make an error, feel free to self-correct but try not to do that repeatedly or it will ruin the flow of the presentation. In Chapter 5 of this book, you will find three or four sample questions for each of the six AP French themes. It would be very beneficial for you to practice with each of these topics.

Consider researching the themes and topics from Chapter 5. If you are not familiar with a certain topic, you can find information on the Internet. If you read in French, you will be improving your French as you learn cultural information. You might even want to split up topics with friends and then exchange the information you are given. You could present to each other in order to practice your presentation skills. You can also suggest to your teacher that giving varied student cultural presentations would help you prepare for the test. As you become more knowledgeable and confident, you can try speaking on topics with only a few minutes of preparation to simulate the actual exam. [2]

Key Points

General Suggestions

In order to be successful on this exam, you must not only have a strong ability in French, you must also be familiar with the form of the exam so you can show your strength in the language. This book will help you to accomplish this goal.

- Understanding and using French vocabulary is the key to the entire exam. You need to master a wide scope of passive vocabulary (words you recognize and

[2] Teacher's note: Teachers can also use the themes and topics in this book. They can assign varied topics to different students who will research and then present to classmates. As the class is practicing presentation skills, they are also sharing vital cultural information with each other.

understand) and you also need a great deal of active vocabulary (words you can use during the speaking and writing portions of the exam).

- Use your class time effectively and find ways to extend the amount of time you are spending outside of class to strengthen your skills of communication and cultural understanding in French.

- Practice makes perfect. Use this book to help you practice the form of the exam and you'll be practicing your French at the same time. The biggest edge on exam day beyond knowledge of French language and culture is knowing what to expect and being prepared to act. As you do sample questions, you will be speaking, writing, reading and listening to improve your communicative skills.

Section I: Multiple Choice

Part A: Interpretive Communication: Print texts

- Be aware of the clock. As you read, underline key words so you can re-read more quickly as you look for answers. Do not try to translate, try to comprehend and interpret.

Part B: Interpretive Communication: Print and Audio texts

- Don't let the audio sections intimidate you. Use the preparation time to read the introduction and to skim the questions if possible.

- Your preparation before an audio source will give you a context and help you to understand the gist of it.

- Remember the audio recording will be read twice, so listen the second time with the specific intent to answer the questions you are unsure of.

Section II: Free Response (Speaking and Writing)

- You must know the form of the exam so you are ready to make effective use of the limited time you have to prepare to speak or write effectively.

- Concentrate on grammatical accuracy but make sure you accomplish the task at the same time.

- Impress the AP readers with your high-level vocabulary and structures. You have spent years learning advanced structures and tenses...Use them!
- Make a list of common errors you make while writing and speaking and check that list during the academic year when you are about to write a final draft or while preparing for an oral presentation.

Interpersonal Writing: E-mail reply

- Work quickly, using your fifteen minutes effectively so you have time to read, organize, accomplish the task, and check for grammatical accuracy, along with varied and appropriate vocabulary.
- Use the correct forms to open and close the e-mail message.
- Respond using specific information, not just generalities.

Presentational Writing: Persuasive Essay

- Read and listen to the sources carefully, underlining as you read and taking notes as you listen.
- Use your forty minutes wisely: reflecting, organizing, writing, and leaving some time for corrections.
- Make sure to discuss all viewpoints as well as your own viewpoint and a justification for your opinion. Be specific and show your familiarity with Francophone cultures.

Interpersonal Speaking: Conversation

- Use your preparation time effectively so you are ready to give your best answers.
- Speak clearly and loudly enough to be easily heard.
- Make sure you are familiar with the technology you will need to use on the exam.
- Use the full twenty seconds to give your responses and speak with expression.
- Make sure you accomplish the task according to the outline.
- Pay careful attention to whether you should be using "tu" or "vous" and whether you are conversing with a male or female.
- Use specific information to show your familiarity with the culture.

Presentational Speaking: Cultural Comparison

- You only have four minutes, so use your time carefully.
- Show specifically what you know about the Francophone culture you choose.
- Try to get as much practice as you can by practicing in class and in small groups.
- Present with confidence and expression and allow yourself to self-correct if necessary.
- Speak for the full two minutes with varied vocabulary and high-level structures.

The Interpretive Mode of Communication

Chapter 3

Interpretive Reading Skills

Generally, we spend approximately 70% of our time in the interpretive mode. This is the mode that usually generates the **"I get it"** consciousness or realization. In order to make an effective and accurate interpretation of the meaning of a message or a text, we need to gather basic data about the context where the message or the text is located or initiated. Interpretive communication is the ability to classify, organize, and interpret the conditions and setting of an interaction so we can decipher or decode the intended main idea. In addition, this is also a complex process of selecting the data that are important to comprehend the message and simultaneously discard superfluous, irrelevant, and cluttering information that surrounds the main idea. If you lack appropriate interpretive skills, you can damage your performance on high-stakes exams. This means that while taking an exam you may pay more attention to meaningless details, while overlooking important information and not being capable of organizing what you do not see.

The interpretive skill helps us size up situations, name them, and identify their characteristics while focusing on the main idea. When this happens, we are capable of making appropriate message choices. In general, the communicative objectives of the interpretive approach are to express a hypothesis, to describe someone or something, to tell a story, or to express an opinion.

For the purpose of becoming more effective in the interpretive mode, there are several strategies that promote or accelerate independent learning. This will help you understand (process information) while you deal with a foreign text (written, audio or audiovisual). For the foreign-language learner these strategies emphasize that:

- There is no need for translation when interacting with a foreign text in order to get the main idea.
- The focus needs to be on the main idea by using effectively receptive skills (viewing and listening) when interacting with the oral or written text.
- The text needs to quickly become "personal" in one way or another so learners can begin decoding it appropriately.
- In general, to personalize text doesn't require a simplification of the text itself, but instead creates a need for a simplification of the task. You, as a foreign language learner, should not to attempt to understand all words in isolation, but instead focus on smaller and more familiar tasks such as looking for repeated words.

The three basic skills pertaining to the interpretive mode of communication are:

1. Listening comprehension,
2. Reading comprehension, and
3. Cultural literacy

These skills are often a combination of cultural literacy that is coupled with vocabulary and grammar competency in a listening or reading context. Reading and listening comprehension skills need to be developed over a long period of time before they can be successfully employed in a high-stakes test such as the Advanced Placement exam. Some of these strategies will be discussed in depth and this book will help you learn how to tailor these strategies to your specific learning and comprehension style.

TEST TIP

The new AP French Language and Culture exam demands a heightened cultural awareness. While your teacher may have introduced a variety of cultural topics to you, there are certainly many left to be explored. The Internet can be a great tool for you to explore these topics.

Listening Skills

We usually decide, based on the context, if we are going to use one skill instead of another. Students who sit for high-stakes tests are required to apply only *critical listening* skills during the given task. In order to be efficient with this skill, you will need to increase your listening effectiveness by following specific techniques.

Regardless of the listening type we are involved in, we are only able to grasp 50% of what we hear. This is due largely to the fact that normal speech is delivered at a rate of 140 words per minute and our brain can process at a speed of 800 words per minute. As a result, due to frequent inactivity between words, the brain allows for outside distractions to interfere in the message delivery and processing. This is why we can get easily distracted during a listening activity.

There are five types of listening modes when approaching a task:

A. **Discriminative listening** (listening between the lines for meaning by using verbal and nonverbal clues). Some examples are: listening to political speeches or when listening for the purpose of making executive business decisions.

B. **Comprehensive listening** (listening for understanding). In these cases, listeners focus on the message for the purpose of simply understanding it, not judging it. Some examples are: attending seminars or symposiums; listening to family members when they describe their day; or listening to physicians when they explain a diagnosis to us.

C. **Appreciative listening** (listening for enjoyment). Some examples are listening to music and listening to the sounds of nature.

D. **Empathetic listening** (listening for the purpose of supporting the speaker). Some examples include people working as therapists or counselors who apply specific listening skills to interact with their clients.

E. **Critical listening** (listening for the purpose of understanding, evaluating and assigning value to a message). When we need to listen critically, we think deeply because we will have to react analytically to that text or audio message. Some examples are when others seek our opinion, when we have to assume responsibility, or when we need to become an expert on an issue. Critical listening requires a lot of effort and energy and we are able to engage in this type of listening for only short periods of time.

Advanced listening comprehension is based on understanding speech sounds at normal speed, understanding abstract relationships between ideas, understanding references from the cultural framework, and understanding all structures commonly used in oral speech, as well as being sensitive to accents and language patterns from the entire Francophone world.

Below you can find the most used approaches or strategies to effective critical listening:

- Sense the message by avoiding physical obstacles (background noise, etc.).
- Spend more energy listening at the beginning of a message and then focus intensely on the main idea at frequent intervals throughout the message.
- During a listening activity, be alert; sit up and lean forward.
- Interpret information by taking notes or asking questions, if appropriate.
- Evaluate the information by weighing strengths and weaknesses that are in the message.
- Finally, react to the text by answering the questions after having examined all options present.

During the listening exercises in the AP French exam, you will be tested on complex lexical (a fairly large vocabulary) and grammatical structures (such as passive voice and tense usage), as well as irony and humor as part of the stylistic genre of the text.

In general, it is not necessary to understand every single word. The listening activity does not need to become tedious and time consuming. Skip words you don't understand. The idea is to train yourself to understand the general meaning of a text or message. Listen for key words that indicate what is happening in order to get the general idea of the message. Once you get the general idea, try to establish answers to the following questions: **When? What? Why? How? Who?** Pay attention to why things are happening and understand the purpose of the story or the dialogue.

TEST TIP

The more exposure you have to different French accents and dialects of the spoken language, the more relaxed you will be when you hear the speakers on the exam. While your teacher will expose you to a variety of French accents and dialects, spending time on the Internet simply listening to spoken French will increase your ability to comprehend. Having this additional practice will also increase your comfort level on test day.

How to Improve Critical Listening Skills

1. Note taking

- Taking notes is a very important process that keeps us focused on the message. Try to take notes in an organized fashion. Underline or circle ideas and key words. Practice this strategy many times in order to be comfortable and effective during the exam.
- Make sure you watch another person modeling this strategy before you implement it. It may be effective for you to compare notes from one student to another. Teachers may use this as a class grade.
- This activity works both for listening and for reading, and it works really well for discussion of grammar, vocabulary or main ideas.

2. Skimming and scanning

- Look for specific words that represent ideas and the general message. Skimming allows the reader to discover the main idea (titles, bold titles, italics, captions). On the other hand, scanning is the process of looking over a text quickly and searching for key words, facts or phrases. This might mean determining who, what, where, when, etc. (Other good approaches are to scan for words and read the first line of each paragraph).

3. Listening analytically

- When listening, determine what is the main point and what are the supporting ideas.

4. Not jumping to conclusions

- If you jump to conclusions, you may miss important *points*.

5. Visualizing

- Create a mental image of the setting, the characters, and the events as well as the actions that are taking place. You can also practice drawing to help visualize the text.

6. Focusing on the message

- Clarify meaning at all times. This can be done effectively by identifying nouns, verbs, adjectives, etc. Then use this information to understand the message as a whole.

7. Anticipating special vocabulary

- This approach helps the reader find out the main focus of the text. In order to use this strategy you need to brainstorm subtopics that might be discussed in the text.

Critical Reading Skills

Reading proficiency is acquired progressively, over time. In order to become a proficient reader, you need to read a variety of texts and materials. Students who read frequently will have a distinct advantage. Many readers employ a lot of skills during a reading task. These skills and strategies are divided into three categories:

1. Before reading
2. During reading
3. Post reading

How to Improve Critical Reading Skills

Here are some specific strategies to be used **before reading** (pre-reading): making predictions, using prior knowledge and identifying the purpose. **During reading**, you can use the following approaches successfully: making inferences, monitoring reading and analyzing cause and effect. Finally, use **post-reading** strategies *after* reading a text. Usually, they consist of: comparing and contrasting, determining main ideas, drawing conclusions, making generalizations, summarizing, identifying the purpose of a text, and analyzing persuasive techniques.

When working on a reading passage for critical reading comprehension, you should first:

- Skim the questions and underline key words
- Sort out essential information from the nonessential clutter
- Think in French: pourquoi, comment, qui, où, quand
- Look for structural links: avant, après, premier, etc.
- Use context clues – underline certain unknown words and try to figure out the meaning from context and prior experience. Context clues are key to understanding the meaning of a word or a phrase. This could be exemplified in the text by word repetition, word explanation, or familiarity of the immediate context.

If you encounter words that you do not know, adopt a strategy that can help you infer meaning from the context. Here are some useful tips:

1. Try to guess what part of speech it is: verb, noun, etc. Many times suffixes or prefixes are a great indication of its category, and therefore of their meaning or role in the sentence.

2. In order to guess the meaning of words, follow this approach:
   a. Many texts use synonyms and antonyms to explain the main idea
   b. Consider examining the tone of the text to deduct some of the unknown words
   c. Examine the lexical structure of a phrase to deduce the meaning

3. Most of the choices under a question are plausible. Examine them closely. In general, you can eliminate two choices immediately and need only decide between the two remaining ones.

4. As you read, jot down summarizing notes along the side of the paragraphs. This will help you decide on your final choice.

DIDYOUKNOW?

The popular children's stories *Sleeping Beauty* and *Cinderella* were originally written in French.

Critical reading skills involve generalizing, analyzing, making connections and predictions, seeing causal relationship, and keeping events in sequence. Remember that in general, we possess these skills and apply them on a regular basis during our daily interactions. For example, we can easily make inferences about our friends' behavior, compare trendy fashions, or analyze favorite music. These same skills can be used to analyze cause and effect or the chronological order in a story. It is just a matter of practicing and applying these strategies with French texts.

In order to determine the main idea in a text and to recognize its overall meaning, you need to determine if you must produce an opinion, or an insight. You may need to quantify information. In this case, supporting details are important since you need to read between the lines to infer meaning.

One of the most important questions on the AP French exam will be to determine the writer's purpose for the article you are reading. As a skilled reader, you need to recognize how a writer can influence your thinking on a certain topic. Is the purpose of the text to inform, to create a mood, to stir an emotion, to tell a story or to persuade? These are important questions that you need to keep in mind as you read the text.

Another important skill during critical reading is to distinguish fact from opinion. This is extremely important as you try to establish the validity of the writer's point of view and understand his motivation to write. Understanding the writer's perspective involves recognizing the difference between fact and opinion.

DIDYOUKNOW?

The French are very formal when it comes to business interactions and they expect awareness of this concept.

During the process of reading a text, students often use paraphrasing or summarizing to understand the main idea or details that they can glean from the text. Out of the two approaches, paraphrasing is very important for understanding the text. Students need to frequently state someone else's idea in their own words. This is largely done with the help of prior knowledge or prior experience. This helps us make unique personal connections faster in order to establish understanding a specific topic.

Making inferences is one of the most used approaches to drawing conclusions. We combine information in the text with what we already know to understand things that the writer did not write specifically in the text. In general, this process extends beyond the text to the general world for the purpose of making a generalization applicable to a larger segment of the population. During this process, readers often need to monitor their comprehension and make adjustments as necessary. Oftentimes this means rereading, asking questions, using a dictionary, or simply adjusting the reading rate. To conclude, remember to:

- Read for understanding. Visualize the action and the characters. Do not waste time thinking in English for what you already understand in French.
- Concentrate on meaning, not on isolated words.
- Identify narrative techniques. When reading a story, distinguish the narrator's voice from the characters' voices.
- Use context. Use your prior knowledge to infer meaning by passing over words without understanding them, if you understand the overall paragraph.
- Use cognates and learn important basic vocabulary on as many topics as possible.
- If you are reading a story, keep an active memory, sort out events and characters and apply projection techniques such as "how is this story likely to continue?," etc.
- Discover the subject, verb, etc., as an essential part of discovering the meaning of a text. When you cannot see what a passage means, you can always identify words by their parts of speech.
- Keep track of how information is presented. Sometimes the text allows and encourages the readers to make inferences that may or may not turn out to be relevant.

Practice: Reading Comprehension

Multiple-Choice Questions

Instructions

You will read several selections. Each selection is accompanied by a number of questions. For each question, choose the response that is best according to the selection and mark your answer on your answer sheet.

Vous allez lire plusieurs sélections. Chaque sélection est accompagnée de plusieurs questions. Pour chaque question, choisissez la meilleure réponse selon la sélection et indiquez votre réponse sur votre feuille de réponse.

vocab:

but - goal / purpose

sauf - except

énonces - phrases / wording

A votre avis - in your opinion

selon - according to

1. Thème : La quête de soi

Introduction

La laïcité est le principe de séparation de l'Eglise et de l'Etat. C'est un des grands principes reconnus par la République Française. Il date de la Déclaration des Droits de l'Homme et du Citoyen de 1789. De nos jours, le débat sur la laïcité est particulièrement virulent dans le système scolaire, car c'est là où se forment les citoyens de la société future. L'article ci-dessous est un éditorial paru dans la revue française *Marianne*, écrit par Patrick Gaubert, président du Haut Conseil à l'Intégration.

Laïcité : il n'y a plus besoin de débattre, mais d'agir

Cette semaine, «Marianne» laisse carte blanche à Patrick Gaubert

Pour le Président du Haut Conseil à l'Intégration, quand des minorités intégristes instrumentalisent la religion, la transmission des éléments de la culture républicaine devient problématique. Et la politique d'intégration court à l'échec.

Des jeunes gens en manque de repères sont soumis à un discours de détestation du pays où ils vivent.

Voici la laïcité replacée au cœur du débat public et l'on peut s'interroger sur l'instrumentalisation dont elle fait l'objet depuis plusieurs mois. Il est, en effet, plus urgent d'agir que de lancer un énième débat sur ce sujet au risque de stigmatiser l'ensemble de nos compatriotes musulmans. Le Haut Conseil à l'Intégration (HCI), comme d'autres institutions, a déjà travaillé, débattu et fait depuis longtemps des propositions sur ces enjeux. Il est en particulier le rédacteur de la charte de la laïcité dans les services publics, signée par le Premier ministre en 2007, mais depuis lors, peu ou pas diffusée.

L'intrusion agressive du religieux dans la sphère publique depuis l'affaire du port du voile islamique au collège de Creil, en 1989, est loin d'avoir disparu, en dépit de la pertinence des lois votées. La question continue de se poser sous diverses formes dans des hôpitaux publics, des universités, ou encore dans l'entreprise et même dans les crèches, comme l'affaire *Baby Loup* l'a illustré.

Le HCI, que je préside depuis novembre 2008, a déjà exprimé sa conception de la laïcité : elle est un principe de concorde sociale assurant tout à la fois la liberté de culte, celle de ne pas croire et la nécessaire neutralité des services et pouvoirs publics. Elle fait désormais largement consensus et vise à rassembler, non à diviser la société, non à dresser les Français les uns contre les autres.

L'année dernière, au moment du débat parlementaire sur l'interdiction du port du voile intégral, le HCI avait souhaité prendre de la hauteur et réfléchir plus globalement sur la place de l'expression religieuse dans les espaces publics. Nous avions réuni des experts et formulé, en mars 2010, douze recommandations concrètes dont certaines sont de nature législative. L'une d'elles appelle à former les cadres de la fonction publique à la laïcité et à ses modalités d'application, à encourager le développement à l'école d'une «pédagogie de la laïcité» ; une autre préconise l'adoption de mesures législatives afin que soit appliqué le principe de laïcité à tous les collaborateurs occasionnels du service public et invite à interdire les signes ou tenues ostensibles religieux lors de cérémonies publiques. Dans une autre recommandation, nous invitons les universités à compléter leur règlement intérieur afin de soustraire l'enseignement et la recherche à toute pression religieuse et de conforter la mixité et l'égalité homme-femme. Enfin, le HCI propose d'insérer dans le code du travail un article pour que les entreprises puissent intégrer dans leur règlement intérieur des dispositions limitant les manifestations d'expression religieuse pour des impératifs tenant à la sécurité, au contact avec la clientèle ou à la paix sociale interne, comme l'avait déjà préconisé la commission Stasi en 2004. Depuis, chargé par le président de la République d'une mission de réflexion sur la laïcité, j'ai à cet effet installé en décembre dernier un comité de réflexion composé de personnalités d'horizons professionnels et politiques divers.

II y a urgence à agir. La solidité de nos valeurs républicaines est testée. La laïcité est sans nul doute celle de ces valeurs qui subit les attaques les plus violentes. Elles sont le fait de minorités intégristes qui instrumentalisent la religion et manipulent, notamment dans les quartiers de la politique de la ville, les esprits de jeunes gens en manque de repères, soumis à un discours ambiant de détestation du pays où ils vivent et où, pour l'immense majorité d'entre eux, ils sont nés. La transmission des éléments de la culture républicaine française, démocratique et laïque pose problème auprès de certains jeunes scolarisés comme auprès de leurs parents. Quelques-uns revendiquent publiquement leur adhésion à des «valeurs» contraires à celles de la République, invoquant leur croyance en une vérité transcendante qui ne souffre aucune critique. C'est bien souvent le reflet des mentalités du quartier environnant qui se lit en particulier dans les déboires de l'école laïque, et par là un certain échec de la politique d'intégration. A terme, c'est la société tout entière qui devra se confronter à la défaite de la pacification laïque.

Aucune religion ne peut imposer ses valeurs à la collectivité républicaine. Aux responsables du culte musulman, comme, avant eux, chrétiens et juifs, de le reconnaître sans ambiguïté. Aux politiques désormais de se saisir de nos propositions pour agir.

(Article taken from the weekly magazine *Marianne* (nº726, 19-25 mars 2011); written by Patrick Gaubert)

---

1. Quel est le but de l'article ?

   (A) D'informer les lecteurs sur la situation actuelle dans le secteur de l'éducation.

   (B) De convaincre les lecteurs qu'il faut éliminer la religion de la vie publique.

   (C) D'inciter les responsables et les politiques à agir pour défendre les valeurs républicaines.

   (D) De sensibiliser les étudiants et les parents au sujet de l'intégration de la religion dans les écoles.

2. Selon l'article, la vie et les services publics sont importants pour

   (A) donner une éducation républicaine aux citoyens

   (B) aider les gens à pratiquer l'Islam

   (C) imposer des valeurs religieuses à la collectivité

   (D) soutenir les parlementaires dans leurs débats sur l'interdiction du port du voile

3. Dans l'article, l'auteur fait souvent référence au terme «républicain». A votre avis, ce mot désigne

   (A) une appartenance politique

   (B) un athée

   (C) un anarchiste

   (D) un partisan de la république

4. Après avoir lu cet article, on peut affirmer que Patrick Gaubert est fidèle

(A) à l'islam

(B) au christianisme

(C) au judaïsme

(D) à la laïcité

5. Selon l'auteur de l'article, l'intégration des minorités dans la société française est l'affaire

(A) du gouvernement

(B) des responsables religieux

(C) du gouvernement et des responsables religieux

(D) de la collectivité

6. Les énoncés ci-dessous sont vrais sauf un : l'auteur croit

(A) qu'il faut continuer à discuter du problème sans agir

(B) qu'il faut séparer l'église de l'état

(C) que la laïcité est très importante dans les écoles

(D) qu'on a fait une charte de la laïcité en France en 2007

7. Ces recommandations du HCI en ce qui concerne le règlement de la place de l'expression religieuse dans les espaces publics sont vraies, sauf une :

(A) former les cadres à la laïcité.

(B) interdire les signes religieux ostensibles.

(C) imposer aux universités un enseignement religieux.

(D) intégrer dans le code du travail une limitation des manifestations religieuses.

8. D'après l'article, en France, certains jeunes appartenant à une minorité sont marginalisés

 (A) en raison de leur ignorance religieuse

 (B) parce qu'ils ignorent les valeurs républicaines

 (C) parce qu'ils ne veulent pas s'intégrer dans la collectivité

 (D) parce qu'ils n'ont pas de famille

9. La laïcité a été introduite en France en

 (A) 2004

 (B) 2008

 (C) 2010

 (D) aucune des dates ci-dessus

10. L'article est écrit pour

 (A) empêcher les gens d'agir

 (B) critiquer les minorités

 (C) répondre à une demande de réflexion du président français sur la laïcité

 (D) les trois catégories ci-dessus

2. Thème : L'esthétique

Introduction

Montréal est depuis toujours le paradis des artistes, des écrivains, des musiciens, des excentriques et des créateurs de toutes origines et croyances. La ville accueille des galeries d'art d'envergure internationale pour tous les goûts et tous les besoins. L'art contemporain occupe vraiment une place spéciale dans le cœur des montréalais. Il y a des chefs-d'œuvre contemporains partout qui font appel à tous vos sens et à votre sensibilité. L'article ci-dessous est un commentaire artistique, publié pour accompagner l'exposition de peinture de Gilles Charest.

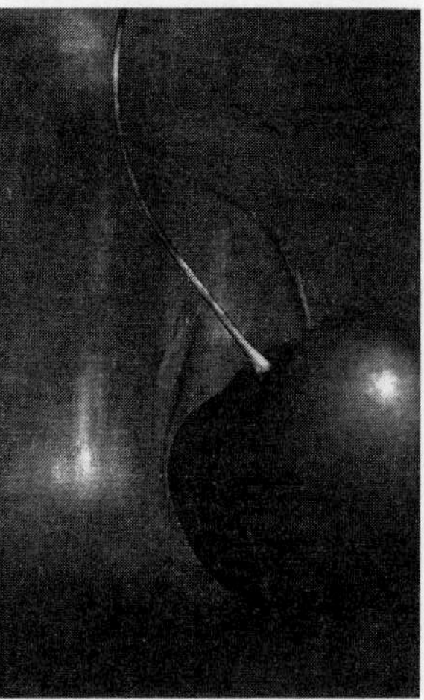

À la porte des étoiles, acrylique sur toile, 36 X 24 po.

«Les fruits de l'imaginaire» à la Galerie Blanche de Montréal

Les fruits de l'imaginaire est le titre bien choisi d'une vidéo et d'un ouvrage d'art de 68 pages, consacrés aux œuvres récentes (avis aux amateurs : 42 œuvres sur les 45 illustrées sont nouvelles) de Gilles Charest, dont on soulignera cet automne les dix ans de présence en galerie. Le lancement se fera à la Galerie Blanche, qui lui consacre cet automne une exposition très attendue des amateurs d'art du Québec. Depuis sa dernière exposition en sol québécois, en 2003, les canadiens, les américains, les italiens et les français ont tous succombé aux charmes de ses incomparables natures mortes, mais ils ne seront pas aux premières loges pour savourer les cocktails de fruits éclatants et plus osés que jamais de sa nouvelle production résolument innovante !

Aux poires, pommes et cerises, fruits gorgés de sève, aux fibres charnelles et aux courbes sensuelles, plus vivants que nature, que l'on dévore des yeux, représentant respectivement les femmes, les hommes et la jeunesse dans l'œuvre inédite de Gilles Charest, s'ajoutent désormais les prunes, symbolisant l'étranger ou la touche d'exotisme, dont la couleur de la peau lisse et ferme varie du jaune au noir dans le jeu toujours exquis de la lumière sur leur brillance.

Des fonds qui éclatent de pigments débridés, des fruits posés sur des surfaces réfléchissantes - des effets miroir très réussis -, d'audacieuses ou de fraternelles liaisons fruitées, de voluptueux rapports d'intensité au fini soigné, indéniablement, le pinceau exalté et fluide de l'artiste peintre, qui a déjà 17 ans de métier, se renouvelle et jubile. Ses couleurs sont plus audacieuses, notamment dans ses fonds, autrefois plus sages. L'artiste avoue sans détour en entrevue que son art l'habite entièrement. «C'est fou ! Je suis heureux et si je rêve, surtout ne me réveillez pas ! » Qui oserait, en considérant que plus il est «déraisonnable», plus ses créations sont puissantes ?

Les mises en scène sont créées, selon l'espace et le format, petit ou grand, souvent inhabituel, à la verticale ou à l'horizontale, directement sur la toile. Leur exubérance et leur vitalité s'expriment dans les formes amples, souvent débordantes des fruits, dont chacun à sa personnalité propre. Toutes les compositions expriment l'humanité dans ses jeux, ses sentiments, ses relations et ses actions. Le créateur, également père et grand-père, ne manque jamais de souffle. Son registre est aussi inépuisable que son imagination. Les cerises sont souvent fantaisistes, leurs queues entremêlées, rebondissant dans la vie, légères et enjouées, comme les enfants, quand elles ne se tiennent pas sagement aux côtés d'une pomme ou d'une poire, sinon des deux. On croquerait leurs belles joues rondes. Paraphrasant Léon Bellefleur, Charest dit que ce n'est pas ce que l'on voit, mais ce que l'on imagine qui fait la force de ses représentations. Il appuie son propos d'anecdotes savoureuses, dont celle d'un avocat, qui dès son entrée dans une galerie américaine, pointe du doigt l'un de ses tableaux représentant trois pommes et s'exclame : «Je suis preneur ! ». La galeriste étonnée de son choix aussi rapide lui en demande la raison. «Ce sont mes deux associés et moi ! » répond l'avocat, comme si cette évidence pour lui sautait aux yeux. Mais toutes les toiles signées Charest ont cette particularité de trouver rapidement preneur. Généralement, les amateurs d'art qui expriment des réserves, avouent les trouver «trop osées», comme quoi les allusions peuvent être fortes, mais surtout que chacun voit bien ce qu'il veut voir. Après tout, ce ne sont que des fruits ! Le titre du tableau, souvent très révélateur, obéit généralement à la spontanéité bien inspirée de la compagne de vie et collaboratrice de l'artiste devant sa naissance.

Aventureux, Gilles Charest flirte désormais avec l'ardoise brute, nouveau support texturé par la nature pour ses fruits peints à l'acrylique, dont il explore avec bonheur les possibilités, et, par la force des choses, la sculpture. Ainsi, des œuvres montées sur des socles de métal, installations au sol ou sur table, marquent un nouveau départ, mais sans rupture, les sculptures devenant les complices parfaites des tableaux accrochés au mur. Une poire dans une forme sur un élégant piédestal surprend certes le regard en le sortant de ses routines habituelles.

Ces nouvelles œuvres seront révélées pour la première fois aux amateurs d'art à la Galerie Blanche, raison de plus de mettre cette flamboyante exposition à son agenda !

(Article taken from the quarterly issue of *Art et art de vivre* - n°67 (automne 2009))

---

1. Quel est le but de l'article ?

   (A) D'informer les lecteurs de l'existence d'une exposition d'art.

   (B) De convaincre le lecteur de visiter l'exposition.

   (C) D'informer le public des tendances actuelles qui existent dans le mouvement artistique montréalais.

   (D) De sensibiliser l'opinion publique à la sauvegarde des arts.

2. Selon l'article, l'exposition des œuvres de Gilles Charest est programmée

   (A) pour l'automne 2003

   (B) pour l'automne 2009

   (C) dans les dix prochaines années

   (D) quand l'artiste aura 17 ans, cet automne

3. Pour créer ses œuvres, l'artiste utilise plusieurs matériaux sauf un :

   (A) l'ardoise brute

   (B) les prunes

   (C) l'acrylique

   (D) le métal

4. Quelle est la spécialité de Gilles Charest ?

   (A) Les natures mortes (des pommes, des poires et des cerises).

   (B) L'humanité des fruits.

   (C) La création des métaphores visuelles.

   (D) La relation entre toutes les espèces, mortes et vivantes.

5. Selon l'auteur de l'article, l'artiste utilise les cerises dans ses tableaux pour représenter

   (A) des enfants

   (B) des femmes voluptueuses

   (C) des jeux

   (D) des sentiments de joie et de bonheur

6. Les énoncés ci-dessous sont vrais sauf un : le but de l'artiste est de créer des œuvres

   (A) qui stimulent l'imaginaire

   (B) qui aident à sortir de la routine habituelle

   (C) qui ont des personnalités propres

   (D) qui se vendent vite à un «preneur»

7. Pourquoi l'art de Charest est-il considéré comme audacieux ?

   (A) Parce que les amateurs d'art voient des allusions fortes dans ses tableaux.

   (B) Parce que les gens n'aiment pas les œuvres qui ont une touche d'exotisme.

   (C) A cause de sa technique flamboyante.

   (D) A cause de l'aventure qu'il a eu avec sa collaboratrice.

8. Parmi ces fruits, lesquels ne figurent pas dans l'œuvre de Gilles Charest ?

   (A) Les poires et les pommes.

   (B) Les pommes et les cerises.

   (C) Les cerises et les prunes.

   (D) Les prunes et les fruits de mer.

9. Les représentations de l'artiste sur les toiles ne font référence qu'à

    (A) la vie contemporaine

    (B) ses deux associés

    (C) sa famille

    (D) rien de particulier

10. L'article est écrit pour

    (A) les amateurs d'art

    (B) les critiques de peinture

    (C) les étudiants et les critiques d'art

    (D) les trois catégories ci-dessus

3. Thème : Les défis mondiaux

Introduction

L'année 2010 est aussi connue comme «l'année de la biodiversité». Dans cet article (paru dans *Le français dans le monde*, une revue internationale), Gilles Bœuf, président du Muséum national d'histoire naturelle à Paris, donne une entrevue à Nicolas Dambre, l'un des rédacteurs de la revue.

L'interview est suivie d'un encart : «Océans, fresque de la diversité».

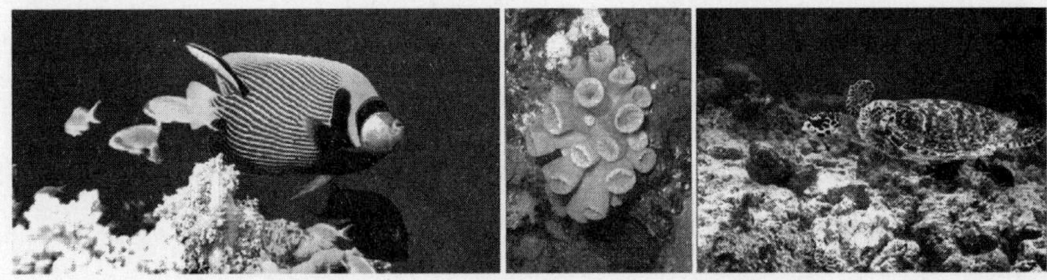

Protection des océans : un enjeu d'éducation

Président du Muséum national d'Histoire naturelle à Paris, professeur et chercheur, Gilles Bœuf est spécialiste de la biodiversité marine et terrestre. Il revient sur les menaces qui pèsent sur les océans et la nécessité d'une prise de conscience.

Comment en êtes-vous venu à étudier la biodiversité ?

J'ai commencé comme chercheur, j'ai passé vingt années à l'Ifremer (Institut français de recherche pour l'exploitation de la mer, NDLR), où j'étais spécialiste des hormones qui contrôlent la migration du saumon atlantique. À l'Observatoire océanologique de Banyuls, nous avons observé comment les animaux méditerranéens s'adaptaient à leur environnement, dans un contexte global de changement climatique. J'ai commencé à m'intéresser à la biodiversité il y a six ans, notamment en comparant les stratégies entre les milieux marin et terrestre.

Quels sont les effets du changement climatique sur la faune marine ?

On voit arriver aujourd'hui des espèces tropicales qui n'étaient pas présentes en Méditerranée : nous avons trouvé des barracudas à Banyuls il y a une quinzaine d'années et, depuis trois à quatre ans, des dorades coryphènes. La température conditionne le sexe : on risque donc de voir des espèces qui ne comporteront que des mâles et d'autres que des femelles...

Les mers et les océans sont aussi menaces par d'autres facteurs...

Oui, le niveau des mers remonte. Dans certaines zones, la salinité devient plus élevée et il y a d'inquiétants problèmes d'acidification, ce qui gênera des espèces qui biocalcifient, comme les coquillages ou le corail, qui sont un mélange de biologique et de minéral.

Néanmoins, les espèces savent-elles s'adapter aux différents changements ?

Tout à fait, et je ne suis pas quelqu'un de focalisé sur les valeurs absolues : températures, CO_2, etc. Ce qui m'inquiète davantage, c'est la rapidité du changement. La vie s'est toujours adaptée, mais dans des laps de temps géologiques, alors que l'activité humaine induit des échelles de temps beaucoup plus rapides.

Pour vous, le grand défi, c'est d'éviter la 6e grande extinction de l'histoire de la Terre...

La dernière grande extinction s'est produite il y a 65,5 millions d'années, avec la disparition des dinosaures, à cause notamment d'une météorite. L'origine était naturelle. On connaît aujourd'hui 1,9 million d'espèces, déposées dans nos musées : virus, bactéries, protozoaires, champignons, plantes et animaux. Mais il y a peut-être 10 à 30 millions d'espèces. La biodiversité, ce n'est pas seulement décrire et compter ces espèces, c'est aussi observer toutes les relations que les espèces ont établies entre elles et avec leur environnement. Une seule de ces espèces, l'homme, est en train de créer les conditions d'une 6e grande crise d'extinction. «Si j'ai un message à faire passer, c'est celui de ne pas désespérer les gens, car on ne règlera pas la préservation de la biodiversité ainsi.»

L'année de la biodiversité décrétée par l'ONU peut-elle avoir une importance ?

Bien sûr ! La preuve : je n'ai jamais été autant interviewé et je n'ai jamais donné autant de conférences. Ma mission, c'est d'expliquer ce qu'est la biodiversité avec des mots simples. Nous espérons que le public saura ce qu'est la biodiversité au moment du sommet de Nagoya, fin octobre, au Japon. L'objectif sera de créer un équivalent du Giec (Groupe d'experts intergouvernemental sur l'évolution du climat, NDLR), dans le domaine de la biodiversité.

De grands documentaires comme *Océans* permettent-ils une prise de conscience ?

Oui, car ce genre de films montre la beauté de la biodiversité. L'homo sapiens, qui est né dans cette nature, en a viscéralement besoin. Je ne suis pas contre les espèces emblématiques, comme les baleines bleues, mais le vrai combat est dans la préservation de la biodiversité générale, celle qui est partout, dans votre jardin ou dans nos assiettes.

Les plus jeunes sont-ils sensibilisés à la question de la biodiversité ?

Oui et non. Je pense que la sensibilisation commencera réellement quand les parents se feront enguirlander par leurs enfants sur leur conduite. Si j'ai un message à faire passer aux enseignants, comme à tout le monde, c'est celui de ne pas désespérer les gens, car on ne règlera pas la préservation de la biodiversité ainsi.

Vous êtes membre du comité scientifique du Patrimoine naturel et de la biodiversité auprès du ministère de l'Environnement : est-ce un engagement politique ?

Oui, en quelque sorte, même si je m'en suis longtemps défendu. J'ai vraiment envie d'expliquer à mes concitoyens que nous devons changer nos modes de vie et que nous n'avons pas tellement le temps pour le faire. Je pense que les scientifiques doivent désormais tenir un discours politique.

***

Océans, Fresque De La Diversité

Projeté en avant-première française, lors de l'inauguration de l'Année internationale de la biodiversité, le documentaire *Océans* de Jacques Perrin et Jacques Cluzaud montre un monde méconnu et étonnant. Pour Jacques Perrin, l'indifférence du public vis-à-vis de la protection des océans vient surtout de sa méconnaissance. Et c'est l'opinion publique qui peut provoquer une mobilisation du monde politique. Sans presque aucun commentaire, le film fait découvrir la mer et ses habitants - un vrai spectacle d'une beauté insoupçonnée, qui donne à voir l'incroyable diversité de ce milieu.

La réalisation de cette grande fresque sous-marine a demandé deux années de préparation avant quatre années de tournage dans une cinquantaine de sites. Le «monde du silence» n'est plus, grâce à un système de sonorisation qui permet de restituer le crépitement des crevettes ou le rugissement des phoques. Océans montre autant la vie immobile - mais rarement inoffensive - que de véritables chorégraphies, comme celles des milliers de chinchards ou de bancs de méduses. Une quiétude bousculée par d'impressionnantes tempêtes et surtout de redoutables prédations : la lutte acharnée entre un crabe et une sauterelle de mer ou l'attaque éclair d'albatros fondant sur des poissons jusqu'à 15 mètres de profondeur. Chaque être vivant est à la fois la proie et le prédateur d'un autre, tous maillons d'un fragile équilibre. Un équilibre mis à mal par l'homme, comme le rappellent dix minutes de massacres de requins ou de thons (des scènes tournées avec des animaux factices). Les réalisateurs du film militant pour la création de sanctuaires marins, comme ceux dans lesquels ils ont pu tourner ces images. Car là où les activités humaines sont bannies, la biodiversité reprend progressivement ses droits.

(Article taken from the monthly magazine *Le Français dans le monde* - n°370, juillet-août 2010; written by Nicolas Dambre)

---

1. Quel est le but de l'article ?

   (A) D'informer les lecteurs du début de la carrière du chercheur Gilles Bœuf.

   (B) De sensibiliser l'opinion publique à la sauvegarde des océans.

   (C) D'expliquer les règles du changement climatique.

   (D) D'informer le public de la grande biodiversité de notre planète.

2. Selon l'article quelles sont les menaces les plus importantes qui pèsent sur les mers et sur les océans ?

   (A) Le changement des températures.

   (B) La rapidité avec laquelle les organismes enregistrent le changement climatique.

   (C) L'augmentation de la concentration de CO_2.

   (D) Le changement de la salinité.

3. Après avoir lu cet article, la définition de la biodiversité est :
   (A) le nombre d'espèces vivantes dans le monde.
   (B) la classification descriptive et précise des espèces qui existent actuellement sur la Terre.
   (C) l'environnement qui abrite les espèces.
   (D) la relation entre toutes les espèces vivantes.

4. Selon l'auteur, le travail fait par les Nations Unis pour protéger la biodiversité est un enjeu important
   (A) parce que les japonais ont décidé d'en faire la publicité
   (B) parce qu'on a déjà signé un accord pour protéger la biodiversité
   (C) parce qu'on va faire un documentaire qui s'appelle «Océans»
   (D) parce que l'auteur a été sollicité pour donner des conférences

5. L'auteur pense que le plus grand péril qui menace l'humanité est une extinction causée par
   (A) une catastrophe naturelle (comme un météorite)
   (B) l'homme lui-même
   (C) les politiciens
   (D) la globalisation

6. Pourquoi la protection des océans est-elle un «enjeu» ? Qu'est-ce que cela implique ?
   (A) Que les gens doivent naviguer sur les océans.
   (B) Que les océans sont vastes et très dangereux.
   (C) Que les bateaux polluent les eaux internationales.
   (D) Que cette action est très complexe en raison de plusieurs problèmes posés par les besoins quotidiens de l'homme.

7. En se basant sur le texte, *Océans* semble être
   (A) une revue
   (B) un court métrage
   (C) un cours universitaire
   (D) un documentaire

8. Le titre de l'article fait référence à la politique parce que
   (A) les sciences et la politique sont des disciplines similaires
   (B) la politique est faite par les scientifiques
   (C) le discours politique est toujours la meilleure manière d'informer
   (D) l'information scientifique peut adopter un nouveau langage

9. L'article est écrit pour
   (A) les parents
   (B) les enfants
   (C) les politiciens
   (D) les trois catégories ci-dessus

10. Selon l'article, les effets négatifs du changement climatique sont évidents quand
   (A) les poissons changent de sexe
   (B) les espèces changent l'environnement
   (C) les poissons changent de sexe et les espèces changent l'environnement
   (D) l'homme ne réussit pas à s'adapter au changement climatique

4. Thème : La vie contemporaine

Introduction

Les voyages font partie de la vie contemporaine de presque chacun d'entre nous. Qu'on soit jeune ou vieux, on a toujours envie de se promener, de voir de nouveaux paysages, de visiter de célèbres endroits historiques ou même d'explorer virtuellement le monde. Au fond, cela fait partie de la nature humaine qui est essentiellement sociale, profondément interactive et fortement liée à son environnement. La plupart du temps, quand on visite un endroit, on compare et on analyse avec un œil critique, connaisseur et évaluatif. L'article ci-dessous est un éditorial écrit par Philippe Bouvard, publié dans la revue française *Le Figaro Magazine.*

Menton-Miami : ces ports où les transatlantiques sont des pliants

Toi, à Miami, moi, à Menton, avons accédé aux paradis des troisième et quatrième âges. Non sans une notable différence : à Miami, les seniors regardent la mer depuis leurs confortables villas, tandis qu'à Menton ils doivent faire l'effort d'aller jusqu'à la grande bleue pour la contempler. A Menton, le port où les transatlantiques sont des pliants, on les installe toute la journée sur la promenade servant de frontière entre la terre promise des retraités et les flots venant mourir aux pieds des égrotants. Comme les vieux vont se coucher en même temps que le soleil, il faut attendre le lendemain matin pour, au nombre de sièges demeurés vides, estimer le nombre de morts dans la nuit. Je note également qu'à Miami les vieilles dames emprisonnent leurs bigoudis sous des voilettes roses, alors qu'à Menton on fixe les roches à la colline à l'aide de filets gris. Mais rien n'est triste ni désespéré puisque, contrairement aux jeunes, qui ont pourtant tout l'avenir devant eux, ce sont les vieux disposant surtout d'un passé qui font des projets. Lorsque leurs familles ne les font pas interdire, les vieux adoptent un bandit manchot auquel ils apportent quotidiennement, à la fois excités et découragés, leur offrande propitiatoire. J'explique leur addiction moins par l'appât du gain que par une appellation faisant des machines à sous un musée dédié à notre ancienne monnaie, où se regroupent les allergiques à l'euro. Certes, nos veuves promènent plutôt de braves corniauds que de prétentieux chihuahuas, et leurs pensions sont moins alimentaires que de réversion. Bien sûr, on croise plus de petites voitures que de limousines mais le côté bon enfant de la station réconforte ceux qui s'éloignent un peu plus chaque jour de leur enfance et se rapprochent d'un grand départ dont les maladies constituent la bande-annonce. Tu évolues - administrativement - dans un comté. Nous sommes - géographiquement - à quelques kilomètres d'une principauté dont le palais date d'un siècle où Christophe Colomb n'était pas né. Tu bénéficies des orangers de la Floride, nous célébrons chaque année la Fête des citrons. Je n'envie pas ton climat tropical et sa très longue saison des pluies. A Menton, on ne connaît que des averses. Tu fais valoir dans ta lettre que de nombreuses anciennes vedettes de cinéma se sont retirées à Miami. A Menton, c'est le festival des cannes toute l'année. Et qu'importent les 72 étages de ton *Four Seasons Hotel* si, à l'entresol d'une de nos pensions de famille, on peut faire la paix avec soi-même. Tu me dis que l'on ne cesse de tourner des films et des séries télévisées comme *Les Experts* et *Miami Vice*, mais, à Monaco, une superproduction vient d'attirer les photographes de toute la planète à l'occasion d'un vrai mariage avec de vrais invités pouvant se prévaloir d'une ascendance royale que n'a jamais pu s'offrir Donald Trump en dépit de sa mégalomanie et de ses milliards. Et si, à Miami, on peut nager avec des dauphins, à Monaco, on se baigne avec des requins de la finance. Une fois par semaine, je fais le pèlerinage du Rocher, conservatoire d'un art de vivre fastueux et désuet, où les plus riches sont dispensés de payer l'impôt et où les plus pauvres doivent revêtir le smoking, où les cellules de la prison, rarement occupées, jouissent d'une vue imprenable sur la mer. Je t'accorde à ce propos que notre douce Méditerranée n'est qu'un petit lac, comparée à ton immense océan. Au moins n'avons-nous pas à redouter ces raz de marée qui feraient des résidences de nos collines autant de villas les pieds dans l'eau. Menton m'a réconcilié avec les générations descendantes. Car il y a plus de douceur dans une vie qui s'achève que dans une existence qui commence. La balade - fût-elle à petits pas - est une vitrine de la sérénité. Le troisième âge trouve un puissant réconfort dans la promiscuité avec le quatrième, dont la présence atteste les nouvelles possibilités de prolongation. Et puis mes compagnons de sieste sont devenus philosophes sans avoir eu besoin de lire Spinoza ou Schopenhauer. Ils se souviennent, ils comparent, ils relativisent. Bien sûr, nous échangeons plus de regrets que d'idées mais nous avons renoncé aux affrontements. Et, crois-moi, il y a un certain mérite à s'abstenir de crier quand on devient sourd. Je connais grâce aux dépliants que tu m'as envoyés le nom des vieilles étoiles dont les dernières lueurs n'éclairent plus que de très lointains souvenirs. Ici, il y a plus de VRP que de VIP, davantage de petits retraités que de grandes fortunes. Mais on n'a pas besoin d'être plein aux as pour commander une succulente soupe de poissons dans un bistrot où la chaleur de l'accueil est inversement proportionnelle au montant de l'addition. Les plus ingambes d'entre nous s'offrent pour moins cher que s'ils restaient à terre une petite croisière, en fait un cabotage le long des côtes. Moins pour le plaisir du dépaysement que pour la volupté de rentrer chez soi, au bout d'une semaine. Bref, sache que, au pays des mimosas des quatre saisons, la dernière est parfois la plus belle.

(Article taken from the supplement *Le Figaro Magazine* - n°20825, 16 juillet 2011; written by Philippe Bouvard)

---

1. Quel est le but de l'article ?

   (A) D'offrir aux lecteurs des options de voyage.

   (B) De convaincre le lecteur qu'on peut mieux vivre à Miami qu'à Menton.

   (C) De convaincre le lecteur qu'on peut mieux vivre à Menton qu'à Miami.

   (D) Aucun des choix ci-dessus.

2. Selon l'article, les voyages sont recommandés pour

   (A) les enfants âgés de 3 ans ou plus

   (B) les gens qui ont 30 ans

   (C) les personnes qui ont plus de 50 ans

   (D) les personnes qui ont moins de 50 ans

3. Menton est une ville

   (A) en France

   (B) en Belgique

   (C) aux Etats-Unis

   (D) à Monaco

4. «La grande bleue» désigne

(A) une mer sea

(B) un océan

(C) une plage

(D) un bateau transatlantique

5. L'article fait référence à des «dépliants». Cela veut dire :

(A) un livre.

(B) une brochure. fold

(C) un poster.

(D) une photo.

6. Dans l'article, l'auteur utilise des expressions idiomatiques. L'une de ces expressions est : «on fixe les roches à la colline». Que veut-elle dire ?

(A) Mettre des papillotes.

(B) Créer des paysages à l'aide de rochers.

(C) L'existence d'une falaise.

(D) La mise en plis avec des bigoudis.

7. Les énoncés ci-dessous sont vrais, sauf un :

(A) Miami et Menton sont des villes estivales.

(B) dans les deux villes, il y a des activités aquatiques pour les touristes.

(C) les deux villes sont des villes anciennes.

(D) les raz de marée sont fréquents à Miami.

8. A Menton, les personnes âgées passent du temps à

(A) parler de Spinoza

(B) parler de Schopenhauer

(C) se reposer, sans jamais se parler

(D) échanger des regrets

9. L'article est une
   (A) démystification du rêve américain
   (B) dénonciation des mœurs françaises
   (C) lettre ouverte à des vacanciers
   (D) rien de particulier

10. L'article est écrit pour
   (A) des jeunes voyageurs
   (B) des voyageurs âgés
   (C) les touristes en général
   (D) aucune des catégories ci-dessus

ANSWERS TO MULTIPLE-CHOICE QUESTIONS

1. La quête de soi

1 - C	2 - A	3 - D	4 - D	5 - C
6 - B	7 - C	8 - B	9 - D	10 - C

2. L'esthétique

1 - C	2 - B	3 - B	4 - B	5 - A
6 - D	7 - A	8 - D	9 - D	10 - D

3. Les défis mondiaux

1 - B	2 - A	3 - A	4 - B	5 - B
6 - D	7 - D	8 - D	9 - D	10 - C

4. La vie contemporaine

1 - C	2 - C	3 - A	4 - A	5 - B
6 - D	7 - C	8 - D	9 - C	10 - B

Time for a quiz
• Review strategies in Chapter 2
• Take Quiz 1 at the REA Study Center
(www.rea.com/studycenter)

Chapter 4

Interpersonal Writing and Speaking

Interpersonal Writing: E-mail Reply

Vocabulaire Essentiel

Formules d'introduction

En réponse à votre courriel du … En réponse à votre courriel par lequel vous ...	In response to your email …
Nous accusons réception de votre courriel du 8 avril et nous vous en remercions.	We acknowledge receipt of your email of April 8th and we thank you.
Suite à nos précédents courriels vous informant,	In reference to our previous emails informing you,
En réponse au courriel que vous avez adressé à notre bureau régional, nous avons le regret de ...	In response to the email you sent to our regional office, we regret …
Nous désirons vous informer que ...	We wish to inform you that …
C'est avec plaisir que ...	It's with pleasure that …
Suite à l'annonce parue dans le journal, j'aimerais ...	Following the advertisement in the newspaper, I would like …
En réponse à votre demande de documentation relative à ...	In response to your request for documentation …

C'est avec plaisir que nous vous faisons parvenir de la documentation relative à l'objet ci-dessus ...	With pleasure we send you the documentation on the subject above ...
Nous vous serions très reconnaissants de bien vouloir nous envoyer ...	We would be grateful to for you send ...
Nous vous souhaitons bonne réception de la présente	We hope you enjoy receiving this
N'hésitez pas à communiquer avec moi pour tout renseignement complémentaire ...	Feel free to contact me for further information ...
J'espère que ces renseignements vous satisferont, et je vous prie d'agréer ...	I hope this information will satisfy you, and I beg you to accept ...
Nous espérons que cette documentation vous sera utile et nous vous prions ...	We hope that this documentation will be helpful and please ...
Votre demande a retenu notre attention	Your request has caught our attention
En réponse à votre demande d'emploi, nous avons le plaisir de vous informer ...	In response to your application, we are pleased to inform you ...
Nous avons pris connaissance du rapport que vous nous avez fait parvenir et nous ...	We have read the report you sent us and we ...
Au cours de notre entretien du 12 mai dernier, nous ...	During our meeting on May 12, we ...
À l'occasion d'une conversation téléphonique avec votre adjoint, je lui ai dit que ...	During a telephone conversation with your assistant, I told him ...
Comme je vous l'ai proposé par téléphone ...	As I suggested over the phone ...
Suite à notre conversation téléphonique du 18 juillet dernier, ...	Following our telephone conversation of July 18th, ...
Pourriez-vous me faire parvenir la documentation relative à ...	Could you send me documentation on ...
C'est avec grand plaisir que j'ai appris votre nomination ...	It is with great pleasure that I heard of your appointment ...
À mon vif regret, ...	I regret, ...
Je suis au regret de vous annoncer ...	I regret to inform you ...
Je suis au regret de vous informer que ...	I regret to inform you that ...
C'est avec regret que nous vous faisons part de ...	It is with regret that we announce the ...
Nous avons le regret de vous informer que ...	We regret to inform you that ...

Nous regrettons vivement de ne pouvoir donner suite à votre ...	We regret not being able to respond to your ...
Nous sommes actuellement dans l'impossibilité de ...	We are currently unable to ...
Nous sommes au regret de devoir vous indiquer que ...	We are sorry to inform you that ...
Je vous prie de bien vouloir accepter mes excuses pour ...	I beg you to please accept our apologies for ...
J'ai le regret de vous dire que ...	I regret to tell you that ...
Pour des raisons indépendantes de ma volonté, ...	For reasons beyond my control, ...
Nous regrettons de ne pouvoir vous fournir toute la documentation ...	We regret not being able to provide you with all the documentation ...

Informer & annoncer

J'ai le plaisir de vous informer que ...	I am pleased to inform you that ...
Je suis très heureux de vous dire ...	I am very happy to tell you ...
Pour de plus amples renseignements, vous pouvez vous adresser à ...	For more information please contact ...
Nous demeurons/restons/sommes à votre entière disposition pour tout renseignement complémentaire.	We are at your disposal for any further information.
Soyez assuré/assurée/assurés/assurées que toutes les informations que vous voudrez bien nous communiquer seront tenues pour strictement confidentielles.	Rest assured that all the information that you disclose will be held in strictest confidence.

Accuser réception

Nous accusons réception de ...	We acknowledge receipt of ...
Nous avons bien reçu votre courriel/courrier électronique.	We have received your email.
Commande du 6 octobre 2011	Order of October 6, 2011
Suite à votre courriel du 4 janvier, nous vous confirmons que ...	Following your email of January 4th, we confirm that ...

Nous espérons, comme nous en avons déjà discuté, pouvoir … dans les plus brefs délais.	We hope, as we have already discussed, to be able to … as soon as possible.
Nous espérons, comme nous en avons déjà discuté, pouvoir … le plus tôt possible.	We hope, as we have already discussed, to be able to … as soon as possible.
Comme promis, …	As promised, …

Pour vous aider à rédiger votre courriel

Veuillez agréer …	Please accept…
Je vous prie d'agréer …	I beg you to accept…
Je vous prie de bien vouloir …	I beg you to please…
Puis-je vous demander de …	May I ask you…
Je me permets de vous demander …	Allow me to ask you…
Je vous serais reconnaissant(e) de (bien vouloir) …	I would be grateful to you (to be so kind as to) …
Je vous serais très obligé(e) de (bien vouloir) …	I would be obliged if you could (be so kind as to) …
Je vous prie d'accepter, Madame, Monsieur, l'expression de mes sentiments très cordiaux.	Please accept my cordial sentiments.
Veuillez agréer, Madame, Monsieur, nos salutations distinguées.	Please accept our best regards.
Veuillez accepter, Madame, Monsieur, nos sincères salutations.	Please accept our sincere greetings.
Je vous prie d'agréer, Madame, Monsieur, l'expression de mes sentiments respectueux.	Please accept the assurances of my respect.
C'est gentil de votre part de …	It's kind of you to …
Vous me feriez très plaisir si vous pouviez me consacrer une soirée.	I would be delighted if you would spend an evening with me.
Je vous assure de mon intérêt pour ce projet et vous prie de ...	I assure you of my interest in this project and ask you …

Je demeure à votre disposition pour vous fournir tout autre renseignement utile et vous prie d'agréer ...	I remain at your disposal to provide any other useful information and ask you to accept ...

Demander des renseignements

Nous aimerions savoir ...	We would like to know ...
Je vous prie de bien vouloir m'envoyer, par retour de courriel, ...	I beg you to please send me by return email, ...
Nous vous prions de bien vouloir nous fournir les informations suivantes	Please kindly provide the following information
Étant pressés par le temps, nous vous prions de nous répondre dans les plus brefs délais.	Being pressed for time, please answer us as soon as possible.
Je vous prie de bien vouloir ...	I beg you to please ...

S'excuser

Veuillez m'excuser ...	Sorry ...
Je vous prie de bien vouloir m'excuser ...	I beg you to forgive me ...
Toutes mes excuses pour ...	Apologies for ...
Je vous présente mes excuses pour ...	I apologize for ...
Nous vous prions de bien vouloir nous excuser de ce contretemps.	Please accept our apologies for the inconvenience.
Nous vous renouvelons nos excuses pour ce retard tout à fait indépendant de notre volonté.	We reiterate our apologies for this delay completely beyond our control.

Poser sa candidature

Dans l'espoir que ma candidature retiendra votre attention, ...	In the hopes that my application will hold your attention, ...

Suite à votre annonce parue dans ..., j'ai l'honneur de proposer ma candidature pour le poste de ...	In response to your advertisement in ... I am honored to offer my candidacy for the position ...
Étant actuellement à la recherche d'un emploi, je me permets de vous adresser mon CV.	Currently looking for a job, allow me to send you my résumé.

Remerciements

Je vous remercie de ...	Thank you for...
Je vous remercie de bien vouloir ...	Thank you kindly ...
Je tiens à vous exprimer ma gratitude.	I wish to express my gratitude to you.
Je vous adresse mes plus vifs remerciements.	I send you my most sincere thanks.
Je vous suis extrêmement reconnaissant(e).	I am very grateful to you.
Avec tous mes remerciements	With thanks.
Remerciez-le (la) de ma part.	Thank him (her) for me.
Transmettez mes remerciements à Paul.	Pass on my thanks to Paul.
À votre bon cœur !	Thank you kindly!
Merci de votre assistance.	Thank you for your help.
Merci de votre gentillesse.	Thank you for all your kindness.
Merci de ... (m'avoir corrigé).	Thank you for (correcting me).
Merci mille fois de ...	Thanks a million for ...
Je tiens à vous exprimer ma gratitude pour votre gentillesse.	I wish to express my gratitude for your kindness.
Merci d'avance.	Thanks in advance.
Grâce à ...	Thanks to ...
être reconnaissant de ...	to be thankful for ...
être reconnaissant de (+ nom)	to be thankful (for something)
être reconnaissant envers (+ personne)	to be thankful (for a person)
Nous vous en remercions infiniment.	We thank you very much.
Je vous remercie de votre confiance.	Thank you for your trust.

Au nom de M… et de moi-même, je tiens à vous remercier du temps que vous nous avez accordé lors de notre récente visite …	On behalf of Mr. … and myself, I want to thank you for the time you have given us during our recent visit …
Avec nos remerciements anticipés, nous vous prions d'agréer ...	With anticipated thanks, please accept ...
Je vous remercie par avance de bien vouloir me répondre rapidement.	Thank you in advance for a quick answer.
Nous vous remercions de l'intérêt que vous nous manifestez.	Thank you for the interest you show us.
En vous remerciant par avance de l'attention que vous voudrez bien porter à notre requête, …	Thanking you in advance for the attention that you will bring to our request, …
Dans l'attente de votre réponse, dont nous vous remercions par avance ...	Looking forward to your reply, for which we thank you in advance ...

Mentionner des pièces jointes

Vous trouverez, ci-joint, …	You will find attached …
Vous trouverez, ci-joint, un dépliant …	You will find attached a brochure …
Vous trouverez, ci-joint, la liste …	You will find attached the list …
Veuillez trouver, ci-joint, la liste …	Please find attached the list …
Nous avons le plaisir de vous faire parvenir, ci-joint, …	We are pleased to send you attached …
Je me permets de vous envoyer, (ci-joint), mon CV	Allow me to send you my résumé (attached)
Nous vous prions d'agréer …	Please accept…
Nous vous prions de croire …	Please believe…

Demander confirmation

Veuillez m'informer le plus vite possible …	Please inform me as soon as possible …
Veuillez me confirmer le plus vite possible …	Please confirm to me as soon as possible …

Pour conclure, les salutations

Bien cordialement,	Cordially,
Cordialement vôtre,	Cordially yours,
Avec reconnaissance,	Gratefully,
Cordialement,	Cordially,
Sincèrement,	Sincerely,
Bien sincèrement,	Sincerely,
Sincèrement vôtre,	Yours sincerely,
Sincères salutations,	Sincerely,
Salutations respectueuses,	Respectfully,
Sentiments les plus sincères,	Deepest feelings,
Considération distinguée,	Highest consideration,
Hommages les plus respectueux,	Most respectful tributes,
Sentiments distingués,	Distinguished sentiments,
Sentiments les plus distingués,	Most distinguished sentiments,
Haute considération,	High consideration,
Considération la plus distinguée,	Highest consideration,
Croyez à l'assurance de ma considération.	Believe the assurance of my consideration.
Agréez, Monsieur/Madame, l'assurance de ma considération distinguée.	Accept, Sir/Madam, the assurances of my highest consideration.
Agréer/Veuillez agréer l'assurance de mes meilleurs sentiments.	Please accept the assurances of my best sentiments.
Recevez mes sentiments respectueux.	Accept my respectful sentiments.
Recevez l'expression de mes meilleurs sentiments.	Please accept my best sentiments.
Agréez/Veuillez agréer l'expression de mes sentiments distingués.	With expression of my highest sentiments.
Agréez/Veuillez agréer l'expression de ma considération distinguée.	With expression of my highest consideration.
Agréez/Veuillez agréer l'expression de mes sentiments dévoués.	With expression of my most devoted sentiments.
Agréez/Veuillez agréer l'expression de ma profonde gratitude.	With expression of my deep gratitude.

Veuillez agréer, Monsieur/Madame, l'assurance de mes sentiments amicaux.	Please accept Sir/Madam the assurance of my friendly sentiments.
Recevez, Monsieur/Madame, nos salutations distinguées.	Accept Sir/Madam our best regards.
Veuillez recevoir, Monsieur/Madame, mes plus cordiales salutations.	Please accept Sir/Madam my warmest feelings.
Veuillez agréer, Cher Monsieur, l'expression de nos cordiales salutations.	Please accept, dear Sir, the assurances of our cordial greetings.
Veuillez agréer, Monsieur/Madame, mes sincères salutations.	Please accept, Sir/Madam, my sincere greetings.
Je vous prie de croire, Monsieur/Madame, à mes sentiments les meilleurs	I beg you to accept, Sir/Madam, my best wishes.
Je vous prie d'agréer, Monsieur/Madame, l'expression de mes sentiments très cordiaux.	Please accept, Sir/Madam, the assurances of my cordial sentiments.
Nous vous prions d'agréer, Monsieur/Madame, nos salutations distinguées.	Please accept, Sir/Madam, our best regards.
Je vous prie d'agréer, Monsieur/Madame, l'assurance de ma haute considération.	Please accept, Sir/Madam, the assurances of my highest consideration.
En souhaitant vous avoir donné entière satisfaction, nous vous prions d'agréer Monsieur/Madame, nos sincères salutations.	Hoping we have given you complete satisfaction, Sir/Madam, please accept our sincere greetings.
Dans l'attente de votre réponse, … • en espérant vous avoir convaincu de ma motivation, ... • en vous remerciant d'avance de l'attention que vous voudrez bien porter à ma candidature, ...	Looking forward to your response … • hoping to have convinced you of my motivation, ... • thank you in advance for the attention that you will bring to my candidacy, ...
Dans l'attente d'une réponse favorable, je vous prie d'agréer, Messieurs/Mesdames, l'expression de mes salutations distinguées.	Pending a favorable response, please accept, gentlemen/ladies, the expression of my highest regards.
Dans l'attente d'une réponse rapide, je vous prie d'agréer, Messieurs/Mesdames, l'expression de mes salutations distinguées.	Pending a rapid response, please accept, gentlemen/ladies, the expression of my highest regards.

TEST TIP

Sometimes the text invites you to make inferences or suppositions that may not turn out to be relevant in the general meaning of a text. Continue to filter the information as you listen.

Practice: E-mail Reply

On the following pages you will find practice e-mails for you to respond to in preparation for your exam.

Instructions

You will write a reply to an e-mail message. You have 15 minutes to read the message and write your reply. Your reply should include a greeting and a closing and should respond to all the questions and requests in the message. In your reply, you should also ask for more details about something mentioned in the message. Also, you should use a formal form of address.	Vous allez écrire une réponse à un message électronique. Vous aurez 15 minutes pour lire le message et écrire votre réponse. Votre réponse devrait débuter par une salutation et terminer par une formule de politesse. Vous devrez répondre à toutes les questions et demandes du message. Dans votre réponse, vous devriez demander des détails à propos de quelque chose mentionné dans le texte. Vous devriez également utiliser un registre de langue soutenu.

PROMPT #01

Thème : Les défis mondiaux

Introduction

C'est un message électronique d'Agwe Lourdes, Directeur d'un organisme d'aide humanitaire pour les Haïtiens. Vous recevez ce message après l'avoir contacté pour lui exprimer votre désir de vous porter volontaire pour le programme qu'il dirige, en Haïti.

De :	Agwe Lourdes
Objet :	Aide humanitaire pour les Haïtiens

Monsieur,

Merci de nous avoir contactés au sujet du programme d'aide humanitaire que nous menons en Haïti. Comme vous le savez, ce pays et ses habitants ont été gravement affectés par un puissant tremblement de terre. C'est la raison pour laquelle nous sommes constamment à la recherche de bénévoles désirant nous aider. Afin de vous affecter à un poste qui vous permettra d'utiliser au mieux vos centres d'intérêt et vos connaissances, nous vous prions de bien vouloir nous fournir les informations suivantes:

- Selon vous, pourquoi un travail de reconstruction serait-il enrichissant ?

- Tant de pays ont besoin d'aide... Pourquoi êtes-vous prêts à concentrer vos efforts et votre énergie sur Haïti ? Pourquoi est-ce que Haïti vous intéresse ?

Nous vous remercions de l'intérêt que vous nous manifestez et nous attendons avec impatience votre réponse.

Hommages les plus respectueux,

Agwe Lourdes
Directeur humanitaire pour les Haïtiens

PROMPT #02

Thème : La vie contemporaine

Introduction

C'est un message électronique de Gérard Leblanc, Secrétaire de Destination France. Il dirige un programme d'échange estival en France, auquel vous aimeriez vous inscrire. Afin de vous offrir un programme qui correspondra à vos attentes, il aimerait que vous lui communiquiez quelques informations personnelles.

De :	Gérard Leblanc
Objet :	Programme d'échange estival en France

Merci de nous avoir contactés à propos de notre programme d'échange estival en France. Nous faisons de notre mieux pour offrir une expérience agréable à nos participants.

Ainsi, afin de pouvoir répondre au mieux à vos attentes, veuillez nous communiquer au plus vite les informations suivantes :

- Dans quelle région de France préféreriez-vous demeurer pendant votre stage - et pourquoi ?
- Quels sports, activités, passe-temps aimez-vous ?
- Décrivez le genre de personne avec qui vous aimeriez partager une chambre.

Vous trouverez ci-joint un dépliant sur notre programme, qui pourra peut-être contenir les réponses à certaines de vos questions.

En vous remerciant, par avance, de l'attention que vous voudrez bien porter à notre requête, nous vous remercions de l'intérêt que vous portez à notre programme.

Avec reconnaissance,

Gérard Leblanc

Secrétaire
Destination France

PROMPT #03

Thème : La quête de soi

Introduction

Ceci est un courriel de Janice d'Entremont, Présidente du Club Unité Française. Elle vous invite à participer au Concours Oratoire qui aura bientôt lieu. Mais avant que vous puissiez vous inscrire en tant que concurrent officiel, elle a besoin que vous lui présentiez votre plan.

De :	Janice d'Entremont
Objet :	Invitation à participer au Concours Oratoire

Mademoiselle,

Suite à notre conversation téléphonique du 18 juillet dernier, j'ai le plaisir de vous informer que le concours français aura lieu, cette année, le 12 décembre. Cet événement oratoire annuel permet aux personnes intéressées par la langue française de faire un discours devant les membres du Club Unité Française de Boston.

Il y aura trois gagnants, chacun recevant une bourse pour poursuivre leurs études de langue française.

Le thème de cette année est de choisir quelqu'un de vivant (ou non), parlant français et ayant (ou ayant eu) un impact sur votre vie.

Vous devez répondre à la question suivante :
- Comment cette personne a-t-elle influencé votre vie ?
N'oubliez pas de mentionner comment cette personne a appris le français et le rôle important que la culture française a joué dans sa vie.

Avant que vous puissiez vous inscrire en tant que concurrent officiel, je vous prie de bien vouloir nous présenter brièvement votre plan. Nous demeurons à votre entière disposition pour tout renseignement complémentaire et attendons votre réponse avec impatience.

Nous vous prions d'agréer, Mademoiselle, nos salutations distinguées.

Janice d'Entremont
Présidente du Club Unité Française

PROMPT #04

Thème : Les défis mondiaux

Introduction

Voici un courriel de Marcel Aboudji, Secrétaire d'une organisation humanitaire en Haïti. Vous voulez participer aux efforts de reconstruction du pays, mais afin qu'il puisse vous placer dans le bon secteur, il lui faut des informations sur vos qualifications et sur vos centres d'intérêt.

De :	Marcel Aboudji
Objet :	Cœur Pour Haïti

Monsieur,

C'est avec plaisir que nous vous faisons parvenir de la documentation relative à notre mission. Vous trouverez, ci-joint, un dépliant électronique qui décrit ce que notre organisation humanitaire fait pour aider les habitants d'Haïti. Nous serions ravis de vous accueillir.

Afin que nous puissions vous placer dans le bon secteur, il nous faut quelques détails sur votre formation. Nous vous prions donc de bien vouloir nous envoyer, par retour du courriel, votre CV, ainsi qu'une lettre de motivation dans laquelle vous détaillez les services que vous pourriez offrir aux Haïtiens. Soyez précis en ce qui concerne votre cursus scolaire, vos expériences et vos connaissances - ainsi que la façon dont ils pourraient être utiles aux Haïtiens.

Nous vous remercions de l'intérêt que vous nous manifestez et nous espérons que cette documentation vous sera utile.

Recevez, Monsieur, nos salutations distinguées.

Marcel Aboudji
Secrétaire
Cœur Pour Haïti

PROMPT #05

Thème : La vie contemporaine

Introduction

C'est un courriel d'Analièse Fèvre, élève suisse, qui s'apprête à passer une année chez vous au Québec. Elle veut faire ses valises mais ne sait pas le temps qu'il fait dans cette région en hiver, et vous demande donc des informations sur le sujet.

De :	Analièse Fèvre
Objet :	Questions avant mon départ

Chère famille d'accueil,

Laissez-moi vous dire à quel point j'ai hâte d'arriver ! J'attends en effet ce programme d'échange depuis des années ! Ce sera la première fois que je quitterai mon pays, la Suisse, comme vous le savez. Je regarde des images de cette belle région qu'est le Québec depuis si longtemps !

Cependant, je n'ai pas encore fait de recherches sur le climat de cette région. Donc pourriez-vous me dire comment est l'hiver chez vous. J'aimerais faire mes valises, mais je ne sais pas encore ce que je devrais emporter. J'aimerais être bien préparée pour toutes les excursions que nous allons faire pendant mon séjour. Je vous en remercie d'avance.

Aussi, le jour de mon arrivée, j'aimerais savoir si quelqu'un sera là pour m'accueillir à l'aéroport. Sinon, devrais-je prendre un taxi ?

J'attends avec impatience de vous rencontrer et vous remercie pour tout. A très bientôt !

Merci pour votre gentillesse.

Analièse

PROMPT #06

Thème : La vie contemporaine

Introduction

C'est un message électronique de l'Alliance Française de Boston, que vous avez contactée concernant les programmes de langue qu'elle offre cet été. Vous aimeriez vous inscrire afin d'améliorer, cet été, vos compétences en français.

De :	L'Alliance Française de Boston
Objet :	Programmes d'été 2012

Monsieur,

Je vous remercie de nous avoir contactés au sujet des programmes que nous offrons cet été. Notre mission est «de promouvoir le français et les cultures françaises et Francophones, et d'encourager les échanges culturels, intellectuels et artistiques entre les Etats-Unis et le monde Francophone» (www.frenchculturalcenter.org).

Nous offrons une grande variété de programmes estivaux, dont vous pourriez profiter. Celui qui vous conviendra le mieux dépendra de votre emploi du temps de cet été. Nous offrons des programmes qui varient d'un jour à deux semaines. Avez-vous déjà fixé le temps que vous aimeriez consacrer à vos études ?

Saviez-vous que nous offrons, non seulement des cours de langue, mais que nous sommes aussi un véritable centre culturel pour la communauté ? Nous sommes très fiers de nos événements à venir. Pour plus d'informations, veuillez visiter notre site : http://www.frenchculturalcenter.org/index.cfm/learn-french.

Finalement, vous devrez passer un test avant de vous inscrire à notre programme estival, qui nous permettra d'établir votre niveau de langue et de vous placer dans un groupe adapté à vos capacités linguistiques.

Nous vous remercions de nous avoir contactés concernant nos programmes.

Sentiments distingués,

L'Alliance Française de Boston

PROMPT #07

Thème : Les défis mondiaux

Introduction

C'est un courriel de M. Lebreuf, chercheur scientifique. Il dirige un programme qui lutte contre le paludisme en Afrique et cherche d'autres chercheurs désirant travailler avec lui, afin d'éradiquer cette maladie. Vous avez posé votre candidature à ce poste. Il vous écrit parce qu'il lui faut des informations supplémentaires vous concernant.

De :	Monsieur Lebreuf
Objet :	Candidature au poste de chercheur

Chère Madame,

Merci de m'avoir contacté concernant le poste de chercheur que nous venons d'ouvrir. Comme vous pouvez l'imaginer, ce poste jouera un rôle essentiel dans la réussite de notre mission : combattre le paludisme en Afrique. Afin de pouvoir traiter votre demande d'emploi, nous vous prions de bien vouloir nous fournir les informations suivantes :

- Votre CV.
- Vos références.

Nous exigeons aussi une lettre de motivation dans laquelle vous devez nous expliquer comment vous pourriez nous aider à prévoir et à étudier les épidémies de paludisme. Veuillez aussi détailler vos connaissances en cartographie, car il va falloir établir des cartes identifiant les zones en Afrique sujettes à des épidémies. Nous vous remercions de nous fournir ces renseignements le plus rapidement possible.

Nous avons l'intention d'étudier d'autres candidatures pendant les deux semaines à venir avant de commencer les entretiens. Nous vous tiendrons au courant par courriel.

Nous restons à votre entière disposition pour tout renseignement complémentaire.

Considération distinguée,

Monsieur Lebreuf
Directeur
Faire reculer le paludisme !

PROMPT #08

Thème : La quête de soi

Introduction

C'est un message électronique de Sophie Barlette, candidate à un poste de coach professionnel dans votre école. Elle vous énumère quelques unes de ses réussites professionnelles et vous demande quelques informations sur votre école, afin de pouvoir vous présenter un échantillon de services.

De :	Sophie Barlette
Objet :	Candidature au poste de coach professionnel

Monsieur Dupléssis,

Permettez-moi de me présenter. Je m'appelle Sophie Barlette et je vous écris parce que je suis candidate pour le poste de coach professionnel dans votre école. Je travaille dans le milieu scolaire depuis huit ans et je vous présente, ci-joint, mon CV impressionnant, qui souligne mes réussites.

J'ai fait mes études à l'Université Laval, où j'ai obtenu mon diplôme en affaires en 2003. Depuis, je travaille pour le Ministère de l'Education du Québec. Durant mon parcours professionnel au Québec, j'ai participé au développement d'un système d'évaluation du personnel - rapidement apprécié, utilisé, et reconnu dans le secteur de l'éducation publique. Je sais que je pourrais développer un système similaire pour votre établissement.

Afin de vous présenter un système adapté à vos besoins, je vous serais reconnaissante de bien vouloir m'envoyer les informations suivantes: 1) nombre d'éducateurs qui travaillent dans votre école; 2) éléments que vous aimeriez incorporer dans ce système.

Dans l'attente d'une réponse rapide, je vous prie d'agréer, Monsieur, l'expression de mes salutations distinguées.

Sophie Barlette

PROMPT #09

Thème : La vie contemporaine

Introduction

C'est un courriel de Michelle Desjardins, élève désirant participer au Concours Oratoire que vous dirigez. Elle a besoin de quelques renseignements. Vous devez inclure des exemples dans vos réponses.

De :	Michelle Desjardins
Objet :	Questions sur le Concours Oratoire

Madame,

Permettez-moi de me présenter. Je m'appelle Michelle Desjardins et je suis élève à l'école Richelieu. C'est avec grand plaisir que j'ai entendu parler de votre concours oratoire, auquel j'aimerais participer, mais il me faut quelques renseignements supplémentaires. Je vous prie de bien vouloir m'envoyer, par retour de courriel, les informations suivantes :

- Est-ce que la personne parlant français qui a eu un impact sur ma vie, doit être vivante ?
- Je m'intéresse beaucoup à la religion en France. Le concours ayant lieu dans une école publique, est-ce qu'un thème religieux sera accepté par les juges ?

Dans l'attente de votre réponse, dont je vous remercie par avance.

Salutations respectueuses,

Michelle Desjardins

PROMPT #10

Thème : La vie contemporaine

Introduction

Vous êtes le responsable du Club Parkour et vous venez de faire passer une annonce dans le journal afin de trouver de nouveaux traceurs. Nicolas vous a répondu car il s'intéresse au Parkour depuis son enfance et est extrêmement sportif. Il vous demande d'autres détails sur votre club et ce sport, non mentionnés dans l'annonce.

De :	Nicolas Nieux
Objet :	À la recherche de plus d'informations sur le Parkour

Bonjour,

Je m'appelle Nicolas Nieux. Suite à votre annonce parue dans le journal, j'aimerais bien en apprendre plus sur votre club ! Depuis mon enfance je m'intéresse au Parkour, mais je n'ai encore jamais pratiqué cette activité. Et je crois que c'est pour moi le moment de me lancer ! Je suis assez sportif et agile. Je fais souvent de l'exercice et je fais partie de plusieurs équipes de sport dans mon école. Hors de l'école, je fais d'autres activités sportives, dont de la gymnastique depuis trois ans.

En tant que débutant, j'aimerais trouver un club pour m'initier au Parkour. Pourriez m'indiquer s'il y en a près de chez moi ? Je sais qu'il y a des traceurs dans mon quartier, parce que j'en vois ! Merci d'avance.

Enfin, pourriez-vous me dire s'il faut un équipement spécial pour pratiquer ce sport ? Si oui lequel ? Chaussures particulières ou vêtements spéciaux... Parce que j'aimerais être bien équipé.

Je vous remercie par avance de l'aide que vous pourriez m'apporter.

Nicolas Nieux

PROMPT #11

Thème : La quête de soi

Introduction

Voici un courriel d'Émilie Desroches qui vient d'accepter le poste que vous venez de lui offrir dans votre compagnie. Elle vous tient au courant de sa disponibilité et a besoin de quelques détails supplémentaires sur le poste en question.

De :	Émilie Desroches
Objet :	Suite à notre entretien

Monsieur,

J'ai l'honneur de vous informer que j'ai bien reçu votre courriel du 3 avril 2010 dans lequel vous m'avez offert le poste de traductrice au sein de votre compagnie. C'est avec grand plaisir que je vous annonce que je l'accepte.

Comme je vous ai déjà expliqué, je regrette de ne pas pouvoir commencer immédiatement. Je pars en vacances et ne serai de retour que le 18 avril - date à partir de laquelle je serai disponible. J'aimerais donc savoir si cette date vous convient.

Pourriez-vous également m'envoyer l'emploi du temps dont vous m'avez parlé pendant notre rendez-vous, afin que je puisse bien me préparer ?

Suite à notre conversation, il faudrait aussi finaliser les détails du contrat dont nous avons discuté. Comme je vous l'ai dit, je suis prête à travailler à plein temps. Ceci étant, si vous souhaitez m'employer en tant que travailleuse indépendante, il faudra négocier les modalités.

En vous remerciant de la confiance que vous me témoignez, je vous prie d'agréer, Monsieur Barcélo, l'assurance de ma parfaite considération.

Cordialement vôtre,

Émilie Desroches

PROMPT #12

Thème : La vie contemporaine

Introduction

Voici un courriel de Thomas LePoint, Secrétaire à l'ISEP (International Student Exchange Programs). Vous recevez ce message parce que vous avez contacté l'ISEP pour exprimer votre désir de vous inscrire à un programme d'échange cette année.

De :	Thomas LePoint
Objet :	Votre message concernant le programme d'échange

Cher participant,

Merci de nous avoir contactés au sujet de notre programme d'échange au Canada. Nous essayons de placer nos participants dans un lycée et dans une famille d'accueil, afin que chaque expérience soit une réussite. Donc, avant de vous envoyer plus de détails concernant notre programme, veuillez répondre à quelques questions. Ceci nous aidera à vous offrir un séjour optimal, adapté à vos préférences.

- Veuillez nous décrire la famille d'accueil idéale pour vous.
- Dans quelle région/province de Canada préféreriez-vous étudier et pourquoi ?

Dans l'attente d'une réponse rapide, nous vous prions d'agréer, l'expression de nos salutations distinguées.

Thomas LePoint
Secrétaire, ISEP (International Student Exchange Programs)

PROMPT #13

Thème : La quête de soi

Introduction

Vous désirez devenir le nouveau directeur de la Maison des Jeunes et de la Culture de Poitiers, un poste pour lequel vous avez récemment posé votre candidature. Christine Larousse, qui vous trouve suffisamment qualifié, vous répond et souhaiterait recevoir une lettre de motivation détaillée de votre part.

De :	Christine Larousse
Objet :	MJC cherche directeur

Monsieur,

Merci d'avoir répondu à notre annonce concernant le poste de directeur de la Maison des Jeunes et de la Culture de Poitiers. Suite à votre courriel du 4 janvier, nous vous confirmons que nous avons bien reçu votre CV et nous sommes très impressionnés par votre formation professionnelle. Vous nous semblez suffisamment qualifié pour ce poste.

Cela dit, nous avons quelques questions auxquelles vous aimerions que vous répondiez dans une lettre de motivation :

- Veuillez nous expliquer comment, en tant que directeur, vous pourriez aider à mettre en place des manifestations locales à caractère festif et culturel ?
- Pourriez-vous nous donner des détails sur votre expérience dans le domaine de l'animation socioculturelle et de la vie associative ?
- Parlez-nous un peu de l'expérience que vous avez acquise en tant que chef d'équipe.

Nous espérons recevoir votre lettre dans les plus brefs délais.

Veuillez agréer, Monsieur, nos salutations les meilleures.

L'assistante de direction,
Christine Larousse
Fédération Régionale des MJC

PROMPT #14

Thème : La vie contemporaine

Introduction

Sylvie vous envoie ce courriel pour vous poser quelques questions, parce qu'elle s'apprête à faire sa première randonnée - au Mont St. Michel - avec votre compagnie.

De :	Sylvie Barcélo
Objet :	Renseignements sur la randonnée au Mont St. Michel

Bonjour,

Je m'appelle Sylvie Barcélo et je fais partie du Club Aventure depuis cinq ans. Je viens de m'inscrire à une randonnée offerte par Les Randonneurs qui aura lieu du 4 au 12 octobre, qui se déroulera dans une région de France que je ne connais pas du tout : le Mont St. Michel et merveilles du Cotentin. C'est la première fois que je participe à une telle excursion et j'ai vraiment hâte de faire ce voyage. Cependant j'ai quelques questions à vous poser avant le grand départ.

J'ai déjà payé 940€ (le prix du voyage), mais je ne sais pas si cela comprend les pourboires pour l'accompagnateur du Club Aventure. Si ce n'est pas le cas, pourriez-vous me dire combien je dois prévoir par jour ? J'aimerais aussi savoir si une assurance annulation est comprise dans le prix du voyage.

Comme je vous l'ai dit, je ne suis encore jamais allée au Mont St. Michel et j'aimerais bien recevoir plus d'information sur cette région de France. En particulier, pourriez-vous me dire quel type de paysages on peut y voir, et le type d'activités qu'on peut y pratiquer.

J'attends avec impatience, non seulement votre réponse, mais aussi le jour du départ !

Bien cordialement,

Sylvie Barcélo

PROMPT #15

Thème : La vie contemporaine

Introduction

C'est un courriel de votre père qui est un homme d'affaires. Vous correspondez tous les deux par courriel parce qu'il se trouve actuellement hors du pays. Cette année vous avez l'opportunité de voyager à l'étranger avec votre lycée, mais il vous faut l'autorisation de votre père. Il hésite à vous la donner, et vous devez lui répondre pour le rassurer et essayer de le convaincre.

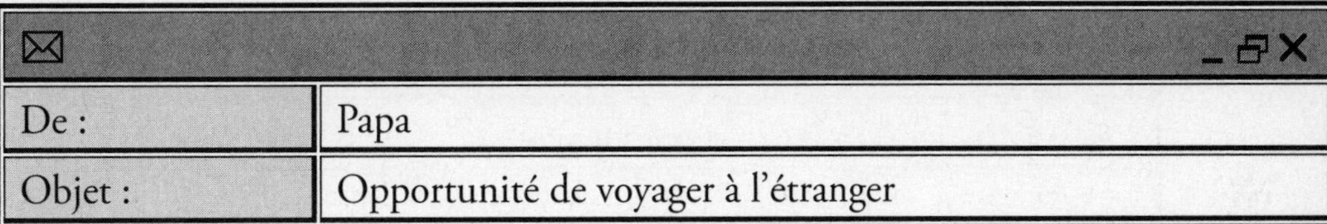

De :	Papa
Objet :	Opportunité de voyager à l'étranger

Ma chérie,

Comme tu le sais, je ne serai pas de retour avant le 9 novembre et comme je sais que tu dois t'inscrire fin octobre, il faut qu'on en discute par courriel. Je suis à 100% d'accord pour que tu étudies à l'étranger, mais dans le cas présent, ce que tu me proposes n'est pas un «voyage d'étude», mais un voyage avec l'école, pour s'amuser.

J'ai fait des recherches sur Internet sur la compagnie que l'école a choisie pour organiser ce voyage. J'ai également étudié l'itinéraire. Et tout ce que j'ai appris semble indiquer que ce voyage ne comprend aucun élément linguistique ou culturel.

Si je me trompe, fais-le-moi savoir, s'il te plaît.

De plus, comme ce voyage coûte très cher, je préfèrerais continuer à économiser pour que tu fasses un vrai programme d'échange l'an prochain, et non pas cette année - à moins que tu puisses m'expliquer pourquoi un tel voyage est à ne pas manquer.

- Que penses-tu que ce voyage puisse t'apporter ?
- Quels en seraient les avantages ?

Je te demande d'être raisonnable ma puce. Voyager, c'est cher... Il faut qu'on réfléchisse avant de prendre une décision !

Gros bisous,

Papa

PROMPT #16

Thème : La quête de soi

Introduction

Vous recevez ce courriel de David Smith, Président de L.L. Bean. Vous venez de poser votre candidature pour un poste de traducteur dans sa compagnie. Il vous répond, indiquant qu'il lui faut plus d'information vous concernant, pour l'aider à choisir le meilleur candidat pour ce poste.

De :	David Smith
Objet :	Poste de traducteur

Monsieur,

J'ai le plaisir de vous informer que nous avons bien reçu votre candidature, suite à l'annonce que nous avons passée dans le journal. Nous pensons être en mesure de choisir le candidat idéal, très bientôt, et c'est la raison pour laquelle nous vous envoyons ce courriel. Plusieurs candidats qualifiés nous ont en effet contactés, et pour faciliter notre choix, nous aimerions que vous répondiez aux questions suivantes :

- Pourriez-vous nous dire comment votre formation professionnelle vous a préparé à devenir traducteur ?
- Quelles sont vos expériences professionnelles à l'étranger, qui pourraient vous donner un avantage sur d'autres candidats ? Donnez des détails.

Étant pressés par le temps, nous vous prions de répondre à ce courriel dans les plus brefs délais. Merci d'avance.

Sincères salutations,

David Smith
Président, L.L. Bean

PROMPT #17

Thème : La vie contemporaine

Introduction

Paul Painchaud, Président du Club Marche dont vous faites partie, vous écrit pour vous annoncer la fête du club, qui s'apprête à célébrer son cinquième anniversaire. Le Club Marche offrira un bon repas pour cette fête, mais c'est à vous, les membres du club, d'organiser l'animation de cette journée. Présentez donc vos idées !

De :	Paul Painchaud
Objet :	Fêter les 5 ans du Club Marche

Randonneurs et Randonneuses,

Comme vous le savez, nous allons bientôt avoir le plaisir de fêter ensemble les cinq ans de notre club. Réservez la date: le 18 octobre. Nous espérons que cette journée festive sera à la hauteur de notre saison de randonnée et comptons vous offrir un repas à ne pas manquer pour cette occasion !

Nous avons besoin de vos idées pour animer cette fête. Alors, présentez-les nous afin que nous puissions organiser cette journée ! Souvenez-vous que vos enfants sont les bienvenus, donc pensez à les amener avec vous !

Nous avons aussi besoin de bénévoles (serveurs, animateurs, conteurs, etc) pour assurer la logistique de cette journée. Alors, dites-nous si vous êtes prêts à nous donner un coup de main. Votre présence est indispensable !

Sincères salutations,

Paul Painchaud
Président du Club Marche

PROMPT #18

Thème : La vie contemporaine

Introduction

Vous devez faire une présentation sur la Martinique dans le cadre de votre travail scolaire. Vous avez donc contacté l'Office du Tourisme de la Martinique, afin qu'il vous fournisse des informations utiles. Ce courriel est la réponse que vous avez reçue à votre requête.

De :	Office du Tourisme : Martinique Magnifique
Objet :	Information sur la Martinique

Mademoiselle,

En réponse au courriel que vous avez adressé à notre bureau régional, c'est avec plaisir que nous pouvons vous aider à faire des recherches sur notre belle île de Martinique.

Vous nous avez posé des questions particulières sur la culture de l'île, veuillez donc trouver, en pièces attachées, deux brochures numériques. La première parle de la culture Martiniquaise, y compris de sa cuisine. La seconde détaille les différents types d'activités qu'on peut pratiquer sur l'île. Nous pensons que vous allez apprécier les belles couleurs vives de notre île !

Nous aimerions aussi que vous répondiez à quelques questions...

- Pourquoi vous avez choisi la Martinique comme thème pour votre présentation à l'école ?
- Pour quelles raisons la Martinique vous intéresse-t-elle autant ?

Merci de nous répondre !

L'Office du Tourisme
Martinique Magnifique

PROMPT #19

Thème : La science et la technologie

Introduction

C'est un courriel de Boutique à Suivre, Inc., site Internet de vente de vêtements sur lequel vous avez commandé un blouson rose. Par erreur, la boutique vous a envoyé un blouson vert. Elle vous contacte pour tenter de résoudre ce problème.

De :	Boutique à Suivre, Inc.
Objet :	Blouson de la mauvaise couleur

Madame,

Veuillez accepter nos excuses les plus profondes suite à l'erreur qui a affecté votre commande. Merci de nous avoir signalé que vous aviez reçu un blouson de la mauvaise couleur - vert au lieu de rose. Malheureusement, nous sommes actuellement dans l'impossibilité de vous envoyer le blouson rose que vous avez commandé, car ils ne nous en reste plus.

Si vous le souhaitez, nous pouvons vous envoyer à la place un blouson bleu ou gris, ou créditer votre carte de crédit. A moins que vous préfériez faire un échange avec un autre article de notre boutique. A vous de nous le faire savoir.

Dites-nous comment vous souhaiteriez que ce problème soit résolu.

Nous vous prions de bien vouloir accepter toutes nos excuses pour cette erreur et le désagrément qu'elle vous a causé.

Veuillez recevoir, Madame, nos salutations distinguées.

Boutique à Suivre, Inc.

PROMPT #20

Thème : La vie contemporaine

Introduction

Vous recevez ce courriel de votre banque - Caisses Populaires Desjardins du Québec -, concernant un découvert sur votre compte courant. Votre banque vous propose quelques solutions possibles.

De :	Caisses Populaires Desjardins du Québec
Objet :	Découvert sur votre compte courant

Monsieur,

Nous avons le regret de vous informer que votre compte courant est à découvert. Le chèque que vous avez fait à l'ordre de "Simons" est sans provision. Nous voudrions donc vous aider à résoudre ce problème, afin que vous n'ayez pas de frais de découvert.

Nous avons remarqué que vous avez deux comptes bancaires chez nous : un compte courant et un compte épargne, ainsi qu'une carte de crédit.

Savez-vous que vous pouvez lier votre compte courant à votre carte de crédit ? Si vous le faite, cela nous permettrait de transférer tout argent nécessaire en cas de découvert, et vous éviter ainsi des frais. En plus de cette option, vous pouvez également lier votre compte courant à votre compte épargne. Ce qui diminuerait également les risques de découvert.

Nous aimerions donc que vous nous disiez ce que vous comptez faire pour résoudre ce problème.

Nous restons à votre entière disposition pour tout renseignement complémentaire.

Sylvain Perroquet
Cassier Supérieur
Caisses Populaires Desjardins du Québec

PROMPT #21

Thème : La vie contemporaine

Introduction

Vous êtes responsable d'une agence qui organise des excursions à vélo à travers la France.

Julie Lebrun vous écrit parce qu'elle hésite entre deux régions : la Provence et les Calanques. Vous l'aidez à choisir en décrivant les différences majeures qui existent entre ces deux régions.

De :	Julie Lebrun
Objet :	Destination Provence : tour de Provence à vélo

Bonjour,

Je m'appelle Julie Lebrun et j'aimerais faire un tour à vélo en France, cet été, avec mon mari. Nous faisons du vélo depuis des années et nous sommes très sportifs. Je suis tombée sur votre site Internet en faisant des recherches et il me semble que vous offrez des forfaits adaptés à ce que nous recherchons. Nous désirons passer deux semaines en France, mais le problème c'est que nous n'arrivons pas à décider dans quelle région les passer !

Nous sommes vraiment partagés entre une belle randonnée en Provence et une randonnée dans les Calanques. C'est la raison pour laquelle je vous écris.

Si vous pouviez nous décrire les différences principales qui existent entre ces deux régions, cela nous aiderait à nous décider. En outre, pourriez-vous nous indiquer le niveau de difficulté de chacun de ces excursions, afin que nous puissions prendre ce facteur supplémentaire en compte ?

C'est avec impatience que nous attendons de faire notre première excursion à vélo avec votre agence !

Merci d'avance pour votre aide.

Sincères salutations,

Julie Lebrun

PROMPT #22

Thème : La famille et la communauté

Introduction

Vous recevez un courriel de Nathalie, votre correspondante qui habite en France. Elle aimerait mieux vous connaître, et s'intéresse à votre style de vie. Comme elle, vous êtes française, mais habitez dans les DOM-TOM depuis dix ans, où vous avez vécu dans cinq endroits différents. Vous lui expliquez un peu comment est la vie là-bas.

De :	Nathalie Rosier
Objet :	Correspondante en France

Bonjour Christine,

Quel plaisir d'avoir de vos nouvelles ! Comme je vous l'ai déjà dit, j'ai plusieurs questions à vous poser et j'ai hâte de découvrir comment est la vie dans les DOM-TOM.

Comme vous avez de la chance d'y avoir vécu pendant les dix dernières années, en déménageant d'un DOM-TOM à un autre ! Je n'arrive pas à l'imaginer !

Pourriez-vous faire une comparaison entre le vie en France et la vie dans un DOM-TOM ? Par exemple, quelles sont les principales différences entre les deux ? Quelle est votre routine quotidienne ? Que pouvez-vous faire chez vous, que je ne peux pas faire en France ?

Pour vous, la vie doit être tellement différente ! J'ai hâte d'en apprendre plus sur les DOM-TOM grâce à vous.

Je tiens à vous exprimer ma gratitude pour votre gentillesse et j'attends avec impatience votre réponse !

Avec toute mon amitié,

Nathalie Rosier

PROMPT #23

Thème : La vie contemporaine

Introduction

Vous venez de recevoir ce courriel de Michel Olivier, qui est intéressé par l'annonce que vous avez passée un journal, concernant un appartement à louer. Il aimerait que vous lui donniez quelques détails qui n'étaient pas mentionnés dans l'annonce.

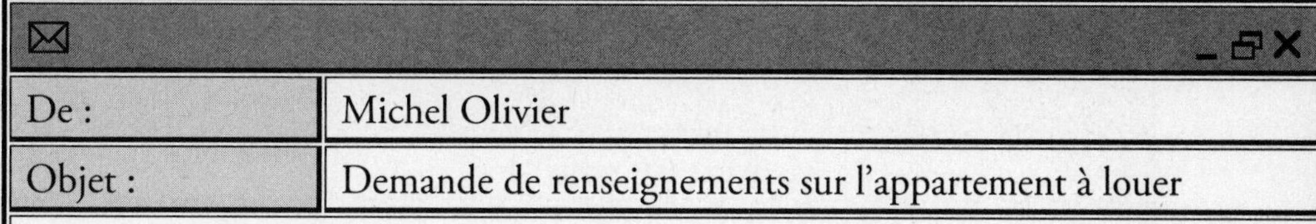

De :	Michel Olivier
Objet :	Demande de renseignements sur l'appartement à louer

Suite à l'annonce parue dans le journal, j'aimerais que vous me donniez plus d'informations sur l'appartement que vous avez à louer.

Je cherche un appartement à partager avec deux amis pour l'année universitaire qui va commencer. Nous serions donc trois à le louer et à le partager.

Pourriez-vous m'indiquer quelle est la station de métro la plus proche de l'appartement ? De plus, l'un d'entre nous a une voiture et nous aimerions savoir si une place de parking est disponible. Finalement, j'aimerais savoir quand l'appartement sera libre. Nous aimerions déménager début septembre, si possible.

Dans l'attente d'une réponse rapide, nous vous prions d'agréer nos sincères salutations.

Michel Olivier

PROMPT #24

Thème : La vie contemporaine

Introduction

Vous êtes responsable d'une agence de voyage. Madeleine Corbeille vous a envoyé ce courriel parce qu'elle commence à préparer ses vacances de printemps. Elle a besoin de votre aide, car elle n'arrive pas à décider où passer ses deux semaines de congé. Elle vous présente un peu sa famille et aimerait que vous lui conseilliez une destination.

De :	Madeleine Corbeille
Objet :	Vacances de printemps

Bonjour,

Je m'appelle Madeleine Corbeille. Je suis en train de planifier mes vacances de printemps et j'ai du mal à décider où passer mes deux semaines de congé.

Je serai avec mon mari et nos deux enfants, qui ont six et neuf ans. Nous sommes une famille active et nous pratiquons beaucoup de sports. Nous adorons nager et faire de la randonnée. Mon mari aime faire du vélo et mes deux enfants adorent le cinéma et le théâtre.

Nous faisons actuellement des recherches sur Monaco, St. Tropez et Biarritz. Selon les goûts et les préférences variés des membres de ma famille, laquelle de ces destinations nous recommanderiez-vous - et pourquoi ?

Merci d'avance de m'aider à organiser des vacances inoubliables et réussies !

Bien sincèrement,

Madeleine Corbeille

PROMPT #25

Thème : La science et la technologie

Introduction

Vous êtes Gérald Tremblay, Maire de Montréal. Vous venez de recevoir ce courriel de Gisèle Blougrin, une lycéenne qui suit des cours de sciences de l'environnement. Il lui faut plus d'informations sur l'aménagement des pistes cyclables à Montréal.

De :	Gisèle Blougrin
Objet :	Demande d'information sur l'aménagement des pistes cyclables à Montréal

Bonjour,

Permettez-moi de me présenter. Je m'appelle Gisèle Blougrin et je suis élève au lycée Samuel-de-Champlain. Je suis des cours de sciences de l'environnement et mon professeur nous a demandé d'étudier un aspect de la vie montréalaise qui nous intéresse tout particulièrement et qui s'inscrit dans le cadre de ses cours. Comme j'adore faire du vélo, j'aimerais en savoir plus sur l'aménagement des pistes cyclables dans votre ville.

Pourriez-vous me dire pourquoi la ville de Montréal a décidé de construire des pistes cyclables ? J'aimerais également savoir quels sont les avantages des pistes cyclables en ce qui concerne l'environnement ?

En vous remerciant d'avance de l'attention que vous voudrez bien porter à ma requête, je vous prie de croire, Monsieur le Maire, à l'expression de mes sentiments les plus respectueux,

Gisèle Blougrin

PROMPT #26

Thème : La science et la technologie

Introduction

Vous venez de recevoir ce message électronique d'Ebay, qui vous alerte au sujet d'un achat que vous avez fait récemment. Ils ont besoin de quelques informations sur cet achat, afin de pouvoir résoudre le problème.

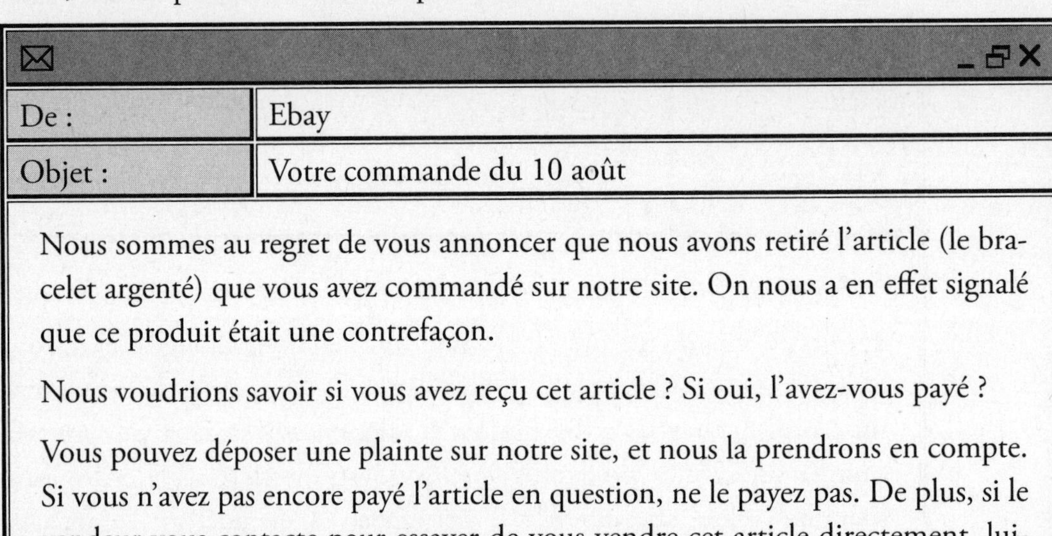

De :	Ebay
Objet :	Votre commande du 10 août

Nous sommes au regret de vous annoncer que nous avons retiré l'article (le bracelet argenté) que vous avez commandé sur notre site. On nous a en effet signalé que ce produit était une contrefaçon.

Nous voudrions savoir si vous avez reçu cet article ? Si oui, l'avez-vous payé ?

Vous pouvez déposer une plainte sur notre site, et nous la prendrons en compte. Si vous n'avez pas encore payé l'article en question, ne le payez pas. De plus, si le vendeur vous contacte pour essayer de vous vendre cet article directement, lui-même, nous vous conseillons fortement de l'ignorer.

Veuillez accepter nos excuses les plus sincères, et croyez à l'assurance de notre considération,

Ebay

PROMPT #27

Thème : La vie contemporaine

Introduction

Vous êtes un employé de PAX Academic Exchange, une compagnie qui organise des échanges à l'étranger pour les lycéens. Zachary Hall vous a envoyé ce courriel parce qu'il part bientôt en France et sait qu'il va téléphoner chez lui très souvent pendant son séjour. Il voudrait vos conseils parce qu'il s'inquiète à ce sujet.

De :	Zachary Hall
Objet :	Renseignements sur l'usage d'un portable en France

Bonjour,

Je m'appelle Zachary Hall et je suis élève américain. Je me prépare pour un échange que je ferai cet automne en France. J'y serai pendant une année scolaire entière et je m'inquiète un peu parce que c'est la première fois que je voyagerai seul. Je sais déjà que ma famille me manquera beaucoup et que je vais vouloir leur téléphoner très souvent pendant mon séjour.

Je voudrais savoir si mon portable fonctionnera là-bas. J'ai entendu dire qu'il est préférable d'acheter des cartes téléphoniques. Cela est-il vrai ? Selon vous, qu'est-ce qui marche le mieux ? Peut-être vous pourriez m'expliquer comment fonctionnent les cartes téléphoniques ?

Vous me feriez très plaisir si vous pouviez m'aider à établir ce que je dois faire. Je vous remercie d'avance pour votre assistance.

Sincères salutations,

Zachary Hall

PROMPT #28

Thème : Les défis mondiaux

Introduction

Vous aimeriez participer à la mission du Peace Corps en Afrique. Vous leur avez envoyé un courriel pour leur offrir vos services, mais ils ont besoin de plus d'informations à votre sujet, avant de vous assigner un rôle dans leur organisation.

De :	Bureau Régional du Peace Corps
Objet :	À la recherche de bénévoles

Monsieur,

C'est avec plaisir que je réponds à votre courriel du 7 novembre. Ici, au Peace Corps, nous sommes toujours à la recherche d'individus prêts à donner de leur temps et de leurs efforts à ceux qui sont moins privilégiés qu'eux. Merci donc de l'intérêt que vous portez à notre mission en Afrique.

Avant de vous assigner un rôle dans notre organisation, il me faut quelques détails supplémentaires à votre sujet. Veuillez nous dire comment vos connaissances sur ce pays pourraient nous aider. En outre, veuillez décrire toute expérience supplémentaire que vous pourriez avoir, et qui pourrait contribuer à la réussite de notre mission.

C'est avec impatience que j'attends votre réponse. N'hésitez pas à me contacter pour toute information complémentaire.

Veuillez agréer l'expression de mes sentiments dévoués.

Bien cordialement,

Laurent St. Pierre
Secrétaire au Bureau Régional du Peace Corps

PROMPT #29

Thème : L'esthétique

Introduction

Vous travaillez au musée du Louvre, au service des relations publiques. Vous venez de recevoir ce message électronique écrit par une personne qui n'aura qu'une demi-journée pour visiter le musée dans son entier - et qui a besoin de vos conseils.

De :	Brigitte Banff
Objet :	Que dois-je voir au Louvre ?

Bonjour Monsieur/Madame,

Je m'appelle Brigitte Banff et je me trouverai dans la belle ville de Paris très bientôt. Je compte en effet passer mes vacances de février dans la belle ville des lumières et j'ai déjà hâte de visiter la ville et ses environs !

Je vous serais reconnaissante si vous pouviez m'aider, car j'ai un petit dilemme. Le problème, c'est que je n'aurai qu'une demi-journée à passer au Louvre. Et sachant à quel point ce musée est grand, je sais que je n'aurai pas le temps de le visiter dans son entier. Donc, pour pouvoir profiter au mieux de ce que Le Louvre a à offrir, je vous prie de bien vouloir me dire quelles sont les salles à voir absolument - et pourquoi. Car cela m'aiderait beaucoup à planifier ma visite.

Je tiens à vous exprimer d'avance ma gratitude pour toute aide que vous pourriez m'apporter.

Salutations respectueuses,

Brigitte Banff

PROMPT #30

Thème : La vie contemporaine

Introduction

Voici un courriel de Claude Dubois, Secrétaire à ASSE, International Student Exchange Programs. Vous recevez ce message parce que vous avez contacté l'ASSE pour exprimer votre désir de vous lancer dans un programme d'échanges cette année.

De :	Claude Dubois
Objet :	Votre message concernant le programme d'échanges

Cher participant,

Merci bien de nous avoir contactés au sujet de notre programme d'échanges en France. Nous essayons de faire correspondre nos participants à un lycée et une famille d'accueil pour pouvoir assurer une expérience réussie. Donc, avant de vous envoyer plus de détails concernant notre programme, veuillez répondre à quelques questions. Cela nous aidera à vous offrir un séjour favorable qui conviendra avec vous et vos préférences.

-Veuillez nous décrire la famille d'accueil idéale pour vous.

-Dans quelle région/province de la France préféreriez-vous étudier et pourquoi ?

Dans l'attente d'une réponse rapide, nous vous prions d'agréer, l'expression de nos salutations distinguées.

Considération la plus distinguée,
Claude Dubois
Secrétaire, ASSE International Student Exchange Programs

PROMPT #31

Thème : La quête de soi

Introduction

Vous êtes le Président d'un syndicat dans votre compagnie et Anne Daube vous écrit, car elle fait des recherches sur les syndicats en France. Vous l'aidez en répondant à ses questions.

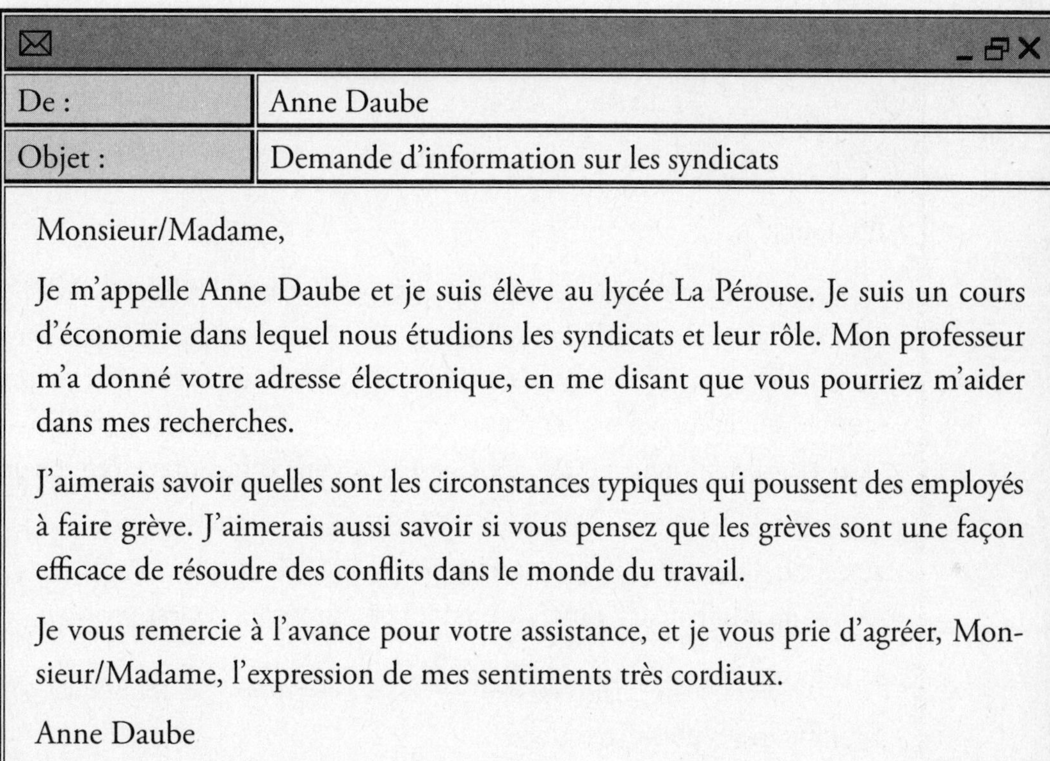

De :	Anne Daube
Objet :	Demande d'information sur les syndicats

Monsieur/Madame,

Je m'appelle Anne Daube et je suis élève au lycée La Pérouse. Je suis un cours d'économie dans lequel nous étudions les syndicats et leur rôle. Mon professeur m'a donné votre adresse électronique, en me disant que vous pourriez m'aider dans mes recherches.

J'aimerais savoir quelles sont les circonstances typiques qui poussent des employés à faire grève. J'aimerais aussi savoir si vous pensez que les grèves sont une façon efficace de résoudre des conflits dans le monde du travail.

Je vous remercie à l'avance pour votre assistance, et je vous prie d'agréer, Monsieur/Madame, l'expression de mes sentiments très cordiaux.

Anne Daube

PROMPT #32

Thème : La vie contemporaine

Introduction

Vous êtes douanier et vous recevez ce courriel de Berthe Solace, une voyageuse qui va passer la douane pour la première fois. Elle voudrait obtenir quelques informations sur ses droits.

De :	Berthe Solace
Objet :	Demande d'information sur le passage en douane

Bonjour,

Je m'appelle Berthe Solace et je me prépare à me passer les fêtes de Noël en France avec ma famille. C'est la première fois que je vais voyager à l'étranger et je suis un peu nerveuse à l'idée de passer la douane. Alors, pour bien me préparer, il me faudrait quelques renseignements.

- Existe-t-il un montant maximum pour les cadeaux que l'on souhaite faire passer ?
- Quelles sortes de choses ai-je le droit de rapporter avec moi quand je rentrerai aux Etats-Unis ? Par exemple, mon père aime bien le saucisson sec, que l'on ne trouve qu'en France. J'aimerais bien lui en rapporter, si c'est possible.

Je vous remercie à l'avance pour votre assistance.

Sentiments les plus distingués,

Berthe Solace

PROMPT #33

Thème : La vie contemporaine

Introduction

Vous recevez ce message électronique de L'Hôtel de Lys, dans lequel vous comptez séjourner pendant vos prochaines vacances. Avant que l'hôtelier puisse vous aider à faire des réservations, il a besoin que vous répondiez à quelques questions.

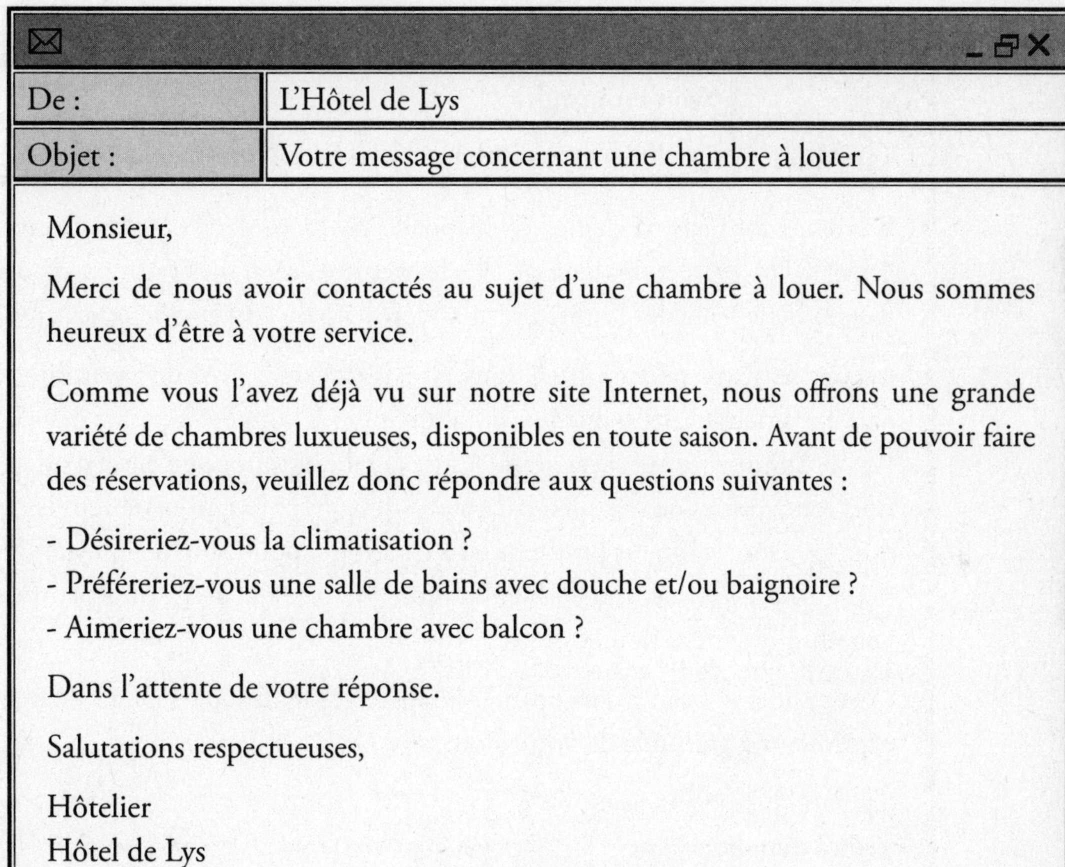

De :	L'Hôtel de Lys
Objet :	Votre message concernant une chambre à louer

Monsieur,

Merci de nous avoir contactés au sujet d'une chambre à louer. Nous sommes heureux d'être à votre service.

Comme vous l'avez déjà vu sur notre site Internet, nous offrons une grande variété de chambres luxueuses, disponibles en toute saison. Avant de pouvoir faire des réservations, veuillez donc répondre aux questions suivantes :

- Désireriez-vous la climatisation ?
- Préféreriez-vous une salle de bains avec douche et/ou baignoire ?
- Aimeriez-vous une chambre avec balcon ?

Dans l'attente de votre réponse.

Salutations respectueuses,

Hôtelier
Hôtel de Lys

PROMPT #34

Thème : La vie contemporaine

Introduction

Vous travaillez à l'Office du Tourisme de la ville de Paris. Vous venez de recevoir ce message électronique, écrit par une personne qui n'aura qu'un jour pour visiter la ville ! Donc, elle a besoin de vos conseils.

De :	Yvon Fromand
Objet :	Que fois-je voir absolument à Paris ?

Bonjour Monsieur/Madame. Je m'appelle Yvon Fromand et je me trouverai dans la belle ville de Paris très bientôt. Ce février je passerai mes vacances de printemps dans la belle Ville des Lumières ! J'ai déjà hâte de voir la ville et ses environs.

Je vous serais reconnaissant si vous pouviez m'aider avec un petit dilemme que j'ai. Le problème, c'est que je n'aurai qu'un jour complet à passer dans la ville de Paris. Comme j'apprécie la grandeur de la ville et tout ce qu'elle a à offrir comme sites touristiques, je sais bien qu'un seul jour n'est pas assez de temps d'y passer pour pouvoir vraiment profiter de tout. Donc, pour pouvoir profiter le plus de ma journée, je vous prie de bien vouloir me dire quels sites touristiques sont à voir absolument et pourquoi.

Cela m'aiderait beaucoup à profiter le mieux du temps que j'aurai. Je tiens à vous exprimer ma gratitude de votre aide.

Salutations respectueuses,
Yvon Fromand

PROMPT #35

Thème : La famille et la communauté

Introduction

Vous être responsable du site Internet «coutumesfrançaises.com». Chad Delaney, un américain invité à dîner chez des français pour la première fois vous écrit, parce qu'il a besoin de vos conseils afin que cette soirée soit réussie.

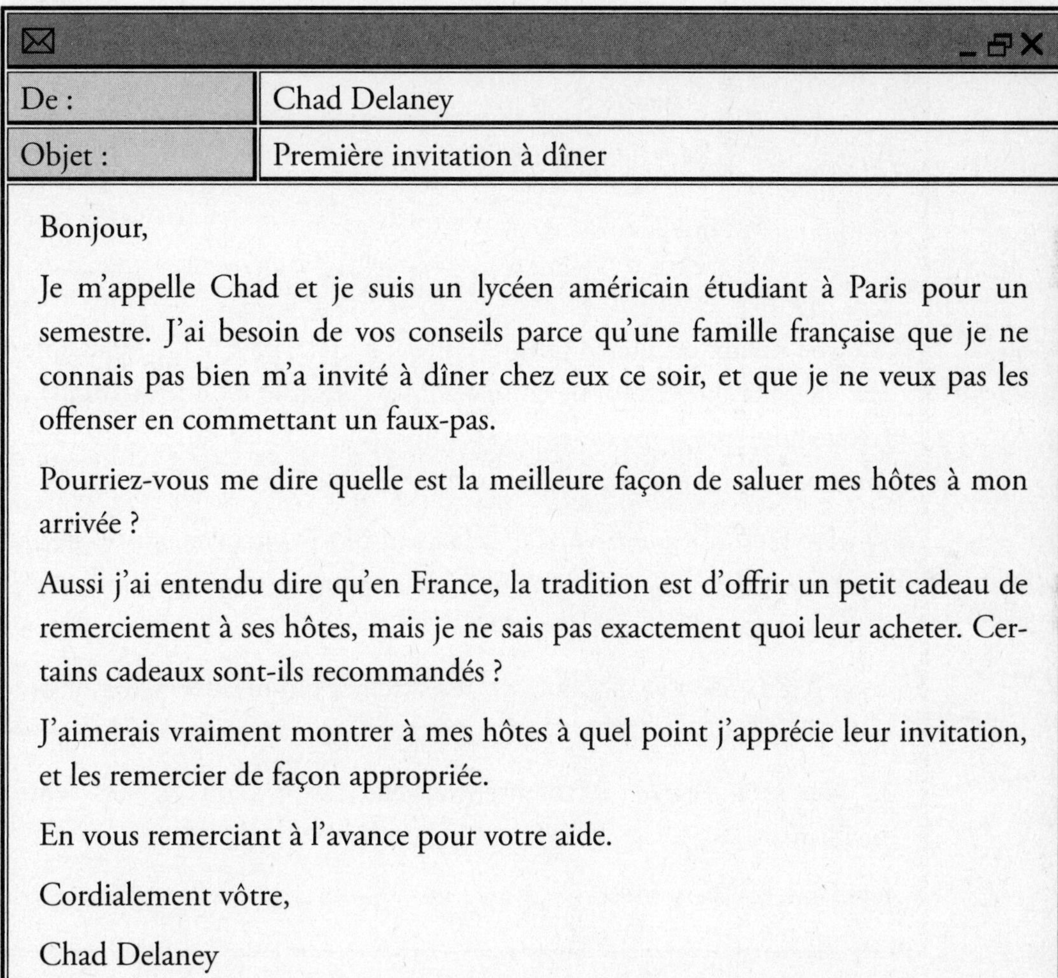

De :	Chad Delaney
Objet :	Première invitation à dîner

Bonjour,

Je m'appelle Chad et je suis un lycéen américain étudiant à Paris pour un semestre. J'ai besoin de vos conseils parce qu'une famille française que je ne connais pas bien m'a invité à dîner chez eux ce soir, et que je ne veux pas les offenser en commettant un faux-pas.

Pourriez-vous me dire quelle est la meilleure façon de saluer mes hôtes à mon arrivée ?

Aussi j'ai entendu dire qu'en France, la tradition est d'offrir un petit cadeau de remerciement à ses hôtes, mais je ne sais pas exactement quoi leur acheter. Certains cadeaux sont-ils recommandés ?

J'aimerais vraiment montrer à mes hôtes à quel point j'apprécie leur invitation, et les remercier de façon appropriée.

En vous remerciant à l'avance pour votre aide.

Cordialement vôtre,

Chad Delaney

PROMPT #36

Thème : L'Esthétique

Introduction

Vous travaillez au Musée d'Orsay. Vous venez de recevoir ce courriel d'une personne qui aimerait amener sa fille au musée. C'est la première qu'elle va amener son enfant dans un musée, et elle aimerait que vous lui donniez quelques informations.

De :	Madame Boisvert
Objet :	Renseignements sur le musée d'Orsay et sur ses expositions

Bonjour Madame/Monsieur,

Je m'appelle Madame Boisvert et j'aimerais amener ma fille dans votre musée.

Afin de mieux profiter de notre visite, j'aimerais avoir quelques informations. En effet, ma fille et moi ne connaissons pas trop le monde artistique... Nous ne fréquentons pas souvent les musées non plus... C'est donc un monde nouveau que nous nous apprêtons à découvrir ensemble !

Quel style d'art exposez-vous actuellement ? Et habituellement ? Certaines œuvres d'art sont-elles à voir absolument ? Enfin, pourriez-vous me donner le prix d'entrée pour ma fille et moi ?

Je vous remercie d'avance pour votre assistance qui m'aidera à réussir cette journée dans votre musée.

Je vous prie d'agréer, Madame/Monsieur, l'expression de mes sentiments les meilleurs.

Madame Boisvert

Practice: Interpersonal Speaking—Conversation

On the following pages you will find practice exercises for the conversational speaking section of the AP French Language and Culture exam.

Instructions

You will participate in a conversation. First, you will have 1 minute to read a preview of the conversation, including an outline of each turn in the conversation. Afterward, the conversation will begin, following the outline. Each time it is your turn to speak, you will have 20 seconds to record your response. You should participate in the conversation as fully and appropriately as possible.	Vous allez participer à une conversation. D'abord, vous aurez une minute pour lire une introduction à cette conversation qui comprendra le schéma des échanges. Ensuite, la conversation commencera, suivant ce schéma. Quand ce sera à vous de parler, vous aurez 20 secondes pour enregistrer votre réponse. Vous devrez participer à la conversation de façon aussi complète et appropriée que possible.

TEST TIP

If you try to grasp the meaning directly from the conversation in French without detouring through English, you can actually visualize the actions and the characters much faster than if you were trying to translate the text. This, in turn, can lead to an better overall understanding of a conversation.

PROMPT #01

Thème : Les Défis Mondiaux - L'environnement

Vous aurez une minute pour lire l'introduction.

Introduction

C'est une conversation avec Delphine, chef du club écologie de votre lycée. Elle aimerait créer un groupe qui encouragera le compostage. Vous l'aidez à développer son idée.

Delphine	Elle vous parle de son envie de lancer un programme de compostage dans votre lycée.
Vous	Vous aimez bien son idée et exprimez votre intérêt sur le sujet.
Delphine	Elle vous demande si vous connaissez d'autres élèves susceptibles de vous aider dans les démarches nécessaires pour lancer un tel programme.
Vous	Vous suggérez quelques amis, en ajoutant pourquoi, selon vous, ils seraient intéressés.
Delphine	Elle suggère un prof qui pourrait vous aider à réaliser ce projet, et explique pourquoi.
Vous	Donnez et soutenez votre opinion sur le prof mentionné.
Delphine	Elle voudrait fixer un autre rendez-vous afin que vous puissiez continuer à partager des idées sur le compostage.
Vous	Vous lui donnez votre emploi du temps de la semaine prochaine. Vous avez quelques contraintes, mais arrivez finalement à lui proposer une date et un lieu pour un rendez-vous.
Delphine	Elle vous demande si vous aurez le temps de contacter quelques amis, ainsi que le prof mentionné.
Vous	Vous acceptez de les contacter et assurez Delphine que vous la tiendrez au courant.

Script

(N) Vous avez une minute pour lire les instructions pour cet exercice.
(1 minute)

(N) Vous allez maintenant commencer cet exercice.

(N) Vous aurez une minute pour lire l'introduction.

(1 minute)

(N) Maintenant la conversation va commencer. Appuyer sur « Enregistrer » maintenant.

(FA) Écoute, je viens de suivre un cours de sciences de l'environnement avec Madame LaPierre, pendant lequel nous avons étudié les avantages du compostage, et c'est un sujet qui me passionne. J'aimerais commencer un programme de compostage ici, dans notre lycée. Que penses-tu de mon idée ?

TONE

(20 seconds)

TONE

(FA) Connais-tu d'autres élèves qui aimeraient m'aider à lancer ce programme ? Peut-être que s'il y a assez de personnes intéressées, nous pourrions former un club-compostage !

TONE

(20 seconds)

TONE

(FA) Si nous créons un nouveau club, il faudra un prof pour nous aider. Madame LaPierre est trop occupée pour le faire, car elle est responsable du département de sciences. Peut-être que Monsieur Plouf serait intéressé. Je sais qu'il enseigne les sciences nat et la chimie…

TONE

(20 seconds)

TONE

(FA) Bon. C'est décidé ! J'ai tellement hâte qu'on se revoit pour continuer à discuter d'autres idées ! Es-tu libre la semaine prochaine ? Auras-tu du temps libre ? Peut-être un jour, après l'école ?

TONE

(20 seconds)

TONE

(FA) Parfait ! J'y serai moi aussi ! Pourrais-tu contacter les amis que tu as mentionnés et les inviter à nous rejoindre ? Pourrais-tu aussi contacter M. Plouf ? Je n'aurai pas le temps de le faire moi-même, car j'ai une rédaction pour mon cours d'anglais que je dois finir ce soir. J'aimerais vraiment qu'on se revoit le plus vite possible !

TONE

(20 seconds)

TONE

PROMPT #02

Thème : Les Défis Mondiaux - La santé

Vous aurez une minute pour lire l'introduction.

Introduction

C'est une conversation avec un camarade qui s'intéresse à vos habitudes alimentaires, parce que vous n'êtes jamais malade et que vous avez toujours l'air bien reposé. Lui, par contre, n'a pas les mêmes habitudes alimentaires que vous.

Mathieu	Il voudrait savoir ce que vous mangez généralement.
Vous	Vous suivez un régime sain. Expliquez vos habitudes alimentaires.
Mathieu	Il voudrait savoir comment vous évitez de manger de la nourriture fast-food.
Vous	Expliquez que, pour vous, c'est important d'éviter de manger de la nourriture fast-food, et aussi comment vous avez le temps de préparer des repas sains.
Mathieu	Il voudrait savoir comment vous trouvez le temps nécessaire pour faire de l'exercice.
Vous	Expliquez comment vous incorporez des activités physiques dans votre emploi du temps, même s'il est chargé.
Mathieu	Il aime bien grignoter et voudrait que vous lui donniez quelques suggestions afin de pouvoir se nourrir plus sainement.
Vous	Suggérez-lui des aliments sains à grignoter.
Mathieu	Il aimerait savoir ce qu'il devrait boire pour être en bonne forme, car il ne boit actuellement que des boissons sucrées.
Vous	Expliquez pourquoi les boissons sucrées sont mauvaises pour la santé et suggérez-lui quelques boissons non sucrées.

Script

(N) Vous avez une minute pour lire les instructions pour cet exercice.
(1 minute)

(N) Vous allez maintenant commencer cet exercice.

(N) Vous aurez une minute pour lire l'introduction.

(1 minute)

(N) Maintenant la conversation va commencer. Appuyer sur « Enregistrer » maintenant.

(MA) J'ai remarqué que depuis quatre ans qu'on se connaît, tu n'as pas manqué un seul jour d'école. Cela m'impressionne beaucoup ! Que manges-tu d'habitude ?

TONE

(20 seconds)

TONE

(MA) J'aimerais mieux manger mais je n'ai pas toujours le temps de le faire. Comment fais-tu pour éviter de manger de la nourriture fast-food ?

TONE

(20 seconds)

TONE

(MA) Et tu as l'air en forme aussi ! Moi ? Je ne fais jamais d'exercice. Je suis toujours occupé, soit parce que j'ai des devoirs, soit parce que j'ai des tâches ménagères à faire. Je trouve que je n'ai pas souvent de temps libre pour faire de l'exercice. Que fais-tu pour en trouver ?

TONE

(20 seconds)

TONE

(MA) Moi, je trouve que j'ai de mauvaises habitudes alimentaires. Je grignote très souvent entre les repas. J'ai toujours faim ! Qu'est-ce que tu me conseilles de manger quand j'ai envie d'un petit casse-croûte ?

TONE

(20 seconds)

TONE

(MA) Et pour la boisson, que bois-tu habituellement pendant la journée ? Moi ? J'aime bien boire toutes sortes de jus de fruit, mais on m'a dit que c'est très sucré, et même trop sucré. Que me suggères-tu ?

TONE

(20 seconds)

TONE

PROMPT #03

Thème : La Vie Contemporaine - L'éducation et l'enseignement

Vous aurez une minute pour lire l'introduction.

Introduction

C'est une conversation avec votre ami Marcel. Vous discutez de vos projets d'avenir et des matières scolaires que vous trouvez passionnantes. Vous êtes bon élève, mais votre ami Marcel ne l'est pas. Donc il voudrait savoir comment vous faites pour réussir à l'école.

Marcel	Il vous demande ce que vous aimeriez faire, plus tard dans la vie.
Vous	Répondez à la question en fonction des matières scolaires que vous aimez.
Marcel	Il trouve que vous êtes assez fort en maths et vous propose quelques métiers possibles.
Vous	Vous répondez que même si vous êtes fort en maths, c'est un sujet qui ne vous intéresse pas du tout. Citez la matière scolaire que vous préférez et expliquez pourquoi.
Marcel	Il exprime son étonnement, mais partage votre point de vue : il faut toujours suivre sa passion.
Vous	Dites que vous êtes d'accord, que vous avez l'intention de passer le bac de maths et expliquez pourquoi.
Marcel	Il voudrait savoir ce que vous ferez pour préparer le bac.
Vous	Vous lui dites que vous vous êtes inscrit à un bon cours préparatoire. Décrivez-lui en quoi consiste ce cours.
Marcel	Il exprime l'admiration qu'il a pour vous et aimerait connaître le secret de votre succès.
Vous	Vous lui dévoilez le secret de votre réussite scolaire.

Script

(N) Vous avez une minute pour lire les instructions pour cet exercice.

(1 minute)

(N) Vous allez maintenant commencer cet exercice.

(N) Vous aurez une minute pour lire l'introduction.

(1 minute)

(N) Maintenant la conversation va commencer. Appuyer sur « Enregistrer » maintenant.

(MA) Parfois, je me demande ce que je ferai plus tard dans la vie. J'ai beaucoup de centres d'intérêts et de passions. J'aime bien les arts et les sciences. Et toi ? Qu'est-ce que tu comptes faire plus tard dans la vie ?

TONE

(20 seconds)

TONE

(MA) Tu sais, tu es si fort en maths. Tu devrais continuer tes études dans cette matière à l'université. Tu pourrais devenir comptable, ou même ingénieur !

TONE

(20 seconds)

TONE

(MA) Ben, je suis étonné d'apprendre que tu n'aimes pas les maths ! Tu as toujours des 18 et 19, tu es vraiment doué en maths mon ami. Mais, tu as raison, si tu ne t'intéresses pas aux maths, tu devrais étudier la matière qui te passionne.

TONE

(20 seconds)

TONE

(MA) Courage, mon ami. Le bac de maths, c'est une épreuve à laquelle peu d'élèves français se présentent, comme tu le sais. Et la moitié des élèves doivent repasser cet examen, car il est si difficile. Que comptes-tu faire pour le préparer ?

TONE

(20 seconds)

TONE

(MA) Mon ami, comme je suis impressionné par ton éthique de travail. Si seulement je pouvais avoir la même énergie et la même détermination que toi ! Quel est le secret de ton succès scolaire ?

TONE

(20 seconds)

TONE

PROMPT #04

Thème : La Vie Contemporaine : Les loisirs et le sport

Vous aurez une minute pour lire l'introduction.

Introduction

C'est une conversation avec Martine, élève d'origine québécoise. Elle va passer une année à l'étranger dans votre école et habiter chez vous pendant cette année. Vous discutez de vos loisirs et des sports que vous pratiquez généralement pendant votre temps libre. En particulier, Martine aimerait savoir comment se déroule votre automne, car elle arrive chez vous le premier septembre.

Martine	Elle vous dit quelle est sa saison préférée et vous explique pourquoi.
Vous	Dites-lui quelle saison vous préférez et pourquoi.
Martine	Elle décrit ce que les Québécois font généralement en hiver et vous demande ce que vous faites, vous, dans votre pays.
Vous	Vous expliquez ce que vous faites comme activités en hiver.
Martine	Elle vous dit quelle est la saison qu'elle déteste le plus et vous explique pourquoi. Elle décrit les loisirs qu'elle aime faire quand il fait mauvais.
Vous	Dites-lui ce que vous aimez faire comme loisirs quand il fait mauvais.
Martine	Elle vous dit ce qu'elle aime faire comme activités en été, avec ses amis, et vous demande ce que vous faites avec les vôtres.
Vous	Racontez un été typique avec vos amis. Que faites-vous ? Où allez-vous ? Pourquoi ? Etc.
Martine	Elle est un peu inquiète à l'idée de commencer son année scolaire aux Etats-Unis, parce qu'elle ignore comment se déroule une rentrée scolaire typique dans ce pays.
Vous	Expliquez-lui comment la rentrée se déroule aux Etats-Unis. Puis parlez-lui des sports et des clubs que l'école offre à ses élèves en automne.

Script

(N) Vous avez une minute pour lire les instructions pour cet exercice.
(1 minute)

(N) Vous allez maintenant commencer cet exercice.

(N) Vous aurez une minute pour lire l'introduction.

(1 minute)

(N) Maintenant la conversation va commencer. Appuyer sur « Enregistrer » maintenant.

(FA) Personnellement, je suis assez active, quelque soit la saison, mais celle que je préfère c'est l'hiver, parce que chez nous il y a beaucoup d'activités à faire. En plus, c'est la saison qui dure le plus longtemps ! Et toi ? Quelle saison préfères-tu chez toi et pourquoi ?

TONE

(20 seconds)

TONE

(FA) Au Québec, nous avons beaucoup de choix en ce qui concerne les activités hivernales. On aime bien faire du traîneau, du ski de fond, du ski alpin, des raquettes et bien sûr du patinage ! Il y a toujours de quoi s'amuser ! Et toi, que fais-tu comme activités en hiver ?

TONE

(20 seconds)

TONE

(FA) Pour moi, la saison la plus déprimante est sans conteste le printemps. Après toute la neige qui est tombée, c'est toujours boueux et sale ! Je n'aime pas ça ! En plus, il n'y a pas grand chose à faire. Il faut passer beaucoup de temps à l'intérieur. Comme loisirs, je fais du bricolage et je tricote aussi de temps en temps. J'aime aussi lire. Et toi ? Que fais-tu comme loisirs quand il fait mauvais dehors ?

TONE

(20 seconds)

TONE

(FA) L'été est génial au Québec parce qu'il fait souvent beau. Je fais souvent de la randonnée avec mes amis, car il y a des montagnes pas très loin de là où j'habite. Aussi, on fait souvent du canotage, comme par exemple sur la rivière Jacques Cartier, qui est très connue. Avec mes amis, nous faisons également du camping. C'est agréable de passer quelques nuits à la belle étoile avec eux ! On s'amuse tous ensemble. Et toi, en été qu'est-ce que tu fais pour t'amuser avec tes amis ?

TONE

(20 seconds)

TONE

(FA) Je commence à me préparer pour cet automne. Je suis excitée de venir passer une année scolaire avec toi ! J'ai hâte d'arriver, mais je me sens un peu mal à l'aise parce que je ne sais pas comment se déroule une rentrée scolaire aux Etats-Unis. Comme tu le sais déjà, je suis très sportive et j'aimerais bien participer à toutes les activités que l'école offrira ! C'est comment la rentrée chez toi ? Quels sont les sports et loisirs que l'école offre à ses élèves ?

TONE

(20 seconds)

TONE

PROMPT #05

Thème : L'Esthétique - La musique

Vous aurez une minute pour lire l'introduction.

Introduction

Samuel vous raconte une soirée qu'il a passée dans une discothèque où il a retrouvé deux amies : Jocelyne et Paulette. Ils ont échangé leurs numéros de téléphone et se parlent depuis cette nuit-là. Samuel propose que vous alliez voir un film d'horreur ensemble. Vous trouvez que le cinéma, c'est une très bonne idée, mais vous précisez que vous n'aimez pas les films d'horreur. Vous décidez donc de faire autre chose. Enfin, Samuel veut inviter d'autres amis, mais vous n'êtes pas d'accord avec cette idée !

Samuel	Il vous raconte sa soirée et voudrait savoir pourquoi vous n'êtes pas venu avec lui.
Vous	Dites-lui pourquoi vous n'avez pas pu venir.
Samuel	Il vous dit que Paulette et Jocelyne étaient un peu déçues de ne pas vous voir.
Vous	Dites-lui que vous êtes aussi désolé de ne pas y être allé et pourquoi vous auriez aimé les voir. Demandez à Samuel s'il a demandé leurs numéros de téléphone.
Samuel	Il suggère que vous invitiez Paulette à aller voir un film avec lui et Jocelyne. Il vous dit que Jocelyne a déjà choisi un film d'horreur qu'elle aimerait voir.
Vous	Dites-lui que vous êtes d'accord pour aller au cinéma, mais pas pour voir un film d'horreur, parce que vous n'aimez pas ce genre de films.
Samuel	Il vous demande si vous voulez faire autre chose.
Vous	Donnez-lui quelques idées sur ce que vous pourriez faire ensemble, et invitez-le à faire, lui aussi, quelques suggestions.
Samuel	Il vous dit qu'il va informer Jocelyne de ces changements et qu'il invitera aussi d'autres amis. Il vous demande si vous souhaitez inviter Roger et Dianne.
Vous	Remerciez-le d'avoir proposé d'inviter d'autres amis, mais vous ne voulez pas passer la soirée avec Roger et Dianne. Expliquez-lui pourquoi.

Script

(N) Vous avez une minute pour lire les instructions pour cet exercice.

(1 minute)

(N) Vous allez maintenant commencer cet exercice.

(N) Vous aurez une minute pour lire l'introduction.

(1 minute)

(N) Maintenant la conversation va commencer. Appuyer sur « Enregistrer » maintenant.

(MA) Hier soir, je suis allé chez Dagobert, la nouvelle discothèque qui vient d'ouvrir en ville. J'y suis allé avec quelques copains. On s'y est amusés en dansant toute la nuit. Pourquoi n'es-tu pas venu avec nous ?

TONE

(20 seconds)

TONE

(MA) C'est vraiment dommage ! Paulette était là avec sa meilleure amie, Jocelyne. Elles étaient un peu déçues de ne pas t'avoir vu. Elles voulaient vraiment danser et parler avec toi.

TONE

(20 seconds)

TONE

(MA) Oui. En fait, depuis le week-end j'ai parlé avec Jocelyne déjà trois fois. Nous avons décidé de sortir ensemble ce week-end pour aller voir un film. Tu pourrais inviter Paulette et venir avec nous. Jocelyne a choisi le film avant-hier. C'est un bon film d'horreur dont j'ai oublié le titre, mais qui a l'air particulièrement effrayant. J'ai hâte d'aller le voir parce que j'adore les films d'horreur !

TONE

(20 seconds)

TONE

(MA) Je ne savais pas que tu détestais les films d'horreur. Ça m'étonne ! On pourrait donc faire autre chose… As-tu des idées sur ce qu'on pourrait faire à la place ce week-end ?

TONE

(20 seconds)

TONE

(MA) D'accord ! Bonne idée. Je préfère que nous sortions tous ensemble, c'est plus agréable d'être en groupe. Peut-être que Paulette et Henri pourront eux aussi venir avec nous. J'enverrai un texto à Jocelyne pour la prévenir que nous avons changé le programme de ce week-end. Et ce soir j'en parlerai à Paulette quand je la verrai. Veux-tu qu'on invite aussi Roger et Dianne ?

TONE

(20 seconds)

TONE

PROMPT #06

Thème : La Famille et La Communauté - Les coutumes

Vous aurez une minute pour lire l'introduction.

Introduction

Ceci est une conversation avec votre mère. Elle a du mal à trouver le cadeau idéal pour l'anniversaire de votre père. Vous échangez quelques idées avec elle. Enfin, elle décide d'offrir à votre père un super cadeau, assez cher, et cela vous rend jaloux. Malgré votre jalousie, vous approuvez son idée de cadeau.

Votre mère	Votre mère vous dit qu'elle a du mal à trouver un cadeau d'anniversaire pour votre père. Elle vous demande de l'aider.
Vous	Suggérez quelques idées de cadeaux, en expliquant à chaque fois pourquoi votre père les apprécierait.
Votre mère	À la place, elle propose de lui offrir des cours de cuisine et voudrait savoir ce que vous pensez de son idée.
Vous	Vous répondez que c'est vrai : votre père aime faire la cuisine. Mais vous pensez qu'il n'apprécierait pas ce genre de cadeau. Vous suggérez à la place des cours de musique et expliquez pourquoi ce serait une bonne idée.
Votre mère	Elle réfléchit un peu à votre idée et suggère d'acheter une carte cadeau de iTunes.
Vous	Vous trouvez que c'est une bonne idée, mais vous rappelez à votre mère que le iPod de votre père ne fonctionne plus. Expliquez aussi comment il l'a cassé.
Votre mère	Elle propose de lui acheter un nouvel iPod et une carte cadeau de iTunes et voudrait savoir si vous aimez son idée.
Vous	Vous êtes un peu étonnée car cela représenterait un cadeau assez cher et d'habitude votre mère n'est pas aussi dépensière.
Votre mère	Elle explique pourquoi, selon elle, votre père mérite un cadeau si cher.
Vous	Approuvez son choix, mais dites-lui que vous avez aussi une vie difficile, et parlez-lui de vos ennuis.

Script

(N) Vous avez une minute pour lire les instructions pour cet exercice.

(1 minute)

(N) Vous allez maintenant commencer cet exercice.

(N) Vous aurez une minute pour lire l'introduction.

(1 minute)

(N) Maintenant la conversation va commencer. Appuyer sur « Enregistrer » maintenant.

(FA) Écoute, je suis un peu perplexe. Vendredi prochain c'est l'anniversaire de ton père et je n'ai pas encore trouvé le cadeau idéal pour lui. C'est toujours difficile de trouver un cadeau qui lui plaît, car il a des goûts si changeants ! As-tu une idée de cadeau pour lui ?

TONE

(20 seconds)

TONE

(FA) Ce sont de bonnes idées, c'est certain. Mais tu sais, aucune d'entre elles ne m'inspire vraiment. Peut-être qu'au lieu de lui acheter un cadeau traditionnel, je pourrais lui offrir quelque chose d'extraordinaire... Peut-être des cours de… je ne sais... Disons de cuisine ! Il adore cuisiner et je pense qu'il aimerait se perfectionner. Qu'en penses-tu ?

TONE

(20 seconds)

TONE

(FA) La musique ? Tu trouves que c'est une bonne idée de cadeau pour ton père ? Vraiment ? C'est vrai qu'il aime bien la musique et que dans sa jeunesse il jouait de la guitare. Mais maintenant il écoute de la musique, mais n'en joue plus. Mais j'y pense ! Une carte cadeau de iTunes, cela ferait un beau cadeau ! C'est ça !

TONE

(20 seconds)

TONE

(FA) Ah ! Tu as tout à fait raison ! J'avais complètement oublié cela ! Ce serait une opportunité exceptionnelle de pouvoir lui acheter deux cadeaux. Pourquoi pas un nouvel iPod et une carte cadeau de iTunes ? Cela lui plairait beaucoup, n'est-ce pas ?

TONE
(20 seconds)
TONE
(FA) Tu as raison. Mais cette année est une année spéciale pour ton père. Il a dû changer d'emploi non pas deux, mais trois fois. En plus, il dort mal depuis la naissance de ton petit frère. La musique lui permettrait de se détendre et cette détente, il en a besoin - et il la mérite vraiment. C'est bon, c'est décidé !
TONE
(20 seconds)
TONE

PROMPT #07

Thème : La Vie Contemporaine - Les rites de passage

Vous aurez une minute pour lire l'introduction.

Introduction

Vous venez de tomber en panne et vous téléphonez d'une cabine au garagiste, parce que vous avez besoin de vous faire remorquer. Le problème, c'est que vous êtes aussi perdu ! En plus, il ne vous reste plus d'unités sur votre carte téléphonique et vous n'avez pas de téléphone portable sur vous !

Le garagiste	Il répond au téléphone et vous demande comment il peut vous aider.
Vous	Dites-lui que vous êtes tombé en panne et que vous avez besoin de vous faire remorquer.
Le garagiste	Il vous demande de décrire la nature de la panne.
Vous	Vous expliquez que le moteur fonctionne bien mais que vous avez un pneu dégonflé. Expliquez comment cela est arrivé.
Le garagiste	Il voudrait savoir si vous avez une roue de secours.
Vous	Dites-lui que vous en avez une, mais le problème, c'est que vous ne savez pas comment changer une roue.
Le garagiste	Il vous dit qu'il vous envoie un remorqueur et vous demande où vous vous trouvez.
Vous	Vous ne savez pas exactement où vous vous trouvez. En fait, vous êtes perdu. Expliquez cela au garagiste.
Le garagiste	Il vous demande de téléphoner directement au remorqueur.
Vous	Vous lui expliquez que vous aimeriez le faire, mais que vous êtes dans une cabine téléphonique et que le crédit de votre carte téléphonique est presque épuisé.

Script

(N) Vous avez une minute pour lire les instructions pour cet exercice.
(1 minute)
(N) Vous allez maintenant commencer cet exercice.
(N) Vous aurez une minute pour lire l'introduction.
(1 minute)

(N) Maintenant la conversation va commencer. Appuyer sur « Enregistrer » maintenant.

(MA) Bonjour, Garage Bellevue. Je m'appelle Philippe. Comment pourrais-je vous aider ?

TONE

(20 seconds)

TONE

(MA) Pas de problème. Est-ce une panne de moteur ? Pouvez-vous me décrire ce qui ne va pas.

TONE

(20 seconds)

TONE

(MA) Je comprends bien. Ne vous inquiétez pas du tout ! Avez-vous une roue de secours dans le coffre ?

TONE

(20 seconds)

TONE

(MA) Ah, je vois. Je comprends... Aucun problème ! Nous avons un remorqueur qui sera libre très bientôt. J'ai juste besoin de l'endroit exact où vous vous trouvez, afin qu'il puisse venir vous remorquer.

TONE

(20 seconds)

TONE

(MA) Ah, je comprends. Dans ce cas, je vous donne le numéro de téléphone du remorqueur. Veuillez l'appeler dès qu'on raccroche. Comme ça, vous pourrez lui expliquer directement ce qui vous arrive et où il peut vous retrouver.

TONE

(20 seconds)

TONE

PROMPT #08

Thème : La Vie Contemporaine - Le monde du travail

Vous aurez une minute pour lire l'introduction.

Introduction

Ceci est une conversation entre vous et la secrétaire de M. Aubin, absent pour le moment. Vous venez de passer un entretien, qui s'est bien déroulé avec M. Aubin, et il aimerait vous rencontrer. Donc, vous appelez pour obtenir un rendez-vous avec lui.

La secrétaire	Elle répond au téléphone et vous dit que M. Aubin n'est pas là.
Vous	Dites-lui que vous avez passé un entretien avec M. Aubin. Et que cet entretien s'étant bien passé, il aimerait vous rencontrer à nouveau.
La secrétaire	Elle vous dit que vous pouvez laisser un message ou prendre rendez-vous.
Vous	Dites-lui que vous préférez prendre rendez-vous car vous partez en vacances bientôt.
La secrétaire	Elle a besoin de plus d'informations pour vous fixer un rendez-vous.
Vous	Vous lui dites que vous préférez les matins et expliquez pourquoi.
La secrétaire	Elle vous offre deux options de rendez-vous.
Vous	Vous lui dites que vous partez en vacances jeudi matin, et vous essayez de trouver une nouvelle date qui convient.
La secrétaire	Elle voudrait connaître votre date de retour.
Vous	Répondez que vous allez revenir en milieu de semaine et que vous serez libre à partir de mercredi. Expliquez-lui qu'à partir de ce jour-là, n'importe quelle date vous conviendra.

Script

(N) Vous avez une minute pour lire les instructions pour cet exercice.

(1 minute)

(N) Vous allez maintenant commencer cet exercice.

(N) Vous aurez une minute pour lire l'introduction.

(1 minute)

(N) Maintenant la conversation va commencer. Appuyer sur « Enregistrer » maintenant.

(FA) Bonjour. Vous avez êtes bien au bureau de Monsieur Aubin. Malheureusement il n'est pas disponible pour l'instant. Que puis-je faire pour vous aider ?

TONE

(20 seconds)

TONE

(FA) Vous pouvez lui laisser un message sur sa boîte vocale. Mais je peux aussi vous donner rendez-vous. C'est comme vous préférez.

TONE

(20 seconds)

TONE

(FA) Parfait ! Alors, j'essaierai de trouver une date convenable. Veuillez attendre un instant pendant que je vérifie son emploi du temps de la semaine… D'accord... Il sera libre la semaine prochaine. Préférez-vous un rendez-vous le matin ou l'après-midi ?

TONE

(20 seconds)

TONE

(FA) Pas de problème. La semaine prochaine, je propose jeudi après-midi à 16h30 ou vendredi après-midi à 15h.

TONE

(20 seconds)

TONE

(FA) Malheureusement M. Aubin ne sera pas libre avant jeudi après-midi. Il serait donc préférable que vous preniez rendez-vous la semaine suivante. Quand serez-vous de retour ?

TONE

(20 seconds)

TONE

PROMPT #09

Thème : La Vie Contemporaine : Les loisirs et le sport

Vous aurez une minute pour lire l'introduction.

Introduction

Vous partez camper avec votre ami Nicolas. Ce sera la première fois qu'il fera du camping. Vous allez camper au même endroit chaque été. Votre ami aime bien la randonnée mais vous, pas vraiment. Vous êtes plus pêcheur que randonneur. Vous parlez ensemble de ce voyage.

Nicolas	Il vous dit à quel point il a hâte d'arriver au terrain de camping.
Vous	Dites-lui ce que vous ressentez. Décrivez-lui, en détail, le terrain de camping.
Nicolas	Il voudrait savoir quelles sont les activités possibles dans ce camping.
Vous	Citez quelques-unes de ces activités.
Nicolas	Il exprime son intérêt pour la randonnée et aimerait savoir si vous en avez déjà fait.
Vous	Répondez que vous n'avez encore jamais fait de randonnée et que ce n'est pas une activité qui vous intéresse. Expliquez pourquoi.
Nicolas	Il vous demande quelle est votre activité préférée quand vous faites du camping.
Vous	Vous répondez que vous adorez la pêche. Développez votre réponse en expliquant pourquoi vous adorez cette activité.
Nicolas	Il vous dit à quel point il a envie de pêcher avec vous, mais qu'il n'a pas d'équipement pour cette activité.
Vous	Dites-lui de ne pas s'inquiéter parce que tout l'équipement peut être loué sur place.

Script

(N) Vous avez une minute pour lire les instructions pour cet exercice.
(1 minute)

(N) Vous allez maintenant commencer cet exercice.

(N) Vous aurez une minute pour lire l'introduction.

(1 minute)

(N) Maintenant la conversation va commencer. Appuyer sur « Enregistrer » maintenant.

(MA) Cela va être la première fois que je fais du camping. Je suis si excité ! Il me tarde d'y être. C'est génial que tu aies pu réserver un emplacement dans le même camping où tu as passé tes vacances d'été l'an dernier !

TONE

(20 seconds)

TONE

(MA) Et comme activités, qu'est-ce qu'on peut faire dans ce camping ?

TONE

(20 seconds)

TONE

(MA) J'ai entendu dire que cette région était super pour faire de la randonnée. En as-tu déjà fait là-bas ? Connais-tu les sentiers de randonnées qu'on peut emprunter ?

TONE

(20 seconds)

TONE

(MA) C'est vraiment dommage... J'adore la randonnée. C'est probablement mon activité préférée en été. Marcher en montagne et regarder autour de soi, il n'y a rien de plus solitaire et libérateur dans la vie ! Quand je suis en haut d'une montagne, je me sens uni avec la Terre et ses habitants. Alors, puisqu'on ne pourra pas faire de la randonnée ensemble, quelle est ton activité préférée quand tu fais du camping ?

TONE

(20 seconds)

TONE

(MA) Merveilleux ! J'ai toujours eu envie d'aller à la pêche, mais je n'en ai pas encore eu l'opportunité. J'aimerais donc bien y aller avec toi ! Mais, je viens de réaliser que je ne suis pas équipé. Zut !

TONE

(20 seconds)

TONE

PROMPT #10

Thème : La Vie Contemporaine - Le monde du travail

Vous aurez une minute pour lire l'introduction.

Introduction

Vous parlez avec Mme Painchaud, conseillère dans votre école, qui vous connaît assez bien. Vous discutez avec elle des possibilités de carrière qui correspondraient bien à votre personnalité, ainsi qu'à vos capacités. Vous envisagez également des possibilités de carrière qui vous conviendraient moins bien.

Mme Painchaud	Elle vous demande si vous avez commencé à réfléchir à votre avenir et à de possibles carrières.
Vous	Répondez que vous avez plusieurs métiers en tête et dites-lui lequel vous attire le plus, en expliquant pourquoi.
Mme Painchaud	Elle vous demande en quoi ce métier correspond à votre personnalité.
Vous	Expliquez en quoi la carrière que vous avez mentionnée correspond à votre personnalité.
Mme Painchaud	Elle vous demande ce qui est le plus important pour vous : l'argent ou le bonheur.
Vous	Donnez-lui votre opinion, en incluant des exemples et des arguments précis.
Mme Painchaud	Elle voudrait savoir si vous avez envisagé des carrières moins adaptées à votre personnalité.
Vous	Répondez de façon affirmative et citez quelques carrières que vous trouvez non adaptées, en expliquant pourquoi.
Mme Painchaud	Elle voudrait savoir si vous connaissez les démarches à suivre pour bien choisir une carrière.
Vous	Répondez de façon affirmative et dites-lui que vous connaissez les démarches à suivre, et que vous allez les étudier en détail.

Script

(N) Vous avez une minute pour lire les instructions pour cet exercice.

(1 minute)

(N) Vous allez maintenant commencer cet exercice.

(N) Vous aurez une minute pour lire l'introduction.

(1 minute)

(N) Maintenant la conversation va commencer. Appuyer sur « Enregistrer » maintenant.

(FA) Il faut que tu commences à réfléchir à ton avenir. Il y a un grand choix de carrières possibles et c'est important d'être bien renseigné et prêt. As-tu déjà un métier en tête ? As-tu commencé à réfléchir à ce que tu comptes faire ?

TONE

(20 seconds)

TONE

(FA) On dit qu'on choisit sa carrière selon ses aptitudes. Penses-tu que ce métier corresponde à ta personnalité ?

TONE

(20 seconds)

TONE

(FA) Alors, pour toi, qu'est-ce qui est le plus important quand tu réfléchis à ton métier futur : être bien payé ou être heureux ?

TONE

(20 seconds)

TONE

(FA) Il n'est pas seulement important de réfléchir aux carrières possibles et adaptées à sa personnalité, mais aussi à celles qui le sont moins. As-tu également pris en compte des carrières qui ne te correspondent pas ?

TONE

(20 seconds)

TONE

(FA) Finalement, connais-tu les démarches à suivre pour arriver à exercer le métier que tu as choisi ?

TONE

(20 seconds)

TONE

PROMPT #11

Thème : La Vie Contemporaine - Les voyages

Vous aurez une minute pour lire l'introduction.

Introduction

Vous discutez avec votre femme de vos prochaines vacances d'été. Habituellement, vous allez au même endroit, dans un chalet où vous passez deux semaines. À la place, cette année, elle aimerait faire un voyage à l'étranger. Vous trouvez que c'est une bonne idée, mais financièrement, vous n'en n'avez pas les moyens. Donc, vous décidez de passer les deux semaines, au bord de la mer, dans le sud de la France.

Votre femme	Elle veut discuter de vos prochaines vacances car l'été approche.
Vous	Vous lui dites que vous êtes d'accord et suggérez que passer vos vacances au bord de la mer serait agréable, en expliquant pourquoi.
Votre femme	Elle trouve que votre idée n'est pas parfaite et suggère un autre voyage à la place.
Vous	Vous répondez qu'un voyage à l'étranger coûterait beaucoup d'argent, et que vous n'en n'avez pas les moyens en ce moment. Proposez encore une fois le bord de la mer.
Votre femme	Après avoir réfléchi, elle pense que vous avez raison.
Vous	Vous lui dites que vous êtes d'accord et suggérez d'ouvrir un compte bancaire sur lequel vous mettrez de l'argent de côté afin de financer ce voyage.
Votre femme	Elle vous propose la Côte d'Azur.
Vous	Vous lui dites que vous êtes d'accord et que vous allez faire des démarches pour trouver une villa à louer.
Votre femme	Elle suggère que vous contactiez une agence de voyage pour vous aider à trouver une villa.
Vous	Répondez que vous êtes d'accord et donnez toutes les raisons prouvant que contacter une agence est une bonne idée.

Script

(N) Vous avez une minute pour lire les instructions pour cet exercice.

(1 minute)

(N) Vous allez maintenant commencer cet exercice.

(N) Vous aurez une minute pour lire l'introduction.

(1 minute)

(N) Maintenant la conversation va commencer. Appuyer sur « Enregistrer » maintenant.

(FA) Tu sais que l'été approche bientôt... Il faudrait vraiment faire des démarches avant qu'il ne soit trop tard, comme on fait d'habitude. Chaque année, c'est toujours la même chose. On fait des projets mais on finit toujours par aller au même endroit : au chalet de tes parents - ce qui est agréable, certes, mais cette année j'aimerais vraiment qu'on aille ailleurs.

TONE

(20 seconds)

TONE

(FA) C'est une très bonne idée, mon chéri, mais tout le monde passe ses vacances au bord de la mer en été, et quand il y a trop de monde, je n'aime pas ça. Si on partait plus loin ? Il y a tant de pays que j'aimerais visiter... Et nous ne sommes encore jamais allés à l'étranger en famille... Qu'en penses-tu ?

TONE

(20 seconds)

TONE

(FA) Peut-être que tu as raison... C'est vrai que les vacances à la mer sont moins chères et que nous n'avons pas vraiment les moyens cette année de voyager à l'étranger. En plus, les enfants n'ont pas encore de passeport.

TONE

(20 seconds)

TONE

(FA) Alors, si on allait sur la côte d'Azur ? C'est magnifique là-bas et on connaît déjà les environs. On pourrait louer une villa au bord de la mer, pour deux semaines.

TONE

(20 seconds)
TONE
(FA) Peut-être devrais-tu contacter une agence de voyage, mon chéri. Cela serait plus facile que d'essayer de trouver une villa à louer toi-même, je crois...
TONE
(20 seconds)
TONE

PROMPT #12

Thème : L'Esthétique - Le beau

Vous aurez une minute pour lire l'introduction.

Introduction

Votre copine Catherine vous téléphone. Elle vous annonce qu'elle va avoir un entretien avec la compagnie de ses rêves. Malheureusement, elle ne s'habille pas toujours très bien et n'a pas votre sens inné de la mode. Elle aimerait que vous l'aidiez. Vous acceptez et vous la rassurez, en lui disant que tout va bien se passer.

Catherine	Elle vous téléphone pour vous demander si vous pouvez l'aider à trouver de nouveaux vêtements pour un entretien.
Vous	Vous lui dites que vous êtes contente pour elle, et vous lui demandez pourquoi elle vous a choisie, *vous*, pour l'aider.
Catherine	Elle explique pourquoi elle admire votre sens de la mode.
Vous	Vous la remerciez et vous acceptez le défi.
Catherine	Elle exprime sa joie, mais aussi sa crainte de ne pas arriver à trouver une tenue parfaite.
Vous	Dites-lui de ne pas s'inquiéter et rassurez-la. Aussi, proposez-lui un rendez-vous pour sortir faire des achats avec elle.
Catherine	Elle propose d'aller faire les magasins, le soir même, et vous invite à dîner avec elle.
Vous	Vous acceptez son invitation. Vous lui demandez aussi quelle sorte de vêtements elle aimerait trouver.
Catherine	Elle vous dit ce qu'elle ressent et vous explique encore une fois pourquoi c'est important pour elle de réussir cet entretien.
Vous	Vous l'assurez que tout va bien se passer et que vous êtes là pour la soutenir et l'aider.

Script

(N) Vous avez une minute pour lire les instructions pour cet exercice.

(1 minute)

(N) Vous allez maintenant commencer cet exercice.

(N) Vous aurez une minute pour lire l'introduction.

(1 minute)

(N) Maintenant la conversation va commencer. Appuyer sur « Enregistrer » maintenant.

(FA) Écoute, la semaine prochaine, j'ai un entretien avec une compagnie pour laquelle je rêve de travailler depuis mon enfance ! Je dois absolument être à mon avantage. Et j'ai besoin de ton aide pour m'acheter de nouveaux vêtements.

TONE

(20 seconds)

TONE

(FA) Tu plaisantes ou quoi ? Tu es toujours à la mode et toujours bien habillée. Tes tenues sont toujours parfaites et tu sais ce qui te va. Tu as vraiment un sens inné de la mode !

TONE

(20 seconds)

TONE

(FA) Super! Que je suis contente ! Merci mille fois ! J'aimerais bien qu'on sorte avant la fin de semaine. J'ai peur de ne rien trouver. L'entretien est mardi, et je n'ai que quelques jours pour trouver la tenue idéale !

TONE

(20 seconds)

TONE

(FA) Parfait ! On se retrouve aux Galeries Lafayette. Mais pourrions-nous y aller ce soir ? Comme je te le disais, j'ai vraiment hâte de commencer à faire mes achats. On pourrait aussi dîner ensemble. Je t'invite et je n'accepte pas «non» comme réponse.

TONE

(20 seconds)

TONE

(FA) Pour te dire la vérité, je n'y ai pas encore réfléchi. Je me sens un peu dépassée par la situation... Je ne me suis jamais intéressée à la mode de toute ma vie, et cet entretien est tellement important pour moi ! C'est mon rêve depuis mon enfance de me faire engager par cette compagnie, tu ne sais pas à quel point je veux que ce rêve se réalise.

TONE

(20 seconds)

TONE

PROMPT #13

Thème : La Vie Contemporaine - Les rites de passage

Vous aurez une minute pour lire l'introduction.

Introduction

Vous rentrez d'un concert en voiture avec votre ami Marcel. C'est lui qui conduit. Il fait noir et il est assez tard. Vous vous apercevez que vous êtes perdus. En plus, vous vous trouvez dans un coin qui vous fait un peu peur. Qu'allez-vous faire ?

Marcel	Il vous annonce que vous êtes probablement perdus et vous demande de lui passer une carte.
Vous	Vous répondez que vous n'en voyez pas. Dites-lui que vous devriez vous arrêter et demander votre chemin à quelqu'un.
Marcel	Il vous demande de chercher la carte, car il est sûr de l'avoir mise dans la voiture.
Vous	Vous lui dites que vous allez la chercher. En la cherchant vous trouvez un GPS. Dites à votre ami que vous avez trouvé un GPS, et où il était.
Marcel	Il vous explique que, malheureusement, le GPS que vous venez de trouver ne fonctionne plus.
Vous	Dites-lui que vous êtes vraiment fâché. Exigez qu'il s'arrête immédiatement.
Marcel	Il vous dit qu'il est d'accord avec vous.
Vous	Puisqu'il a enfin décidé de s'arrêter, vous offrez de descendre de la voiture pour demander votre chemin à quelqu'un.
Marcel	En sortant de l'autoroute, il aperçoit quelqu'un qui se promène.
Vous	Après avoir réfléchi, vous dites à Marcel qu'après tout, il vaudrait mieux ne pas s'arrêter ici… Vous lui décrivez également le piéton, que vous avez trouvé effrayant.

Script

(N) Vous avez une minute pour lire les instructions pour cet exercice.
(1 minute)

(N) Vous allez maintenant commencer cet exercice.

(N) Vous aurez une minute pour lire l'introduction.

(1 minute)

(N) Maintenant la conversation va commencer. Appuyer sur « Enregistrer » maintenant.

(MA) Zut alors ! Je crois que nous sommes perdus ! Où as-tu mis la carte ?

TONE

(20 seconds)

TONE

(MA) Mais non, tu es fou ! S'arrêter ici ? En plein milieu de la ville ? Jamais de la vie ! C'est bien trop dangereux ! La carte doit être ici... Peux-tu fouiller dans la boîte à gants ? Je suis persuadé de l'avoir mise dans la voiture avant de partir.

TONE

(20 seconds)

TONE

(MA) Cela serait super utile en ce moment, mais malheureusement, il ne fonctionne plus. Il s'est cassé il y a à peu près un mois. Il est tombé dans la neige, devant chez moi, un soir où je rentrais tard. Le lendemain matin il était couvert de neige et complètement gelé. J'ai essayé de le sécher, mais sans succès.

TONE

(20 seconds)

TONE

(MA) Du calme mon ami, du calme ! Tu as tout à fait raison. Cela ne sert à rien de continuer quand on ne sait même pas où on va ! Je prendrai la prochaine sortie. Mais je n'aime vraiment pas cet endroit.

TONE

(20 seconds)

TONE

(MA) Que c'est gentil de ta part. Merci bien ! Euh, regarde ! Il y a quelqu'un qui se promène sur le trottoir là-bas. Allons lui parler et lui demander notre chemin.

TONE

(20 seconds)

TONE

PROMPT #14

Thème : La Famille et La Communauté - L'amitié et l'amour

Vous aurez une minute pour lire l'introduction.

Introduction

Vous passez la journée dans un parc d'attractions avec votre ami Raoul. Vous n'êtes pas aussi enthousiaste que lui. Vous essayez de trouver ce que vous pouvez faire ensemble et qui vous plairait à tous les deux.

Raoul	Il vous fait part de son bonheur d'être là, car il y a tellement longtemps qu'il n'a pas visité un parc d'attractions.
Vous	Dites-lui que vous êtes d'accord. Puis demandez-lui ce qu'il veut faire en premier, et suggérez quelques options.
Raoul	Il suggère que vous alliez faire un tour sur les montagnes russes.
Vous	Dites-lui que vous êtes désolé, mais que vous n'aimez pas les montagnes russes. Expliquez-lui pourquoi.
Raoul	Il vous propose d'aller regarder un spectacle.
Vous	Dites-lui que vous êtes désolé, mais que vous n'aimez pas rester assis à regarder un spectacle et expliquez-lui pourquoi.
Raoul	Il vous demande ce que vous voulez faire.
Vous	Vous répondez que vous avez faim et vous lui dites ce que vous avez envie de manger.
Raoul	Il répond qu'il a également faim et veut savoir ce que vous aimeriez faire après avoir mangé.
Vous	Dites-lui sur quels manèges vous aimeriez aller après le déjeuner - et expliquez-lui pourquoi.

Script

(N) Vous avez une minute pour lire les instructions pour cet exercice.

(1 minute)

(N) Vous allez maintenant commencer cet exercice.

(N) Vous aurez une minute pour lire l'introduction.

(1 minute)

(N) Maintenant la conversation va commencer. Appuyer sur « Enregistrer » maintenant.

(MA) Nous avons de la chance d'avoir une si belle journée aujourd'hui pour notre visite ! La dernière fois que j'ai passé une journée entière dans un parc d'attractions, j'avais cinq ans ! J'ai oublié à quel point c'est amusant.

TONE

(20 seconds)

TONE

(MA) À vrai dire, je n'en ai aucune idée ! Je voudrais tout faire en même temps ! Aujourd'hui, j'ai l'impression d'avoir encore cinq ans ! Si on allait faire un tour sur les montagnes russes ?

TONE

(20 seconds)

TONE

(MA) C'est vraiment dommage, car moi j'adore les montagnes russes. Mais j'y ferai un tour plus tard cet après-midi, tout seul : pas de problème ! Donc si on allait regarder un spectacle de cirque ?

TONE

(20 seconds) TONE

(MA) Voyons donc... Tu n'aimes pas les montagnes russes, tu n'aimes pas regarder les spectacles... Mais qu'est-ce que tu aimes faire, alors ? ! Je commence à me demander pourquoi on est venu ici ?

TONE

(20 seconds)

TONE

(MA) Moi aussi, j'ai faim. Je n'ai rien mangé depuis ce matin et maintenant, j'ai une faim de loup. Alors, allons manger un petit quelque chose. Et après ? Que ferons-nous ?

TONE

(20 seconds)

TONE

PROMPT #15

Thème : La Famille et La Communauté - L'amitié et l'amour

Vous aurez une minute pour lire l'introduction.

Introduction

Vous parlez avec votre ami Patrick. Vous lui annoncez que vous allez bientôt déménager et que vous avez peur de ne pas arriver à vous faire de nouveaux amis dans ce nouvel endroit. Patrick vous écoute et vous console.

Patrick	Il vous trouve un peu raplapla et vous demande pourquoi.
Vous	Vous lui dites ce qui ne va pas : vous venez d'apprendre que vous allez déménager dans quelques mois.
Patrick	Il vous demande la raison pour laquelle vous allez déménager.
Vous	Expliquez-lui pourquoi : votre père vient de recevoir un bel avancement dans la compagnie pour laquelle il travaille.
Patrick	Il vous console en vous disant que vous allez facilement vous faire de nouveaux amis.
Vous	Vous lui expliquez à quel point c'est difficile de se faire de nouveaux amis.
Patrick	Il vous dit comment vous pourrez rester en contact.
Vous	Vous lui dites que vous êtes d'accord avec ce qu'il vient de suggérer et vous lui donnez d'autres façons possibles de rester en contact.
Patrick	Il vous propose de sortir et vous demande ce que vous avez envie de faire.
Vous	Donnez-lui quelques idées de sorties que vous pourriez faire ensemble.

Script

(N) Vous avez une minute pour lire les instructions pour cet exercice.

(1 minute)

(N) Vous allez maintenant commencer cet exercice.

(N) Vous aurez une minute pour lire l'introduction.

(1 minute)

(N) Maintenant la conversation va commencer. Appuyer sur « Enregistrer » maintenant.

(MA) Qu'est-ce qui ne va pas mon ami ? Tu as l'air déprimé aujourd'hui. Tu veux en parler ?

TONE

(20 seconds)

TONE

(MA) Mais voyons donc, cela ne fait qu'un an que vous habitez ici ! C'est choquant que vous déménagiez encore. Pourquoi ? Tes parents n'aiment pas ce quartier ?

TONE

(20 seconds)

TONE

(MA) D'un côté, c'est bon pour lui et aussi pour sa carrière. Mais d'un autre côté, c'est un peu triste pour toi. Tu viens de te faire un tas de bons copains. Mais je suis certain que là où tu vas aller, tu arrivera à te faire de nouveaux copains très facilement ! Ne t'inquiète pas trop !

TONE

(20 seconds)

TONE

(MA) Ne sois pas si pessimiste ! Cette attitude ne t'aidera pas du tout ! Tes amis seront toujours là pour toi, et même si on ne pourra pas se voir en personne facilement, on pourra se chatter ou bien se skyper n'importe quand ! Cela te remonte un peu le moral, n'est-ce pas ?

TONE

(20 seconds)

TONE

(MA) Exactement ! Donc, aucune raison de s'inquiéter, voyons. Sortons faire quelque chose. Qu'est-ce que tu as envie de faire ?

TONE

(20 seconds)

TONE

PROMPT #16

Thème : La Famille et La Communauté - La famille

Vous aurez une minute pour lire l'introduction.

Introduction

Ceci est une conversation avec votre mère. Ce soir vous allez fêter l'anniversaire de votre grand-père qui aura 86 ans. Votre mère lui prépare un bon dîner mais elle a besoin de quelques ingrédients. Elle vous demande d'aller au marché acheter des provisions pour elle. Vous êtes content de l'aider.

Votre mère	Elle vous demande votre aide.
Vous	Répondez-lui que vous êtes occupé. Expliquez-lui ce que vous avez à faire et pourquoi vous ne pouvez pas l'aider.
Votre mère	Elle vous explique pourquoi elle a vraiment besoin de votre aide.
Vous	Vous lui expliquez que, puisque c'est pour votre grand-père que vous adorez tant, vous voulez bien l'aider. Offrez-lui votre aide et demandez-lui ce que vous pouvez faire.
Votre mère	Elle vous demande d'aller acheter de la farine au marché.
Vous	Vous répondez de façon affirmative et lui demandez la quantité dont elle a besoin. Vous lui dites qu'il ne reste pas de lait non plus, parce que vous l'avez fini ce matin. Vous lui proposez d'en acheter.
Votre mère	Elle vous remercie et vous demande d'en acheter.
Vous	Vous répondez de façon affirmative et vous lui demandez quel repas elle prépare pour votre grand-père.
Votre mère	Elle vous répond qu'elle prépare le même repas qu'elle lui prépare toujours pour son anniversaire, celui qui lui plaît le plus.
Vous	Vous lui dites que vous vous en souvenez et vous mentionnez quel est votre repas préféré.

Script

(N) Vous avez une minute pour lire les instructions pour cet exercice.

(1 minute)

(N) Vous allez maintenant commencer cet exercice.

(N) Vous aurez une minute pour lire l'introduction.

(1 minute)

(N) Maintenant la conversation va commencer. Appuyer sur « Enregistrer » maintenant.

(FA) Mon chéri, pourrais-tu éteindre la télévision et venir ici un moment ? J'ai besoin de toi.

TONE

(20 seconds)

TONE

(FA) Mais voyons ! J'ai vraiment besoin de ton aide ! Ce soir c'est l'anniversaire de ton grand-père. J'ai un tas de choses à faire pour tout préparer et ton père n'arrivera pas avant 18h ce soir.

TONE

(20 seconds)

TONE

(FA) Merci beaucoup mon fils. Je sais que peux toujours compter sur toi pour m'aider. Regarde ! J'ai commencé à préparer son gâteau préféré mais il ne me reste plus de farine. Pourrais-tu aller m'en acheter au marché du coin ?

TONE

(20 seconds)

TONE

(FA) Un kilo de farine serait plus qu'assez pour le gâteau, merci. Et pour le lait ? Merci de m'avoir averti, car je vais en avoir besoin pour faire la sauce que je vais servir avec le poulet. Pourrais-tu en acheter un litre ?

TONE

(20 seconds)

TONE

(FA) C'est du coq au vin, son repas préféré, bien sûr ! C'est le même repas que je lui prépare chaque année, depuis 23 ans. Il l'adore ! En fait, c'est le même repas que sa mère lui préparait quand il était petit !

TONE

(20 seconds)

TONE

PROMPT #17

Thème : La Famille et La Communauté - La famille

Vous aurez une minute pour lire l'introduction.

Introduction

Ceci est une conversation avec votre sœur. Comme elle s'est réveillée en retard ce matin, elle n'a pas le temps de se laver avant de partir à l'école. Elle vous parle pendant que vous vous douchez. Elle veut entrer dans la salle de bains afin de se préparer. Vous l'autorisez à entrer, mais uniquement à condition qu'elle accepte d'accomplir quelques tâches ménagères pour vous.

Votre sœur	Elle vous demande de vous dépêcher car elle doit se préparer pour l'école.
Vous	Répondez que c'est de sa faute, car elle ne s'est pas réveillée à l'heure. Dites-lui que vous n'avez pas encore fini de vous préparer et mentionnez aussi ce que vous avez à faire.
Votre sœur	Elle vous presse de la laisser entrer dans la salle de bains.
Vous	Vous lui dites que vous avez presque fini de vous doucher et qu'elle devra attendre, parce qu'après tout, ce n'est pas de votre faute si elle est en retard.
Votre sœur	Elle vous implore d'ouvrir la porte de la salle de bains.
Vous	Vous craquez. Vous décidez d'ouvrir la porte, mais à condition qu'elle ne se mette pas devant le miroir car vous en avez besoin vous aussi. Expliquez-lui pourquoi.
Votre sœur	Elle vous remercie d'avoir ouvert la porte.
Vous	Vous lui dites que maintenant, elle vous est redevable. Ce soir, c'est vous qui choisirez le programme télé. En plus, c'est elle qui débarrassera la table et fera la vaisselle après le dîner.
Votre sœur	Elle vous implore d'avoir pitié d'elle, car la vaisselle, elle déteste la faire.
Vous	Vous comprenez en lui disant que pour la vaisselle, ça va, qu'elle ne devra pas la faire. Mais qu'elle devra ranger votre chambre à la place pendant au moins une semaine. Expliquez-lui pourquoi c'est juste.

Script

(N) Vous avez une minute pour lire les instructions pour cet exercice.

(1 minute)

(N) Vous allez maintenant commencer cet exercice.

(N) Vous aurez une minute pour lire l'introduction.

(1 minute)

(N) Maintenant la conversation va commencer. Appuyer sur « Enregistrer » maintenant.

(FA) Dépêche-toi ! Je suis déjà en retard pour l'école et je ne me suis pas encore douchée !

TONE

(20 seconds)

TONE

(FA) Mais voyons, donc ! C'est notre salle de bains, pas la tienne ! Ouvre la porte ! Puisque je n'ai plus le temps de me doucher, tu pourrais au moins me laisser entrer pour que je puisse me coiffer !

TONE

(20 seconds)

TONE

(FA) Tu es impossible ! Mais vraiment impossible ! S'il te plaît, je t'implore ! Ouvre la porte et laisse-moi entrer ! Je dois partir dans cinq minutes et je ne me suis pas encore brossé les dents ! Je ne peux pas m'en aller sans me brosser, au moins, les dents ! Voyons !

TONE

(20 seconds)

TONE

(FA) Enfin ! Merci bien ! Je serai rapide, moi. Je n'ai qu'à me brosser les dents et les cheveux et je m'en irai, c'est promis ! Je ne sais pas ce que j'aurais fait si tu n'avais pas ouvert la porte ! Merci mille fois !

TONE

(20 seconds)

TONE

(FA) Voyons, ce n'est pas juste, tout cela ! Pour la télé, ça va, mais pour la vaisselle, tu sais bien que je déteste la faire ! C'est la tâche ménagère que j'aime le moins ! Sois gentille et aie de la pitié ! Je t'implore !

TONE

(20 seconds)

TONE

PROMPT #18

Thème : La Famille et La Communauté - L'amitié et l'amour

Vous aurez une minute pour lire l'introduction.

Introduction

Vous parlez à Raoul, l'un de vos copains d'école. Vous êtes tous les deux des élèves sérieux qui travaillent beaucoup cette année. Ce soir vous avez le temps d'aller voir un film au cinéma. Vous choisissez le film que vous allez voir, ainsi qu'un horaire qui vous convient.

Raoul	Il exprime sa joie à l'idée d'aller au cinéma avec vous ce soir.
Vous	Dites-lui que vous êtes accord et expliquez à quel point, et pourquoi, vous étiez si occupé dernièrement.
Raoul	Il vous explique comment il trouve son année scolaire, et qu'il y a beaucoup de travail à faire.
Vous	Vous lui dites que vous êtes d'accord et vous lui donnez plusieurs détails sur vos cours, vos profs, et votre travail.
Raoul	Il suggère deux films qui passent en ce moment au cinéma.
Vous	Vous lui dites que vous n'aimez pas vraiment les comédies - et que vous préférez les films d'horreur et de science-fiction. Vous lui expliquez pourquoi.
Raoul	Il vous demande de choisir le film que vous allez voir.
Vous	Vous lui dites que vous avez du mal à vous décider entre les deux genres que vous venez de mentionner. Vous vous souvenez que le film L'Enfant passe en ce moment. C'est un drame que vous aimeriez voir, parce que des amis l'ont vu et vous ont dit que c'était un bon film.
Raoul	Vous choisissez le film que vous aller voir et votre ami vous demande si vous savez à quelle heure il commence.
Vous	Vous répondez que non, mais que vous pourriez aller regarder sur Internet. Vous branchez votre ordinateur, mais vous vous apercevez immédiatement que votre écran est cassé. Il faut donc demander les horaires par téléphone, ce que vous vous proposez de faire.

Script

(N) Vous avez une minute pour lire les instructions pour cet exercice.

(1 minute)

(N) Vous allez maintenant commencer cet exercice.

(N) Vous aurez une minute pour lire l'introduction.

(1 minute)

(N) Maintenant la conversation va commencer. Appuyer sur « Enregistrer » maintenant.

(MA) Tu as vraiment eu une bonne idée d'aller voir un film au cinéma ce soir ! Ça fait assez longtemps que je ne suis pas allé au ciné, pourtant j'adore ça !

TONE

(20 seconds)

TONE

(MA) Je comprends tout à fait mon ami ! Tu n'as pas à expliquer ! Moi aussi, j'ai été pas mal occupé ces dernières semaines à l'école. M. Desjardins est si exigeant comme prof ! Tu sais qu'il nous a fait lire *deux* livres et rédiger *trois* rédactions ! Et il y a aussi notre prof de maths, Mme Jeune, qui nous donne toujours beaucoup trop de travail. Je trouve que cette année, je suis toujours submergé de travail scolaire, et que je n'ai pas beaucoup de temps pour me détendre en dehors de l'école. Parfois, c'est vraiment fatiguant d'être à l'école...

TONE

(20 seconds)

TONE

(MA) Donc, ce soir, nous prenons une pause méritée ! Alors, qu'est-ce que tu as envie d'aller voir ? Il y a le nouveau film de Gérard Depardieu qui passe et aussi un film avec Daniel Auteuil. Lequel préfères-tu aller voir ?

TONE

(20 seconds)

TONE

(MA) Vraiment, pour moi, ça m'est égal. J'aime tous les genres de films. On pourrait dire que je suis un vrai cinéphile. Donc, c'est comme tu veux, vraiment. Alors, choisis le film que tu as envie de voir, n'importe lequel !

TONE
(20 seconds)
TONE
(MA) Alors, c'est décidé ! Allons le voir ! Moi aussi, j'ai entendu dire que c'est un bon film : dramatique, avec plein de moments romantiques et tristes. On m'a dit que c'est un film qui fait réfléchir, ce que j'aime bien. Sais-tu à quelle heure il passe ?
TONE
(20 seconds)
TONE

PROMPT #19

Thème : La Vie Contemporaine - Les rites de passage

Vous aurez une minute pour lire l'introduction.

Introduction

Vous parlez avec votre ami Didier. Il vous donne des nouvelles de Patricia et Estelle, qui sont deux bonnes amies. Elles ont eu un accident de voiture la veille et Didier vous donne tous les détails sur cet accident. Vous discutez de la cause principale de l'accident, qui était la vitesse. Finalement, vous proposez de rendre visite à vos amies pour leur remonter un peu le moral.

Didier	Il vous demande si vous avez des nouvelles de Patricia et Estelle, qui sont deux de vos amies.
Vous	Vous répondez de façon négative. Puis vous lui demandez de leurs nouvelles.
Didier	Il vous explique qu'elles ont eu un accident de voiture.
Vous	Dites ce que vous ressentez au sujet de l'accident. Puis, posez-lui plusieurs questions. Vous voulez savoir qui conduisait et aussi ce qui a causé l'accident. Vous proposez quelques scénarios possibles et demandez à votre ami s'il est au courant.
Didier	Il vous décrit le temps qu'il faisait la nuit de l'accident.
Vous	Vous répondez à quel point vous détestez conduire la nuit, parce que c'est très difficile de bien voir quand il fait nuit. Décrivez les précautions que vous prenez quand vous devez conduire dans des conditions similaires à celles de la veille.
Didier	Il vous dit que Patricia dépassait la limite de vitesse.
Vous	Vous exprimez votre opinion sur la vitesse, et vous dites que c'est certainement ça qui a causé l'accident de la veille. Vous donnez aussi d'autres raisons pour lesquelles il ne faut pas conduire trop vite.
Didier	Il vous dit qu'il est d'accord, en confirmant votre point de vue.
Vous	Vous posez des questions sur l'état de santé de Patricia et Estelle, et aussi sur l'état de la voiture de Patricia. Puis, vous demandez à Didier s'il aimerait aller leur rendre visite. Vous suggérez de vous arrêter pour acheter des fleurs, afin de remonter le moral de vos amies.

Script

(N) Vous avez une minute pour lire les instructions pour cet exercice.

(1 minute)

(N) Vous allez maintenant commencer cet exercice.

(N) Vous aurez une minute pour lire l'introduction.

(1 minute)

(N) Maintenant la conversation va commencer. Appuyer sur « Enregistrer » maintenant.

(MA) Tu as des nouvelles de Patricia et Estelle ? C'est horrible ce qui leur est arrivé. Quand j'y pense, j'ai des frissons !

TONE

(20 seconds)

TONE

(MA) Sérieux ! Elles ont eu un accident de voiture ! C'était hier soir. Elles allaient chez Pierre quand tout à coup, elles ont heurté un arbre !

TONE

(20 seconds)

TONE

(MA) C'est Patricia qui conduisait. Il faisait noir et il avait plu toute la journée. Donc cette nuit-là, à cause de la pluie et de la chaleur de la journée, il y avait beaucoup de brume et c'était presque impossible de voir la route.

TONE

(20 seconds)

TONE

(MA) Oui, de bonnes suggestions, c'est certain... Je ne sais pas pourquoi Patricia roulait si vite, alors que les conditions de route étaient si mauvaises ! Elle aurait dû savoir que c'était dangereux. On m'a dit qu'elle dépassait la limite de vitesse autorisée.

TONE

(20 seconds)

TONE

(MA) Oui, je suis complètement d'accord avec toi, tu as raison. La vitesse, c'est dangereux ! Particulièrement la nuit quand c'est difficile de voir. Quand on prend un virage, c'est trop facile de perdre le contrôle du véhicule. Et c'est exactement ce qui est arrivé à Patricia et Estelle.

TONE

(20 seconds)

TONE

PROMPT #20

Thème : Vie Contemporaine - Les voyages

Vous aurez une minute pour lire l'introduction.

Introduction

Ceci est une conversation avec Aurélie, une collègue de travail avec qui vous êtes amie. Vous comptez prendre des vacances en mai, un mois qui comprend plusieurs jours fériés. Vous repensez à vos vacances de l'an dernier, que vous avez passées à la plage. Cette année vous aimeriez partir à la campagne. Votre amie Aurélie est prête à vous donner des renseignements sur une belle région touristique qu'elle connaît bien, où vous pourriez allez.

Aurélie	Elle vous rappelle que le mois de mai comprend plusieurs jours fériés, et que c'est un mois idéal pour prendre quelques jours de congé. Elle voudrait savoir si vous avez commencé à y réfléchir.
Vous	Répondez que vous vous souvenez des vacances de l'an dernier, pendant lesquelles votre famille a passé de longs week-ends à la plage.
Aurélie	Elle évoque aussi des souvenirs de vos vacances.
Vous	Vous aussi, vous en évoquez. Vous vous rappelez de ce que vous avez fait comme activités pendant vos vacances.
Aurélie	Elle vous fait vous rappeler d'une journée en particulier, pendant laquelle vous êtes tombée malade parce que vous aviez pris trop de soleil.
Vous	Malheureusement, vous vous souvenez aussi de cet événement. Réagissez, puis dites à votre collègue que vous devriez peut-être aller ailleurs. Suggérez quelques lieux où vous pourriez passer vos vacances.
Aurélie	Elle vous suggère de passer des vacances à la campagne cette année.
Vous	Vous réagissez de façon positive à son idée, et citez des activités que vous pourriez faire pendant les vacances.
Aurélie	Elle offre de vous donner des renseignements sur une région qu'elle connaît très bien.
Vous	Vous la remerciez pour sa gentillesse. Vous ajoutez que vous aimez bien les deux possibilités qu'elle a mentionnées : camper dans une tente ou louer une villa. Vous expliquez pourquoi et vous lui demandez des renseignements sur ces deux options.

Script

(N) Vous avez une minute pour lire les instructions pour cet exercice.

(1 minute)

(N) Vous allez maintenant commencer cet exercice.

(N) Vous aurez une minute pour lire l'introduction.

(1 minute)

(N) Maintenant la conversation va commencer. Appuyer sur « Enregistrer » maintenant.

(FA) Tu sais qu'il faut déjà commencer à penser au mois de mai, n'est-ce pas ? Puisque c'est le mois des jours fériés, il faut vraiment profiter de quelques jours de congé, tu sais. Y as-tu déjà pensé un peu ?

TONE

(20 seconds)

TONE

(FA) Ah ! Tu as raison ! Je m'en souviens aussi de tes vacances. Vous avez passé du temps sur l'Ile du Prince Édouard. Tu m'as montré de si belles photos quand tu es rentrée ! Que c'était beau, un vrai paradis !

TONE

(20 seconds)

TONE

(FA) Et moi ? Je me souviens bien de la journée que tu as passée en bateau ! Tu pensais que c'était une bonne idée de t'allonger au soleil... Mais le problème, c'est que tu t'es endormie ! En plus, tu avais oublié de mettre de la crème solaire et tu as attrapé un coup de soleil si grave que tu es tombée malade.

TONE

(20 seconds)

TONE

(FA) Ce sont de bonnes idées, c'est certain ! As-tu jamais eu l'idée de partir à la découverte ? Comme par exemple passer du temps à la campagne ?

TONE

(20 seconds)

TONE

(FA) Et ce qui est bien, c'est que ton mari serait lui aussi content d'y aller. Je sais à quel point il adore pêcher. Et vous pourriez faire du vrai camping dans une tente ou bien louer une villa. Je connais très bien le parc national de la Jacques-Cartier ! C'est une région touristique sur laquelle je pourrais te donner des renseignements.

TONE

(20 seconds)

TONE

PROMPT #21

Thème : La Famille et La Communauté - L'enfance et l'adolescence

Vous aurez une minute pour lire l'introduction.

Introduction

Vous parlez avec Laurent, un ami. Il vous parle de ses souvenirs d'enfance et vous échangez les vôtres avec lui. Vous décrivez comment vous passiez vos week-ends, vos semaines et vos étés quand vous étiez enfant.

Laurent	Il vous raconte ses souvenirs d'enfance.
Vous	Racontez vous aussi vos souvenirs d'enfance. Où passiez-vous vos week-ends ? Que faisiez-vous ?
Laurent	Il se souvient de la façon dont il passait son temps, pendant la semaine.
Vous	Vous lui dites que vous êtes d'accord et vous lui décrivez ce que vous faisiez l'après-midi, après l'école.
Laurent	Il vous dit comment c'était chez lui, en rentrant de l'école.
Vous	Vous lui expliquez comment c'était chez vous, en rentrant de l'école.
Laurent	Il vous explique comment c'était chez lui le soir, après le dîner, et il vous demande comment c'était chez vous.
Vous	Vous lui répondez en expliquant comment c'était chez vous, le soir, quand vous étiez petit.
Laurent	Il vous décrit comment il passait l'été quand il était petit. Il voudrait savoir comment vous passiez le vôtre.
Vous	Répondez-lui en disant ce que vous faisiez, avec qui, et où. Donnez des détails.

Script

(N) Vous avez une minute pour lire les instructions pour cet exercice.

(1 minute)

(N) Vous allez maintenant commencer cet exercice.

(N) Vous aurez une minute pour lire l'introduction.

(1 minute)

(N) Maintenant la conversation va commencer. Appuyer sur « Enregistrer » maintenant.

(MA) Tu sais, parfois, je suis nostalgique quand je pense à mon enfance... J'ai tant de beaux souvenirs. Quand j'étais petit, je m'amusais tous les week-ends chez mes grands-parents. Ils n'habitaient pas loin de chez nous. C'était vraiment formidable !

TONE

(20 seconds)

TONE

(MA) Pendant la semaine, c'était moins formidable, car je devais aller à l'école. Je me levais tous les matins à 7h pour y aller. Je n'avais pas le temps de jouer, comme pendant les week-ends.

TONE

(20 seconds)

TONE

(MA) Ah oui, après l'école ! Cela était toujours beaucoup plus amusant pour moi. Lorsque nous rentrions de l'école, la maison sentait toujours très bon, parce que ma mère cuisinait de bons repas tous les soirs.

TONE

(20 seconds)

TONE

(MA) Tous les soirs, après avoir dîné, mes frères et moi devions débarrasser la table et faire la vaisselle. Et après, nous pouvions sortir jouer dehors jusqu'au moment de se coucher. Et toi, le soir, c'était comment chez toi ?

TONE

(20 seconds)

TONE

(MA) Et l'été était toujours ma période préféré. Pendant l'été, ma famille partait en vacances. Nous faisions toujours du camping. Nous visitions une région différente chaque année. J'adorais faire du camping parce que je pouvais voir des animaux sauvages. Parfois nous dormions à la belle étoile ! Et pour toi, c'était comment l'été ?

TONE

(20 seconds)

TONE

PROMPT #22

Thème : La Famille et La Communauté - La famille

Vous aurez une minute pour lire l'introduction.

Introduction

Vous venez de trouver un vieil album de photos de famille. Votre petite sœur le regarde avec vous. Vous lui présentez des membres de votre famille qui figurent sur certaines photos, et qu'elle ne connaît pas. Une fois l'album feuilleté, elle propose que vous organisiez une réunion de famille.

Isabelle	Elle remarque que vous avez un album de photos et aimerait le regarder avec vous.
Vous	Vous lui expliquez que c'est un album que votre grand-mère vous a donné quand vous étiez petit. Vous l'ouvrez et vous lui montrez la première personne qui figure sur cet album : votre grand-mère. Votre sœur ne l'a jamais rencontrée, donc décrivez-la bien.
Isabelle	Elle continue à regarder l'album et voudrait savoir qui est l'homme qui figure sur une photo à côté de votre grand-mère.
Vous	Vous lui expliquez que cet homme est votre oncle. Votre sœur ne le connaît pas parce qu'il habite très loin de chez vous. Présentez-le lui.
Isabelle	Elle voit plusieurs enfants sur une photo et vous demande qui ils sont.
Vous	Vous lui expliquez que ce sont vos trois cousins. Parlez un peu de votre relation avec eux et décrivez-les aussi.
Isabelle	Votre sœur vous suggère d'organiser une réunion de famille cet été.
Vous	Vous lui dites que vous trouvez que c'est une bonne idée et vous suggérez aussi des dates, des lieux, et des activités possibles pour une telle réunion.
Isabelle	Elle offre de faire une carte d'invitation pour la réunion.
Vous	Vous la remerciez pour ses efforts, en reconnaissant que vous n'êtes pas aussi doué qu'elle avec la technologie. Puis, vous offrez de faire une liste de personnes que vous pourriez inviter.

Script

(N) Vous avez une minute pour lire les instructions pour cet exercice.

(1 minute)

(N) Vous allez maintenant commencer cet exercice.

(N) Vous aurez une minute pour lire l'introduction.

(1 minute)

(N) Maintenant la conversation va commencer. Appuyer sur « Enregistrer » maintenant.

(FA) C'est quoi, cet album ? Je ne l'avais jamais vu avant aujourd'hui. Qui te l'a donné ? Où l'as-tu trouvé ? Je veux le regarder avec toi ! J'adore regarder des photos !

TONE

(20 seconds)

TONE

(FA) Ah, qu'elle est belle ! Tu sais quoi ? Elle te ressemble un peu. C'est dommage que je n'aie jamais pu faire sa connaissance. Elle a l'air tellement heureuse et gentille sur cette photo. Et lui, à côté de grand-mère, c'est qui ?

TONE

(20 seconds)

TONE

(FA) Et ces enfants ? C'est qui ? Ils viennent d'où ? Je ne les ai jamais vus !

TONE

(20 seconds)

TONE

(FA) Je ne savais pas que ces trois cousins existaient ! Je suis étonnée d'apprendre leur existence. Tu sais quoi ? Nous devrions organiser une réunion de famille cet été. Nous pourrions inviter tous les membres de notre famille proche !

TONE

(20 seconds)

TONE

(FA) Et moi ? Je ferai une carte d'invitation pour la réunion. Je la ferai avec quelques photos de cet album ! Je les numériserai et je les imprimerai ! Ah, que j'adore la technologie !

TONE

(20 seconds)

TONE

PROMPT #23

Thème : La Famille et La Communauté - L'amitié et l'amour

Vous aurez une minute pour lire l'introduction.

Introduction

Vous parlez avec Daniel, un ami un peu bouleversé parce qu'il a perdu ses lunettes de soleil. Il essaie de se souvenir où il a pu les mettre. Vous l'écoutez et l'aidez à se remémorer les événements de sa journée.

Daniel	Il est bouleversé parce qu'il a perdu ses lunettes de soleil.
Vous	Vous essayez de le calmer un peu. Vous lui faites remarquer, qu'au moins ses lunettes n'étaient pas très chères. Puis vous lui demandez d'essayer de se rappeler quand il les as vues pour la dernière fois.
Daniel	Il vous dit quand il les a vues pour la dernière fois.
Vous	Vous le consolez en lui disant de ne pas s'inquiéter. Vous lui dites que vous êtes certain qu'il va les trouverez et vous le rassurez. Demandez-lui s'il se souvient de les avoir vues après l'école.
Daniel	Il se souvient de les avoir vues juste après l'école.
Vous	Vous continuez à le consoler en l'assurant qu'il va les retrouver. Vous lui demandez où il est allé après l'école, avec qui, etc.
Daniel	Il vous répond que pendant son match de foot avec Pierre, il se souvient de les avoir vues.
Vous	Vous répondez qu'il a de la chance que Pierre ne les ait pas écrasées ! Vous lui demandez aussi ce qu'il a fait après le match - où il est allé, avec qui, etc. - pour l'aider à se souvenir où il les a perdues.
Daniel	Il vous répond qu'il est allé dans un café, puis qu'il est rentré chez lui.
Vous	Vous lui dites que puisque qu'il ne les a pas vues quand il est rentré chez lui, il a dû les oublier au café ! Demandez-lui s'il y est retourné pour voir si quelqu'un les avait trouvées. Puis suggérez-lui de téléphoner au café plutôt que d'y aller.

Script

(N) Vous avez une minute pour lire les instructions pour cet exercice.

(1 minute)

(N) Vous allez maintenant commencer cet exercice.

(N) Vous aurez une minute pour lire l'introduction.

(1 minute)

(N) Maintenant la conversation va commencer. Appuyer sur « Enregistrer » maintenant.

(MA) Que je suis frustré ! Je viens d'acheter des nouvelles lunettes de soleil. C'est ma troisième paire cet été ! Je les perds tout le temps !

TONE

(20 seconds)

TONE

(MA) Je ne m'en souviens pas du tout ! Que c'est frustrant ! Ce matin après m'être réveillé, je me suis préparé et je suis allé à l'école. Je me souviens de les avoir mises dans la poche arrière de mon sac à dos.

TONE

(20 seconds)

TONE

(MA) Laisse-moi réfléchir un peu… eh… Oui ! Je commence à me rappeler maintenant... Je les ai sorties de mon sac quand je suis sorti de l'école parce que le soleil brillait.

TONE

(20 seconds)

TONE

(MA) Après l'école, je suis allé au parc où j'ai joué au foot avec des copains. Je les portais en jouant. Je m'en souviens parce qu'elles sont tombées pendant le match et que Pierre les a presque écrasées en courant après le ballon. Heureusement, je les ai ramassées juste avant que son pied ne se pose dessus !

TONE

(20 seconds)

TONE

(MA) Après avoir quitté le parc, nous sommes allés dans un café manger quelque chose, car nous avions très faim après avoir joué au foot tout l'après-midi. Et directement après ça, tout le monde est rentré chez soi.

TONE

(20 seconds)

TONE

PROMPT #24

Thème : La Famille et La Communauté - L'amitié et l'amour

Vous aurez une minute pour lire l'introduction.

Introduction

Ceci est une conversation avec Émilie. Elle remarque que vous êtes déprimée et comme c'est une bonne amie, elle voudrait savoir pourquoi. Elle vous console après avoir appris ce qui s'est passé : vous vous êtes disputée avec le seul ami de votre copain. Vous essayer de rétablir votre amitié avec lui.

Émilie	Elle voit que vous êtes déprimée et voudrait savoir pourquoi.
Vous	Vous répondez de façon affirmative et lui expliquez pourquoi : c'est parce que vous venez de vous disputer avec un ami. Décrivez-lui ce que vous ressentez.
Émilie	Elle vous demande pourquoi vous vous êtes disputée avec Thomas.
Vous	Vous lui répondez que c'est parce qu'il a été méchant envers vous à la cantine, pendant le déjeuner. Il a appris que vous sortiez avec son ami Philippe. Répétez les méchancetés qu'il vous a dites.
Émilie	Elle vous demande pourquoi Thomas vous taquinait.
Vous	Vous lui dites que vous pensez que Thomas vous taquine parce qu'au fond, il est jaloux. Donnez des détails.
Émilie	Elle exprime son désaccord avec vous.
Vous	Vous lui donnez plus de détails et expliquez pourquoi Thomas est jaloux de Philippe. Vous lui rappelez que de l'an dernier, Thomas vous avait invitée à aller voir un film avec lui plusieurs fois, et que vous avez toujours répondu «non».
Émilie	Elle suggère que vous parliez à Thomas afin de vous réconcilier.
Vous	Vous lui dites que vous êtes d'accord et quand vous aurez l'opportunité de le faire.

Script

(N) Vous avez une minute pour lire les instructions pour cet exercice.

(1 minute)

(N) Vous allez maintenant commencer cet exercice.

(N) Vous aurez une minute pour lire l'introduction.

(1 minute)

(N) Maintenant la conversation va commencer. Appuyer sur « Enregistrer » maintenant.

(FA) Qu'est-ce qui ne va pas ? Tu as l'air tellement déprimée ! Pourquoi es-tu si déprimée ? Qu'est-ce qui t'est arrivé ? Tu pleures ?

TONE

(20 seconds)

TONE

(FA) Je suis désolée d'entendre cela ! C'est vraiment dommage. Je sais à quel point tu l'aimes. Pourquoi vous êtes vous disputés ? J'imagine que c'est lui qui t'a fait de la peine. Il peut être méchant, Thomas... Il m'a fait pleurer une fois parce qu'il me taquinait au sujet de ce que je portais. C'est la raison pour laquelle je ne suis plus amie avec lui.

TONE

(20 seconds)

TONE

(FA) Tu vois ? Ce Thomas, il n'est pas gentil. Il ne sait pas garder ses amis. En fait, Philippe m'a dit hier qu'il ne l'aime pas autant que ça, que ce n'est pas un vrai ami... Mais pourquoi penses-tu que Thomas te taquinait à cause de Philippe ?

TONE

(20 seconds)

TONE

(FA) Mais, voyons donc ! Tu penses, vraiment ? Mais Thomas, il n'a jamais de copine, lui. Je ne pense pas que ce soit à cause de sa jalousie. Ça doit être autre chose...

TONE

(20 seconds)

TONE

(FA) Peut-être que tu as raison, après tout. Je le vois maintenant. Et alors, qu'est-ce que tu vas faire ? Philippe passe beaucoup de temps avec Thomas, donc si tu ne fais rien, tu passeras moins de temps avec Philippe tout simplement pour éviter Thomas, ce qui n'est pas juste. Il faut vraiment que tu essayes de lui parler.

TONE

(20 seconds)

TONE

PROMPT #25

Thème : La Famille et La Communauté - Les coutumes

Vous aurez une minute pour lire l'introduction.

Introduction

Troy parle avec vous. C'est votre nouvel ami américain, venu passer un an chez vous en France, pour étudier votre langue et la culture de votre pays. C'est le début de l'hiver et cela lui fait penser aux fêtes de Noël. Il a hâte d'apprendre comment vous fêtez Noël chez vous. Il partage les coutumes de son pays avec vous et vous partagez celles du vôtre avec lui.

Troy	Il vous dit comment il a envie de fêter Noël avec vous, même si sa famille lui manquera.
Vous	Vous lui expliquez que vous comprenez ce qu'il ressent. Puis dites-lui qu'il va adorer les coutumes françaises, parce qu'elles sont très festives.
Troy	Il vous dit que chaque année, il va dans un restaurant avec sa famille, pour le dîner de Noël.
Vous	Vous expliquez comment vous fêtez Noël chez vous et que le dîner est toujours un repas préparé à la maison par votre mère. Vous ajoutez que toute la famille vient dîner chez vous : vos oncles, vos tantes, vos cousins, etc.
Troy	Il vous explique ce qu'il fait chez lui, après le dîner de Noël.
Vous	Vous lui dites comment c'est chez vous, après le dîner de Noël : que personne ne dort ; que c'est une grande fête qui dure jusqu'au petit matin.
Troy	Il s'intéresse beaucoup à cette coutume de Noël et voudrait savoir ce que vous faites toute la nuit.
Vous	Vous lui répondez en décrivant le réveillon, et en donnant des détails sur ce que vous buvez, mangez, faites, etc.
Troy	Il vous décrit comment se déroule le lendemain de Noël chez lui et comment il passe la journée.
Vous	Vous réagissez à ce qu'il vous dit. Puis, vous lui expliquez comment vous passez votre lendemain de Noël, en lui donnant des détails.

Script

(N) Vous avez une minute pour lire les instructions pour cet exercice.

(1 minute)

(N) Vous allez maintenant commencer cet exercice.

(N) Vous aurez une minute pour lire l'introduction.

(1 minute)

(N) Maintenant la conversation va commencer. Appuyer sur « Enregistrer » maintenant.

(MA) Tu sais, dès que l'hiver commence, cela me fait penser aux vacances de Noël. Je sais que cette année ma famille me manquera beaucoup, mais en même temps je sais aussi que j'ai hâte de fêter Noël avec toi et ta famille.

TONE

(20 seconds)

TONE

(MA) J'en suis sûr ! Tu sais que les vacances de Noël, et Noël en général, c'est un aspect de la culture française que je n'ai jamais étudié à l'école. Chez moi, la veille, ma famille et moi allons dans un bon restaurant pour dîner ensemble. D'habitude c'est ma famille directe qui vient avec nous, cela veut dire mes parents, ma sœur, mes deux frères, et moi. Et toi ? Dans ta famille, sortez-vous dîner ensemble ?

TONE

(20 seconds)

TONE

(MA) Mon Dieu ! Ta maison doit être vraiment remplie de monde et de gaieté ! Ça doit être génial ! Chez moi, après le dîner, nous rentrons à la maison et chaque membre de la famille a le droit d'ouvrir un cadeau. Après ça, nous allons nous coucher.

TONE

(20 seconds)

TONE

(MA) Mais voyons, tu veux dire que... personne ne dort ? Mais, qu'est-ce que vous faites toute la nuit ? Qu'y a-t-il à faire à une heure pareille ?

TONE

(20 seconds)

TONE

(MA) Quelle soirée ! Quelle fête ! Alors le lendemain vous devez être tellement fatigués ! J'imagine que tout le monde fait la grasse matinée. Chez moi, ce n'est pas du tout comme ça ! On se réveille aussi tôt que possible parce qu'on a hâte d'ouvrir les cadeaux. Comme ça, nous avons toute la journée libre pour faire ce que l'on veut. D'habitude, on va chez mes grands-parents passer la journée avec eux.
TONE
(20 seconds)
TONE

PROMPT #26

Thème : Les Défis Mondiaux - La santé

Vous aurez une minute pour lire l'introduction.

Introduction

Ce matin, vous êtes dans le cabinet du Docteur Abimec, parce que vous n'êtes pas en forme et pensez avoir attrapé un rhume. Il vous examine, et après vous avoir posé quelques questions, il vous donne son diagnostic. Il vous prescrit des pilules et vous dit ce qu'il faut faire pour vous soigner.

Docteur Abimec	Il vous demande quels sont vos symptômes.
Vous	Vous lui expliquez que vous avez mal partout, et que vous croyez avoir attrapé un rhume.
Docteur Abimec	Il voudrait savoir si vous avez de la fièvre et si vous avez déjà pris des médicaments.
Vous	Dites lui que vous avez pris votre température ce matin et c'est la raison pour laquelle vous lui avez téléphoné. Dites lui aussi que vous avez pris de l'aspirine.
Docteur Abimec	Il vous demande si vous avez d'autres symptômes.
Vous	Vous répondez que oui. Vous dites que vous avez mal partout, en particulier à la gorge. Décrivez votre douleur de gorge.
Docteur Abimec	Il vous examine et établit un diagnostic.
Vous	Vous lui demandez si c'est grave car c'est une maladie dont vous n'avez jamais entendu parler. Vous avez peur de la transmettre aux autres. Dites-lui ce que vous ressentez.
Docteur Abimec	Il vous donne une ordonnance et vous explique ce qu'il faut faire pendant les jours qui viennent.
Vous	Vous lui dites que vous êtes contrarié d'avoir à rater un jour d'école, parce que vous avez un examen d'algèbre. Vous le remerciez et vous lui dites que vous allez suivre les conseils qu'il vous a donnés. Donnez des détails.

Script

(N) Vous avez une minute pour lire les instructions pour cet exercice.

(1 minute)

(N) Vous allez maintenant commencer cet exercice.

(N) Vous aurez une minute pour lire l'introduction.

(1 minute)

(N) Maintenant la conversation va commencer. Appuyer sur « Enregistrer » maintenant.

(MA) Bonjour. Vous avez l'air épuisé. Qu'est-ce qui ne va pas ?

TONE

(20 seconds)

TONE

(MA) Ah, je vois... Alors, vous devez être bien enrhumé. Est-ce que vous avez de la fièvre ? Avez-vous pris quelque chose ?

TONE

(20 seconds)

TONE

(MA) Je vois... Avez-vous d'autres symptômes à part de la fièvre ? Mal quelque part, peut-être ?

TONE

(20 seconds)

TONE

(MA) D'accord. Comme cette douleur vous empêche de manger, il faut que j'examine votre gorge. Ce n'est pas bon de ne pouvoir manger que de la soupe, ce n'est pas assez nourrissant quand on est malade. Il vous faut aussi des vitamines, manger des fruits et des légumes... Ouvrez la bouche ! [il vous examine] Ah, que votre gorge est rouge et enflammée ! Je crois que vous avez une angine.

TONE

(20 seconds)

TONE

(MA) Non, ce n'est pas une maladie grave, mais il faut que vous preniez des précautions quand même, parce que c'est une maladie contagieuse pendant les prochaines 24 heures. Donc vous ne pouvez pas retourner à l'école avant après-demain. Je vous donne une ordonnance pour la pharmacie. Vous prendrez une pilule par jour pendant une semaine. Et bien sûr, il faut que vous vous reposiez et que vous buviez beaucoup d'eau.

TONE

(20 seconds)

TONE

PROMPT #27

Thème : La Famille et La Communauté - L'enfance et l'adolescence

Vous aurez une minute pour lire l'introduction.

Introduction

Ceci est une conversation avec Claire qui, lorsqu'elle était petite, voulait habiter dans une ferme. Elle adorait les animaux et les plantes, et demandait très souvent à ses parents si elle pouvait en avoir, mais ils répondaient toujours «non». Vous lui faites remarquer, à la fin de la conversation, les avantages qu'elle avait en ville et que vous n'aviez pas à la campagne.

Claire	Elle vous demande d'expliquer comment c'était de grandir dans une ferme.
Vous	Vous lui répondez en parlant des animaux que vous aviez. Lesquels ? Combien ? Pourquoi ?
Claire	Elle vous explique qu'elle a toujours voulu avoir des chevaux quand elle était petite.
Vous	Vous lui dites que son père avait raison. Avoir des chevaux demande beaucoup de travail. Vous lui expliquez ce que vous deviez faire, tous les jours, pour vous occuper d'eux.
Claire	Elle vous dit que malgré ça, elle aurait quand même adoré en avoir.
Vous	Vous lui dites qu'elle ne peut pas imaginer à quel point c'était difficile de se réveiller, tous les jours, très tôt, quand vous était enfant. Expliquez un peu votre routine quotidienne. Que faisiez-vous tous les matins ?
Claire	Elle vous décrit comment elle imagine la cuisine de votre enfance.
Vous	Vous lui expliquez qu'elle a raison et vous lui donnez des détails précis, y compris quelles sortes de légumes et de viande il y avait.
Claire	Elle vous explique qu'elle voulait aussi planter des légumes quand elle était petite.
Vous	Vous lui dites que vous comprenez, mais vous lui faites remarquer qu'elle a aussi de la chance d'avoir été élevée en ville. Donnez-lui des détails sur les avantages qu'elle avait, et que vous n'aviez pas.

Script

(N) Vous avez une minute pour lire les instructions pour cet exercice.

(1 minute)

(N) Vous allez maintenant commencer cet exercice.

(N) Vous aurez une minute pour lire l'introduction.

(1 minute)

(N) Maintenant la conversation va commencer. Appuyer sur « Enregistrer » maintenant.

(FA) Ton enfance me fascine ! J'aurais tellement aimé passer mon enfance dans une ferme. En fait, je suis jalouse quand je pense aux gens qui, comme toi, ont grandi dans une ferme. Comme ils ont de la chance ! Dis-moi, c'était comment ton enfance, à la ferme ?

TONE

(20 seconds)

TONE

(FA) Comme j'adore les animaux ! J'ai toujours voulu avoir un cheval mais, comme nous vivions en ville, mon père me répondait à chaque fois que je lui posais la question : «Nous n'avons pas assez d'espace, ma puce. D'ailleurs, les chevaux ne sont heureux qu'à la campagne.»

TONE

(20 seconds)

TONE

(FA) Selon moi ? Cela vaut la peine ! J'aurais fait n'importe quoi pour en avoir, même me réveiller tôt le matin pour m'occuper d'eux !

TONE

(20 seconds)

TONE

(FA) J'aurais tellement adoré avoir une enfance comme la tienne ! Comme tu as de la chance ! J'imagine aussi que vous mangiez toujours bien chez vous, de bons repas, avec des légumes frais et de la viande venant des animaux que vous avez élevés. J'en bave rien qu'en y pensant.

TONE

(20 seconds)

TONE

(FA) Et chez moi, ce n'était jamais frais. Je demandais toujours à mes parents de faire pousser des légumes chez nous, mais c'était toujours la même réponse : «Ma puce, il n'y a pas assez d'espace pour avoir un jardin. De plus, les légumes ont besoin de beaucoup de soleil, et dans notre cour, il n'y en a pas beaucoup, vois-tu. »

TONE

(20 seconds)

TONE

PROMPT #28

Thème : La Vie Contemporaine - Les voyages

Vous aurez une minute pour lire l'introduction.

Introduction

Votre ami Luc vient de rentrer de Montréal où il a passé des vacances formidables. Vous n'êtes encore jamais allé dans cette ville, mais vous projetez d'y aller cette année. Alors vous vous intéressez beaucoup à ce qu'il a à partager avec vous.

Luc	Il partage avec vous l'enthousiasme qu'il a pour les vacances qu'il vient de passer à Montréal. Il vous demande si vous y êtes déjà allé.
Vous	Vous répondez que non, pas encore, mais que vous aimeriez y aller, peut-être même cette année ! Vous donnez quelques raisons pour lesquelles vous aimeriez y aller.
Luc	Il vous dit qu'il était avec des amis qui connaissaient bien la ville.
Vous	Vous lui dites que vous êtes d'accord et vous citez quelques avantages à visiter une ville avec des personnes qui la connaissent déjà.
Luc	Il suggère que vous le teniez au courant de vos projets éventuels, afin que ses amis puissent vous donner des renseignements sur la ville.
Vous	Vous acceptez en le remerciant pour sa gentillesse. Puis vous expliquez que vous avez entendu dire que Montréal est connue pour la musique jazz, un genre de musique que vous adorez. Posez quelques questions à votre ami sur ce sujet.
Luc	Il vous parle du festival de jazz qui a lieu, chaque été, à Montréal, et vous dit qu'il aimerait bien y assister un jour.
Vous	Vous expliquez que vous aimeriez vous aussi y assister et expliquez pourquoi. Puis, vous demandez quels endroits touristiques il a visités pendant son séjour.
Luc	Il vous parle de l'excursion qu'il a faite au Stade Olympique.
Vous	Vous lui dites que vous n'aimeriez faire pas une telle excursion parce que vous avez le vertige. Vous dites quels sites touristiques vous préféreriez visiter à la place.

Script

(N) Vous avez une minute pour lire les instructions pour cet exercice.

(1 minute)

(N) Vous allez maintenant commencer cet exercice.

(N) Vous aurez une minute pour lire l'introduction.

(1 minute)

(N) Maintenant la conversation va commencer. Appuyer sur « Enregistrer » maintenant.

(MA) Comme j'ai passé de belles vacances cette année ! J'ai passé une semaine dans la ville de Montréal et je peux dire, c'est certain, que j'y reviendrai ! Je me suis tellement amusé ! Tu y es jamais allé ?

TONE

(20 seconds)

TONE

(MA) Je suis certain que tu ne regretteras pas ta décision ! J'y suis allé avec quelques amis qui connaissaient très bien la ville. C'était formidable !

TONE

(20 seconds)

TONE

(MA) Certainement ! En fait, quand tu seras prêt à faire des projets pour ton propre voyage, tiens-moi au courant : je te donnerai les coordonnées de mes amis et tu pourras les contacter avant de partir. Avec leur aide, tu ne pourras pas te tromper !

TONE

(20 seconds)

TONE

(MA) Tu as tout à fait raison ! C'est très connu pour cela. En fait, quand j'y étais, j'ai assisté à plusieurs concerts de jazz. Chaque été il y a une grande fête qui dure une semaine entière pendant laquelle des musiciens viennent du monde entier pour jouer. J'aimerais être là pendant cette fête, mais il me semble qu'elle tombe toujours pendant une semaine que je n'ai pas le droit de prendre en congé.

TONE

(20 seconds)

TONE

(MA) Plusieurs ! Nous avons visité plusieurs lieux pendant nos vacances, mais l'excursion qui m'a plu le plus, c'était la journée que nous avons passée au Stade Olympique ! Nous avons pris le funiculaire qui nous a montés si haut que nous pouvions voir les Laurentides ! C'était une vue extraordinaire !

TONE

(20 seconds)

TONE

PROMPT #29

Thème : La Famille et La Communauté - Les rapports sociaux

Vous aurez une minute pour lire l'introduction.

Introduction

Ceci est une conversation avec Sophie. Elle en a assez ! Elle est frustrée et en colère contre sa mère, qui lui demande de faire presque toutes les tâches ménagères à la maison, sans aide, ce qui lui prend beaucoup du temps. Alors à la fin de la journée, Sophie trouve qu'elle n'a presque pas de temps libre pour faire ce qu'elle veut. Ce qui est pire, c'est que sa sœur n'aide pas du tout.

Sophie	Elle se sent en colère et frustrée. Elle vous explique pourquoi.
Vous	Vous répondez en disant que c'est normal qu'elle ait des tâches à faire à la maison pour aider sa mère. Et expliquez pourquoi.
Sophie	Elle continue à vous expliquer pourquoi elle est si en colère et frustrée.
Vous	Vous pensez qu'elle exagère un peu. Justifiez votre opinion.
Sophie	Elle vous donne un exemple de ce qu'elle doit faire pendant une journée type.
Vous	Vous lui dites que vous êtes d'accord avec elle, et que c'est un peu exigeant de la part de sa mère. Puis, vous suggérez qu'elle parle avec sa mère et qu'elle exprime ses sentiments.
Sophie	Elle réfléchit et trouve votre idée assez bonne.
Vous	Vous continuez à la consoler et vous lui dites pourquoi c'est important de rester calme quand on discute avec ses parents. Expliquez-lui pourquoi.
Sophie	Elle dit que vous avez raison. Puis, elle vous demande ce que vous devez faire pour aider à la maison.
Vous	Vous lui décrivez les tâches ménagères que vous devez faire pour aider chez vous.

Script

(N) Vous avez une minute pour lire les instructions pour cet exercice.

(1 minute)

(N) Vous allez maintenant commencer cet exercice.

(N) Vous aurez une minute pour lire l'introduction.

(1 minute)

(N) Maintenant la conversation va commencer. Appuyer sur « Enregistrer » maintenant.

(FA) Je n'ai jamais de temps libre ! Que c'est frustrant ! Je passe toute la journée à l'école et dès que je rentre la maison le soir, elle est là. Elle m'attend... La liste de ma mère qui m'indique tout ce que je dois faire comme tâches ménagères avant qu'elle rentre. Ce n'est pas juste !

TONE

(20 seconds)

TONE

(FA) Je suis d'accord avec toi : c'est important d'aider sa mère mais tu ne comprends pas mon dilemme ! Ce n'est pas parce que je dois aider, c'est plutôt car je fais presque tout ! Ce qui me frustre le plus, c'est que ma mère ne demande rien à ma sœur ! Alors qu'à mon avis, elle est assez grande maintenant pour aider elle aussi !

TONE

(20 seconds)

TONE

(FA) Je te jure que je n'exagère pas du tout ! Si tu savais ! Regarde ! J'ai une de ces listes dans ma poche ! Regarde ! Lis-la ! Voici la liste de lundi. Regarde ce que ma mère m'a demandé de faire ! Elle m'a demandé de faire la vaisselle, de tondre la pelouse, et de sortir la poubelle !

TONE

(20 seconds)

TONE

(FA) Tu sais, peut-être que tu as raison... D'habitude quand je suis frustrée, je ne suis pas assez calme pour pouvoir parler. Ce serait mieux si je pouvais rester calme et vraiment discuter de ce problème avec elle.

TONE

(20 seconds)

TONE

(FA) Oui, tu as raison. J'essaierai, ce soir, après avoir rangé le salon. Et chez toi, c'est comment ? Qu'est-ce que tu dois faire pour aider à la maison ?

TONE

(20 seconds)

TONE

PROMPT #30

Thème : La Vie Contemporaine - Les rites de passage

Vous aurez une minute pour lire l'introduction.

Introduction

Vous parlez avec votre ami Léon qui vient de passer une journée extraordinaire. C'est une journée qui a mal commencé, à cause de son réveil qui n'a pas sonné, et qui a mal fini, car il a perdu la clé de sa maison. Pour pouvoir rentrer chez lui, il a donc dû casser une fenêtre. Vous êtes étonné par les événements qui se sont succédés pendant de sa journée.

Léon	Il vous explique à quel point sa journée n'était pas du tout normale.
Vous	Vous ne comprenez pas. Demandez-lui de mieux expliquer et de vous donner des détails.
Léon	Il vous explique comment il s'est réveillé tard.
Vous	Vous lui dites que vous êtes désolé. Puis vous lui demandez s'il a eu le temps de se préparer avant d'aller à l'école. Posez-lui quelques questions détaillées sur sa routine matinale.
Léon	Il continue à expliquer comment sa journée n'était pas normale.
Vous	Vous lui dites pourquoi vous trouvez qu'il a de la chance d'avoir passé toute la journée scolaire avec des remplaçants. Expliquez pourquoi.
Léon	Il continue à vous dire comment s'est passé sa journée. En rentrant chez lui, il n'avait pas sa clé et il a dû donc entrer par effraction dans sa propre maison.
Vous	Vous lui dites que vous êtes étonné et vous lui demandez comment va sa main, maintenant. Vous voulez savoir si la coupure était grave, et s'il lui a fallu des points de suture.
Léon	Il décrit la réaction que sa mère a eu en entrant dans la maison, quand elle a découvert le sang et la vitre cassée.
Vous	Vous lui dites que vous n'arrivez pas à imaginer une journée pareille. Puis vous lui décrivez comment vous auriez réagi dans les mêmes circonstances.

Script

(N) Vous avez une minute pour lire les instructions pour cet exercice.

(1 minute)

(N) Vous allez maintenant commencer cet exercice.

(N) Vous aurez une minute pour lire l'introduction.

(1 minute)

(N) Maintenant la conversation va commencer. Appuyer sur « Enregistrer » maintenant.

(MA) Tu ne peux pas savoir à quel point j'ai envie d'aller me coucher ! Quelle journée ! Tout s'est passé de travers pour moi aujourd'hui ! Ce n'était pas du tout normal ! Je suis épuisé !

TONE

(20 seconds)

TONE

(MA) Bon, le matin, par exemple, mon réveil n'a pas sonné. En plus, ma mère n'était pas là pour me réveiller, parce qu'elle a dû partir plus tôt que d'habitude parce qu'elle avait un rendez-vous professionnel. Donc, j'ai fait la grasse matinée, mais je ne l'ai pas fait exprès ! Je me suis réveillé à 9h !

TONE

(20 seconds)

TONE

(MA) Mais non ! Ça, c'est le pire ! J'étais si pressé que je n'ai pas eu le temps de me doucher avant de quitter la maison ! Je me suis peigné, je me suis brossé les dents, et je suis allé directement à l'école. Après y être arrivé, j'ai appris que tous mes profs étaient malades, ce qui ne m'arrive jamais ! En fait, c'était plutôt bien, car les remplaçants ne sont pas du tout aussi exigeants que les profs titulaires, comme tu le sais !

TONE

(20 seconds)

TONE

(MA) Oui, tu as raison, mais une journée comme cela, c'est fatigant quand même... Je préfère quand mes profs sont là, même s'ils sont exigeants. Ce qui m'a vraiment étonné, c'est que quand je suis rentré à la maison, j'ai réalisé que j'avais oublié ma clé ! Donc j'ai dû casser une vitre pour entrer chez moi. En la cassant, je me suis coupé la main. Mais comme je ne m'en suis pas aperçu tout de suite, j'ai saigné partout en entrant dans le salon ! Je saignais tellement que j'ai dû aller directement à l'hôpital !

TONE

(20 seconds)

TONE

(MA) En fait, oui. C'était si grave que le médecin m'a fait cinq points de suture ! Il m'a donné des cachets pour la douleur, donc maintenant ça va. Mais comme j'ai dû partir de la maison en toute urgence, je n'ai pas eu le temps de laisser un mot pour ma mère. Donc, quand elle est rentrée, elle a vu le sang partout dans le salon et la vitre cassée, et elle s'est affolée ! Elle est allée chez les voisins, d'où elle a téléphoné à la police.

TONE

(20 seconds)

TONE

PROMPT #31

Thème : Les Défis Mondiaux - L'économie

Vous aurez une minute pour lire l'introduction.

Introduction

Ceci est une conversation avec votre mère. Vous allez à un concert avec elle et vous êtes sur la route, en voiture. Elle aimerait arriver en avance, mais vous tombez sur un bouchon. Vous discutez de ce qui pourrait expliquer un tel embouteillage.

Votre mère	Elle est stressée parce qu'elle aimerait arriver au concert en avance.
Vous	Vous lui suggérez de se calmer un peu, car le stress n'aidera pas la situation. Vous expliquez pourquoi, selon vous, il y a tant de circulation.
Votre mère	Elle vous dit qu'elle est d'accord. Puis elle suggère d'écouter la radio pour voir s'il n'y a pas de reportage expliquant la cause de cet embouteillage.
Vous	Vous lui dites que c'est une bonne idée, mais tout d'un coup vous vous souvenez qu'il y a une grève du personnel d'autoroute, ce qui expliquerait un tel embouteillage. Vous lui dites que vous avez vu le préavis de grève ce matin, mais que vous l'aviez complètement oublié.
Votre mère	Elle trouve que le personnel d'autoroute est toujours mécontent et vous demande si vous savez pourquoi ils font grève.
Vous	Vous lui répondez que d'après le reportage que vous avez écouté, ils font grève parce qu'ils ont des revendications, entre autres, sur leurs salaires et leurs conditions de travail.
Votre mère	Elle dit ce qu'elle pense de cette grève et se plaint toujours du bouchon.
Vous	Vous lui expliquez qu'ils ne font pas uniquement grève pour des questions de salaire, mais aussi pour des questions de retraite. Donnez-lui des détails.
Votre mère	Elle comprend pourquoi les travailleurs font grève et vous demande votre opinion sur le sujet.
Vous	Vous lui dites ce que vous pensez des grèves - en citant des avantages et des désavantages.

Script

(N) Vous avez une minute pour lire les instructions pour cet exercice.

(1 minute)

(N) Vous allez maintenant commencer cet exercice.

(N) Vous aurez une minute pour lire l'introduction.

(1 minute)

(N) Maintenant la conversation va commencer. Appuyer sur « Enregistrer » maintenant.

(FA) Mais voyons ! Qu'est-ce qu'il y a ? Pourquoi est-ce qu'on ne bouge pas ? Ça fait trois minutes qu'on avance à tout petits pas ! Voyons ! On est pressé ! Le concert commence à sept heures et demie et je veux arriver à sept heures pile pour avoir le temps d'acheter des places et des souvenirs ! Allez !

TONE

(20 seconds)

TONE

(FA) Oui, tu as raison. Je vais essayer de me calmer. C'est juste que je suis impatiente d'arriver en avance. Je ne pense pas que ce soit à cause de l'heure de pointe, pas ici à cette heure... Je sais, j'ai une idée ! Mettons Autoroute FM. Peut-être qu'il y aura un reportage en direct pour expliquer ce qui se passe.

TONE

(20 seconds)

TONE

(FA) Voyons donc ! Zut alors ! Ils font toujours la grève, eux ! C'est quoi leurs revendications cette fois-ci ? Selon moi, le personnel de l'autoroute est perpétuellement mécontent.

TONE

(20 seconds)

TONE

(FA) C'est ridicule, ça ! Ils sont très bien payés, ces travailleurs ! Par contre, pour leurs conditions de travail, peut-être qu'ils ont raison de se plaindre... On m'a dit qu'ils ne sont pas toujours bien protégés. Mais dis donc, pourquoi bloquer les péages ? ! Pourquoi *aujourd'hui* ?

TONE

(20 seconds)

TONE

(FA) Ah, je comprends. Alors, les grévistes espèrent bien créer des bouchons pour contraindre la direction, non seulement à écouter leurs problèmes mais aussi à les résoudre. Trouves-tu que faire la grève est une bonne manière pour les travailleurs de France d'exprimer leur mécontentement ?

TONE

(20 seconds)

TONE

PROMPT #32

Thème : La Vie Contemporaine - Les rites de passage

Vous aurez une minute pour lire l'introduction.

Introduction

Ceci est une conversation avec une banquière. Vous êtes allé à la banque pour ouvrir un compte, car vous n'en avez pas. La banquière vous aide à en ouvrir deux, et vous aide à commander un chéquier.

La Banquière	Elle vous demande en quoi elle peut vous aider.
Vous	Vous la saluez puis vous dites que vous êtes un nouveau client et que vous voulez ouvrir un compte.
La Banquière	Elle vous accueille et vous demande combien d'argent vous allez déposer.
Vous	Vous la remerciez et répondez que vous n'avez pas encore vraiment décidé de la somme. Puis vous lui dites que vous désirez ouvrir un compte courant et un compte épargne.
La Banquière	Elle est contente de pouvoir vous aider. Elle vous propose que vous fassiez aussi une demande de carte de crédit.
Vous	Vous la remerciez mais vous lui dites que vous ne voulez pas de carte de crédit, en lui expliquant pourquoi.
La Banquière	Elle continue à vous suggérer d'avoir carte de crédit, en vous expliquant les avantages qu'une telle carte peut offrir.
Vous	Vous la remerciez et vous lui expliquez encore une fois pourquoi la carte ne vous intéresse pas, en détaillant un peu mieux vos raisons.
La Banquière	Elle vous répond en demandant combien vous voulez déposer sur chaque compte et vous demande aussi quelle sorte de chéquier vous désirez.
Vous	Vous lui répondez en indiquant combien vous voulez mettre sur chaque compte. Vous lui dites aussi quel style de chéquier vous aimeriez et pourquoi.

Script

(N) Vous avez une minute pour lire les instructions pour cet exercice.

(1 minute)

(N) Vous allez maintenant commencer cet exercice.

(N) Vous aurez une minute pour lire l'introduction.

(1 minute)

(N) Maintenant la conversation va commencer. Appuyer sur « Enregistrer » maintenant.

(FA) Bonjour Monsieur. Comment allez-vous ce matin ? Comment puis-je vous aider ?

TONE

(20 seconds)

TONE

(FA) Vous êtes le bienvenu. Je suis heureuse de pouvoir vous aider à ouvrir un compte. Quelle somme aimeriez-vous déposer aujourd'hui ?

TONE

(20 seconds)

TONE

(FA) C'est certainement une bonne idée. La plupart de nos clients font exactement la même chose. Je vous suggère aussi de faire une demande de carte de crédit. Nous en avons plusieurs, toutes avec un très bon taux.

TONE

(20 seconds)

TONE

(FA) Avant que vous refusiez la carte, permettez-moi de vous expliquer les avantages qu'elle vous donnerait. Est-ce que vous savez que chaque fois que vous utilisez cette carte, vous recevez des points, et après en avoir accumulé 100, vous pouvez choisir un article dans un catalogue, que vous recevrez gratuitement ?

TONE

(20 seconds)

TONE

(FA) Parfait, c'est compris. Alors, vous aimeriez ouvrir un compte courant et un compte épargne, c'est bien ça ? Il va falloir décider des sommes que vous désirez déposer sur chaque compte. Il faut également décider quelles sortes de chéquiers vous voulez commander, car nous en avons plusieurs types différents.
TONE
(20 seconds)
TONE

DID YOU KNOW?

More than a third of all English words are derived directly or indirectly from French, and it's estimated that English speakers who have never studied French already know 15,000 French words!

PROMPT #33

Thème : L'Esthétique : Le beau

Vous aurez une minute pour lire l'introduction.

Introduction

Louise, votre amie, vous a demandé d'aller faire des achats avec elle. Elle vous a choisie car vous connaissez très bien la mode. Elle ? Elle n'est pas du tout à la mode. En fait, elle déteste acheter des vêtements et elle est facilement frustrée. Vous la consolez et l'aidez à trouver de nouveaux vêtements.

Louise	Elle vous dit à quel point elle déteste acheter des vêtements.
Vous	Vous lui dites qu'elle exagère et vous lui expliquez que les prix dans les magasins de vêtements sont justifiés.
Louise	Elle continue à exprimer son point de vue : que la plupart des vêtements sont trop chers. Elle vous remercie d'avoir accepté de faire des achats avec elle.
Vous	Vous répondez que vous êtes contente de le faire et vous lui expliquez pourquoi.
Louise	Elle trouve un chemisier qu'elle aime bien et vous demande ce que vous pensez de la couleur.
Vous	Vous lui dites que vous n'aimez pas la couleur et vous lui expliquez pourquoi cette couleur ne lui va pas.
Louise	Elle commence à être frustrée car elle ne trouve rien.
Vous	Vous lui rappelez qu'elle vous a invité à l'aider à trouver des vêtements parfaits ! Vous lui demandez si elle a toujours besoin de votre aide.
Louise	Elle s'excuse et vous dit pourquoi elle est frustrée.
Vous	Vous lui dites que vous comprenez, et vous la pardonnez. Vous la rassurez et vous lui dites que vous allez trouver quelque chose de merveilleux, bien sûr.

Script

(N) Vous avez une minute pour lire les instructions pour cet exercice.

(1 minute)

(N) Vous allez maintenant commencer cet exercice.

(N) Vous aurez une minute pour lire l'introduction.

(1 minute)

(N) Maintenant la conversation va commencer. Appuyer sur « Enregistrer » maintenant.

(MA) Je déteste m'acheter des vêtements ! Je ne trouve jamais rien ! Rien ne me plaît ! Et ce que je déteste le plus, c'est que les prix sont scandaleux dans la majorité des magasins.

TONE

(20 seconds)

TONE

(FA) Je ne suis pas du tout d'accord avec toi, comme tu le sais. Je pense que si un magasin est capable de vendre des vêtements à des prix raisonnables, tous les magasins devraient être capables de faire pareil. Mais merci bien pour être venue m'aider aujourd'hui ! Je ne sais pas ce que j'aurais fait sans toi !

TONE

(20 seconds)

TONE

(FA) Ah ! Regarde ça ! Que c'est joli ! J'aime bien ce chemisier ! Est-ce que cette couleur m'irait bien ?

TONE

(20 seconds)

TONE

(FA) Tu vois ? Chaque fois que je trouve quelque chose qui me plaît, tu me dis que ce n'est pas mon style ou que cela ne me va pas bien... que ce n'est pas la bonne couleur, ou pas la bonne taille... Comme c'est frustrant de faire des achats avec toi !

TONE

(20 seconds)

TONE

(FA) Oui, je sais. Tu as raison. Je suis désolée. Je m'excuse. C'est juste frustrant, c'est tout... Je ne suis jamais à la mode, moi. Je ne suis pas fâchée, je suis seulement frustrée.

TONE

(20 seconds)

TONE

PROMPT #34

Thème : La Famille et La Communauté - Les coutumes

Vous aurez une minute pour lire l'introduction.

Introduction

Vous parlez avec votre ami Jared qui est américain. Il passe une année à l'étranger, en France, un pays dont il connaît mal les coutumes. Il était invité à dîner et vous raconte comment il a cherché un cadeau idéal pour ses hôtes. Vous l'écoutez et le consolez.

Jared	Votre ami vous dit qu'il s'est retrouvé très embarrassé, hier soir, chez des amis avec qui il a dîné.
Vous	Vous lui dites que cela ne peut pas être aussi pire que ce qu'il imagine et vous lui expliquez pourquoi. Puis, vous lui demandez ce qu'il a fait.
Jared	Il vous raconte comment il voulait offrir un cadeau à ses hôtes, pour les remercier de l'avoir invité chez eux.
Vous	Vous lui dites que c'est toujours une bonne idée d'offrir un petit cadeau à ses hôtes, que ça fait partie des bonnes manières en France.
Jared	Il vous explique qu'il a cherché un cadeau dans une boutique de cadeaux, mais qu'il n'y a rien trouvé.
Vous	Vous lui dites que vous êtes étonné, car il y a plein de choix dans cette boutique. Présentez quelques idées de cadeaux qu'il aurait pu acheter.
Jared	Il vous dit comment il est finalement allé chez le fleuriste, où il a acheté des fleurs.
Vous	Vous lui dites que vous ne voyez pas où est le problème, parce qu'un bouquet de fleurs est vraiment un cadeau parfait qui plaît à tout le monde.
Jared	Il vous dit que les fleurs qu'il a choisies n'ont pas plu à ses hôtes.
Vous	Vous comprenez et vous expliquez pourquoi on ne doit pas offrir des chrysanthèmes quand on est invité à un dîner entre amis. Consolez votre ami, et dites-lui comment il pourrait facilement s'excuser suite à ce faux-pas.

Script

(N) Vous avez une minute pour lire les instructions pour cet exercice.

(1 minute)

(N) Vous allez maintenant commencer cet exercice.

(N) Vous aurez une minute pour lire l'introduction.

(1 minute)

(N) Maintenant la conversation va commencer. Appuyer sur « Enregistrer » maintenant.

(MA) Comme je me suis retrouvé embarrassé, hier soir, chez les Lupin ! Ils m'ont invité à dîner pour la première fois… et peut-être aussi pour la dernière fois ! Je ne sais même pas quoi faire pour m'excuser !

TONE

(20 seconds)

TONE

(MA) Tu vois, comme j'étais invité, je voulais leur offrir un petit cadeau, pour leur montrer ma gratitude. Je ne savais pas quoi acheter. D'abord je pensais que des chocolats seraient une bonne idée, mais alors que je flânais chez le chocolatier, je me suis souvenu que M. Lupin est diabétique, donc je n'en ai pas acheté.

TONE

(20 seconds)

TONE

(MA) Oui, on me l'a dit… Mais comme je n'ai vraiment pas l'habitude de cette coutume, je ne savais pas quoi acheter ! Alors, après être allé chez le chocolatier, je suis allé dans une boutique de cadeaux. Là, j'ai passé au moins une demi-heure à chercher le cadeau idéal, mais j'ai fini par ne rien acheter !

TONE

(20 seconds)

TONE

(MA) Ce n'est pas ça mon problème ! Le problème, c'est le cadeau que j'ai trouvé ! Quand je n'ai rien trouvé, ni chez le chocolatier, ni dans la boutique, j'ai décidé d'aller chez le fleuriste. Et là, j'ai trouvé mon cadeau !

TONE

(20 seconds)

TONE

(MA) Je suis complètement d'accord avec toi. D'habitude, la plupart des fleurs plaisent à tout le monde. Mais les fleurs que j'ai achetées n'ont pas plu à mes hôtes ! Je leur ai offert un bouquet de chrysanthèmes.
TONE
(20 seconds)
TONE

PROMPT #35

Thème : L'Esthétique - Les arts littéraires

Vous aurez une minute pour lire l'introduction.

Introduction

Ceci est une conversation avec Lucille, l'une de vos amies. Vous parlez de ce que vous préfériez lire quand vous étiez petites et aussi ce que vous aimez lire, maintenant, que vous êtes un plus âgées.

Lucille	Elle vous explique qu'elle elle a beaucoup de passe-temps.
Vous	Vous lui répondez que vous êtes un peu comme elle, mais que votre passion, c'est la lecture. Vous expliquez pourquoi.
Lucille	Elle explique qu'elle partage votre passion.
Vous	Vous lui dites que vous êtes d'accord et que quand vous étiez enfant, ce sont les bandes dessinées vous préfériez. Vous expliquez pourquoi.
Lucille	Elle vous explique qu'elle aime toujours les BD et pourquoi.
Vous	Vous lui dites que vous êtes d'accord avec elle et vous expliquez pourquoi vous aimez toujours lire des BD.
Lucille	Elle vous dit quels genres de livres elle aime lire.
Vous	Vous dites que vous partagez les mêmes goûts littéraires qu'elle. Vous dites que l'horreur est votre genre préféré. Vous expliquez pourquoi.
Lucille	Elle vous dit qu'elle est d'accord avec vous et vous donne son point de vue sur la chose, en avançant des arguments.
Vous	Vous ajoutez une autre raison pour laquelle vous aimez les romans d'horreur : parce qu'il y a souvent de très bons films basés sur des livres d'horreur. Citez-en quelques uns.

Script

(N) Vous avez une minute pour lire les instructions pour cet exercice.

(1 minute)

(N) Vous allez maintenant commencer cet exercice.

(N) Vous aurez une minute pour lire l'introduction.

(1 minute)

(N) Maintenant la conversation va commencer. Appuyer sur « Enregistrer » maintenant.

(FA) Moi ? J'aime faire toutes sortes d'activités pendant mon temps libre. Je suis assez active et sportive, mais j'aime aussi jouer à des jeux de société, bricoler, peindre, et lire. J'ai beaucoup de centres d'intérêts, moi !

TONE

(20 seconds)

TONE

(FA) La lecture ? Moi aussi, j'adore ! Je suis toujours en train de lire des nouvelles histoires ! Quand j'étais petite, je lisais toujours des bandes dessinées !

TONE

(20 seconds)

TONE

(FA) Moi aussi ! C'est ce que j'aimais le plus. En fait je lis toujours beaucoup de BD. Même si je suis plus âgée maintenant, je trouve que je peux apprécier les BD d'une autre façon... Maintenant, je suis plus les aspects de l'histoire, présentés à travers les aventures.

TONE

(20 seconds)

TONE

(FA) Mais la littérature n'est pas le seul intérêt que j'ai ! J'aime toutes sortes de genres. J'aime bien les romans historiques, les romans d'aventures, et même les romans d'horreur.

TONE

(20 seconds)

TONE

(FA) Mon genre préféré est probablement aussi l'horreur ! J'aime bien être effrayée ! Quand je commence à lire un bon roman d'horreur, je ne peux pas m'arrêter avant d'arriver à la dernière page !

TONE

(20 seconds)

TONE

PROMPT #36

Thème : La Vie Contemporaine - Les rites de passage

Vous aurez une minute pour lire l'introduction.

Introduction

Vous téléphonez à la teinturerie parce qu'une jupe, que vous venez d'acheter et que vous avez fait nettoyer à sec, est déchirée. Vous voulez que la teinturerie vous la rembourse. Vous discutez avec le teinturier.

Teinturier	Il répond au téléphone et vous demande comment il pourrait vous aider.
Vous	Vous lui dites que vous venez de faire nettoyer à sec votre nouvelle jupe, mais qu'il y a un problème.
Teinturier	Il vous demande quel est le problème.
Vous	Vous lui dites que la jupe est déchirée. Vous expliquez où se trouve exactement la déchirure.
Teinturier	Il s'excuse et vous dit qu'il peut vous rembourser le coût du nettoyage.
Vous	Vous lui dites que ce n'est pas suffisant. La jupe était neuve et vous a coûté 50 Euros. Vous exigez qu'il la paie aussi.
Teinturier	Il répond que son assurance stipule qu'il n'est pas obligé de vous rembourser la jupe, mais qu'il veut bien essayer de résoudre le problème avec vous.
Vous	Vous commencez à vous fâcher. Vous lui dites que ce n'est pas juste et vous expliquez pourquoi.
Teinturier	Il vous offre un bon avec plus nettoyages gratuits pour résoudre le problème.
Vous	Vous dites que ce n'est pas suffisant car la jupe vaut beaucoup plus que ce que vous pourriez dépenser en nettoyage pendant les mois qui viennent. Vous suggérez qu'il paie au moins la moitié du prix de la jupe et vous expliquez pourquoi.

Script

(N) Vous avez une minute pour lire les instructions pour cet exercice.

(1 minute)

(N) Vous allez maintenant commencer cet exercice.

(N) Vous aurez une minute pour lire l'introduction.

(1 minute)

(N) Maintenant la conversation va commencer. Appuyer sur « Enregistrer » maintenant.

(MA) Bonjour. Teinturerie le Lys. Comment pourrais-je vous aider aujourd'hui ?

TONE

(20 seconds)

TONE

(MA) Je comprends, Madame... Quel est le problème avec la jupe ?

TONE

(20 seconds)

TONE

(MA) Nous sommes infiniment désolés, Madame. En guise de compensation, nous pouvons vous rembourser votre facture de nettoyage.

TONE

(20 seconds)

TONE

(MA) Madame, notre assurance stipule que nous n'avons pas à vous rembourser en cas de problème de ce genre. Nous pouvons vous offrir d'autres formes de compensation, mais pas vous rembourser la jupe.

TONE

(20 seconds)

TONE

(MA) Alors, Madame... Si on vous offrait plusieurs nettoyages gratuits, pendant les trois prochains mois ? Cela vous irait ?

TONE

(20 seconds)

TONE

Time for a quiz
• Review strategies in Chapter 2
• Take Quiz 2 at the REA Study Center
(www.rea.com/studycenter)

Chapter 5

Presentational Communication

A. Spoken Presentational Communication

What Is Spoken Presentational Communication?

This section of the AP French Language and Culture exam tests the student's ability to communicate in spoken French in a manner that allows understanding and interpretation by a native speaker of French with no additional help or explanation from the speaker. At the appropriate point in the exam, the student will talk about a given topic for two minutes, and this delivery will be graded on appropriate choice of vocabulary, use of correct register, control of grammatical forms, pronunciation, and intonation. You can use a variety of resources to prepare for this section of the exam. These include preparing and presenting various oral assignments over the course of the school year such as narrating an original story, giving oral PowerPoint presentations, participating in skits or plays, presenting a persuasive speech, summarizing research on a designated topic, participating in a poetry recitation, or other activities designed to develop good spoken French.

What Is the Knowledge Base of Spoken Presentational Communication?

In this section of the exam the student will be expected to demonstrate knowledge and appreciation of important cultural aspects of France as well as various Francophone areas of the world. The student is given four minutes to prepare an oral presentation on a given topic and will then speak for two minutes on that topic. The topic will ask the student to make a comparison between his or her own culture and that of a Francophone community with which he or she is familiar. Therefore it is imperative that you become familiar with both France and the Francophone world over the course of your French studies.

Educators speak of "large C" culture and "small c" culture and you should understand and be able to articulate the role each plays in various French-speaking communities. "Large C" culture includes knowledge of important historical figures (Louis IX, Louis XIV, Napoléon Bonaparte, Toussaint Louverture, Jacques Cartier, Léopold Sédar Senghor), important literary figures (Molière, Rousseau, Hugo, Baudelaire, Marguerite Duras, Jean-Paul Sartre, Albert Camus, Michel Tremblay, Gabrielle Roy, Aimé Césaire, Mariama Bâ), significant artists (David, Monet, Toulouse-Lautrec, Picasso, Rodin), and well-known scientists (Marie et Pierre Curie, Pasteur, Lavoisier), among others. It includes knowledge of the geography of the Francophone world, important cities, rivers, mountains, and natural resources. You should also be familiar with how the Francophone world developed and understand the significance of dates of important events (for example,1789, 1792, 1804, 1914, 1939, 1954, 1968). A knowledge of current events and important political figures is also a part of the "large C" knowledge base.

DIDYOUKNOW?

French is the official language in 33 countries around the world.

"Small c" culture focuses on the day-to-day life of French and/or Francophone citizens. Students studying "small c" culture would know something about the French school system, when and why students take the *baccalauréat* exam; how *le système de sécurité sociale* works; the difference between *le déjeuner, le dîner,* and *le souper;* when to use *tu* as opposed to *vous* and how this rule changes from country to country; who *Bonhomme Carnaval* is and where he lives; when to shake hands (and when not to) and in which countries—all of these topics could become a part of the section of the exam classified as Spoken Presentational Communication.

TEST TIP

Always read the directions to the section carefully so that you know what is expected of you. Do only what you are asked to do. Do not expand on the topic or change it because you are unsure of what to say.

What Are the Significant Differences Between Written Presentational Communication and Spoken Presentational Communication?

There are several elements of the spoken presentational communication that differ from the written presentational communication and will require attentive preparation over the course of your French studies. These include pronunciation, intonation, and a knowledge base of both "large C" and "small c" culture of France and the Francophone world.

Pronunciation: It is important for you to develop good pronunciation habits during the course of your French studies so that these habits become natural whenever speaking French. This includes understanding the phonetic differences between French and English and developing the ability to clearly pronounce vowels and consonants accurately, especially those that are different from English. Phonemes that occur in French but not in English, *i.e.*, [*y*] or the nasal vowels such as [*ã*] need to be practiced regularly so that they become natural utterances. The French [*r*] needs continued repetition as do the vowels [ɛ] [Œ] or [e] as these do not naturally occur in English. You can develop a good French pronunciation by focusing on this aspect of the language from the beginning of your studies and by working with audio sources that allow you to record your speech, play it back, make comparisons, and work on corrections where necessary.

Intonation: Equally important to good pronunciation habits is the development of accurate intonation patterns. Intonation does not refer to the pronunciation of specific sounds but rather to the way in which the voice rises, falls, or remains steady, depending on the intention of the speaker. English is spoken in words, while French is spoken in word groups (sometimes called word phrases). In French, each syllable in a word group has the same duration, giving the impression of a staccato-like sound as the utterance emerges. Slight pauses occur at the end of a word group, and at the end of a word group the voice rises slightly. When the speaker arrives at the end of the sentence/utterance, the voice in the last word group falls. Questions are different: the word group at the end of a *oui-non* question rises, while questions that ask for information have a falling word group at the end of the utterance. Students who have good pronunciation habits but do not understand the significance of these intonation patterns will produce what is often identified as an "American accent" as their intonation patterns will reflect that of English. Therefore, it is very important that you understand the role of intonation and work to develop good intonation patterns from the very beginning.

DIDYOUKNOW?

The variety of French spoken in Quebec, Canada, is a distant dialect from the French spoken in Europe, and sometimes hard for French people to understand.

Culture: The focus on culture in this exam includes both "large C" and "small c" culture and is an important element in every section of the test. However, in Interpretative and Interpersonal Communication, it is the question or the activity that controls the cultural content. Passages in Interpretative Communication are identified by their source, so that the student is aware of the origin of the excerpt and from his or her studies should know how to interpret it. If, for example, a passage refers to hockey and the source is from a Québec newspaper, you should recognize the importance of this sport to the Franco-Canadian landscape and be able to interpret it accordingly. In Interpersonal Communication information is also available from the source and register plays an important role. *Register* generally refers to knowing when to use an appropriate form of address, either informal or formal, and the necessary vocabulary and grammatical structure for the situation. If the written interpersonal communication is an e-mail inviting the candidate to apply for a job, the formal form of address (*vous*) would be used in the invitation and the response should be in the same register. Spoken interpersonal communication generally involves a conversation in which the initiator (provided by an audio file) will most likely set the register. If the conversation is initiated using the informal form, you should be able to respond appropriately, using *tu* if speaking to one individual or *vous* if speaking to more than one. If the conversation is initiated at a more formal level, *vous* will become the appropriate register. It is also important that you are able to control the choice of register throughout the exchange. Register is not just reserved for verb forms. It is important that you know the appropriate vocabulary to use in any given situation. If the conversation is about forming a French club, student-level comments (*tiens ! dis-donc ! c'est super cool*) are welcome. If the conversation is about inviting the PDG of a French company to come to the school to discuss job opportunities these would be quite out of place, out of register. Therefore, you need to be aware of these differences and know how to react appropriately in each context.

In the Spoken Presentational Communication section of the exam, you are expected to demonstrate an understanding of French and Francophone culture without any help from the source. The directions to this section of the exam read as follows:

You will make an oral presentation on a specific topic to your class. You will have 4 minutes to read the presentation topic and prepare your presentation. Then you will have 2 minutes to record your presentation. In your presentation, compare your own community to an area of the French-speaking world with which you are familiar. You should demonstrate your understanding of cultural features of the French-speaking world. You should also organize your discussion clearly.

Vous allez faire un exposé pour votre classe sur un sujet spécifique. Vous aurez 4 minutes pour lire le sujet de présentation et préparer votre exposé. Vous aurez alors 2 minutes pour l'enregistrer. Dans votre exposé, comparez votre propre communauté à une région du monde Francophone que vous connaissez. Vous devriez montrer votre compréhension des facettes culturelles du monde Francophone. Vous devriez aussi organiser clairement votre exposé.

These directions indicate that the student is to refer to an area of the French-speaking world and compare it with his or her own. The area for the comparison is deliberately left open so that the student can draw upon anything he or she might have studied for which a comparison would be logical. Open directions such as these are meant to allow you to access any form, written, audio, visual, audio-visual with which you are familiar so that the spoken presentation is not controlled by an external source, but rather by you. In principle, this should give you *l'embarras du choix*, allowing you to make a quick (4 minute) decision that is both logical and possible within your speaking abilities.

TEST TIP

When preparing for the Spoken Presentational Communication section of the exam, do not try to write out your discussion in the 4 minutes allowed. Instead, make an outline of what you want to say so that you are sure to include both elements (your experiences and that of a Francophone community).

How Is the Spoken Presentational Communication Graded?

As with the Written Presentational Communication, the speaking section of the exam (Spoken Presentational Communication) is graded by real people, not a machine. The "Readers" (as they are called) are teachers from either a university or a high school from across the United States. Some may also come from schools abroad that offer AP courses. All Readers meet together at a specified location in June to score the AP exams. They spend at least one day (sometimes more) working with Table Leaders who have previously listened to and evaluated a series of exams to work out scoring rubrics for this particular exam. This process is called "zeroing in" (*le zérotage*). Once *le zérotage* is completed, each Reader is given a set of cassettes or CDs to listen to and score, based on the previously agreed-upon rubrics. Table Leaders continually cross-check the scoring to be sure the Readers are working within the prescribed definitions for assigning scores from 5 to 1. Below is a chart of the rubric:

Presentational Speaking: Cultural Comparison

5 Strong

- Thorough and effective treatment of topic, including supporting details and relevant examples
- Fully understandable, with ease and clarity of expression; occasional errors do not impede comprehensibility
- Varied and appropriate vocabulary and idiomatic expressions
- Control of time frames; accuracy and variety in grammar, syntax, and usage, with few errors
- Consistent use of register appropriate for audience
- Pronunciation, intonation, and pacing make the response comprehensible; errors do not impede comprehensibility
- Organized presentation; effective use of transitional elements or cohesive devices
- Clarification or self-correction (if present) improves comprehensibility

4 Good

- Effective treatment of topic, including some supporting details and mostly relevant examples
- Fully understandable, with some errors, which do not impede comprehensibility
- Generally appropriate vocabulary, including some idiomatic expressions
- Accurate use of present time and mostly accurate use of other time frames; general control of grammar, syntax, and usage

- Consistent use of register appropriate for audience except for occasional shifts
- Pronunciation, intonation, and pacing make the response mostly comprehensible; errors do not impede comprehensibility
- Organized presentation; some effective use of transitional elements or cohesive devices
- Clarification or self-correction (if present) usually improves comprehensibility

3 Fair

- Competent treatment of topic, including a few supporting details and examples
- Generally understandable, with errors that may impede comprehensibility
- Sufficient vocabulary, including a few idiomatic expressions
- Mostly accurate use of present time and some accuracy in other time frames; some control of grammar, syntax, and usage
- Use of register may be inappropriate, several shifts occur
- Pronunciation, intonation, and pacing make the response generally comprehensible; errors occasionally impede comprehensibility
- Some organization; limited use of transitional elements or cohesive devices
- Clarification or self-correction (if present) sometimes improves comprehensibility

2 Weak

- Inadequate treatment of topic, consisting mostly of statements with no development; examples may be inaccurate
- Partially understandable, with errors that force interpretation and cause confusion for the listener
- Limited vocabulary and idiomatic expressions
- Some accuracy in present time and little or no accuracy in other time frames; limited control of grammar, syntax, and usage
- Use of register is generally inappropriate for audience

- Pronunciation, intonation, and pacing make the response difficult to comprehend at times; errors impede comprehensibility
- Inadequate organization; ineffective use of transitional elements or cohesive devices
- Clarification or self-correction (if present) usually does not improve comprehensibility

1 Poor

- Little or no treatment of topic; may not include examples
- Barely understandable, with frequent or significant errors that impede comprehensibility
- Very few vocabulary resources
- Little or no control of grammar, syntax, usage, and time frames
- Little or no control of register
- Pronunciation, intonation, and pacing make the response difficult to comprehend; errors impede comprehensibility
- Little or no organization; absence of transitional elements and cohesive devices
- Clarification or self-correction (if present) does not improve comprehensibility; does not recognize errors

0 Unacceptable

- Mere restatement of language from the prompt
- Clearly does not respond to the prompt; completely irrelevant to the topic
- «Je ne sais pas.» « Je ne comprends pas. » or equivalent
- Not in the language of the exam
- Silence

Let's consider what the rubric means in the actual scoring process. There are two concepts that dominate the Reader's evaluation of a communication: control and sustainability. When considering "control" the Reader listens for both vocabulary and grammatical control. A communication at the "Strong (5)" level would use very detailed, extensive vocabulary, pertinent to the topic and appropriate for the subject of the communication. Vocabulary will go beyond the ordinary "core" vocabulary to include specialized, topic-specific items. Sentence structure will be varied and there will be both compound and complex sentences with appropriate coordinating or subordinating conjunctions. The speaker will sustain the level of vocabulary throughout the discussion so that the concluding utterances will reflect the same mastery as the beginning comments. The discussion will be well organized and will cover both aspects of the topic equally. Grammatically, the speaker will be able to use a variety of tenses (*présent, passé composé, imparfait, conditionnel*) and know when to use the subjunctive as opposed to the indicative. The speaker will use relative pronouns (*qui/que/dont*) correctly and will use the personal pronouns (direct object/indirect object) in a syntactically appropriate order. Pronunciation and intonation will make the discussion clearly understandable for the Reader and if the speaker makes a grammatical error, the Reader will recognize it immediately and correct it swiftly. The speaker will utilize the two minutes allowed completely, perhaps even running out of time but will have covered both aspects of the comparison fully.

A communication at the "Good (4)" level will also demonstrate control and sustainability, although not quite as well as the (5) communication. Vocabulary may be less topic-specific although generally appropriate and the level of vocabulary used will still exceed what is considered "core" or "basic" vocabulary. The speaker will address the topic and consider both elements in the comparison although s/he may not include as many examples or details as in a (5) discussion. Pronunciation and intonation will allow full comprehensibility even with a few errors in usage or grammar. The speaker will use simple and compound sentences correctly although he or she may have difficulty with some more complicated forms. Present tense forms should be almost always correct and there should be fair control of the *passé composé/imparfait* dilemma with perhaps a few lapses. Once again, the speaker must demonstrate depth of vocabulary and control of grammatical structures throughout the discussion although the organization of the discussion may not be as well planned as in the (5) communication. The speaker should also utilize the full two minutes allowed.

A majority of the communications that are evaluated generally fall into the "Fair (3)" designation, and it is this category that is used as a standard of comparison for both those which exceed it or those which fail to meet it. Control and sustainability are still the major evaluators for this group of exposés. The speaker must demonstrate knowledge of "core" vocabulary, that is, the vocabulary usually learned in beginning French courses and enhanced in subsequent years of study. The speaker must also be able to use selected grammatical forms throughout the discussion (present tense, some past tense use, personal pronouns, gender markers, noun/adjective agreement) and sustain this use for the full two minutes. There may be pronunciation and/or intonation errors as long as they do not interfere with comprehension. Regional pronunciation variations are not penalized, once again as long as the discussion is understandable. Speakers who recognize and correct errors quickly are not penalized, but repetition of basic errors (*une homme, le femme, le homme*) will suggest that the speaker does not control elementary structures and move the communication into the "Weak (2)" category. The discussion must evaluation consider both elements of the comparison topic and the speaker must utilize the full time period (two minutes) although she or he may stress one aspect more than the other.

A communication in the "Weak (2)" category is one in which the speaker demonstrates a lack of control of even basic vocabulary, lapsing into English for words/expressions which s/he should know. The speaker may not know anything more than the present tense and may even use that inappropriately. One fully correct sentence out of a series of faulty utterances will most generally place a speaker in this category unless the other sentences are totally incomprehensible or the subject of the discussion does not address the topic. Readers will struggle to understand a speaker in this category and may have to interpret rather than comprehend. There will be little control of core vocabulary and poor sustainability in the discussion. The speaker may be unable to use the two minute time frame completely lacking the resources or the knowledge to speak about the topic.

Communications in the "Poor (1)" category demonstrate little knowledge of either French or the topic of the communication. Sentences such as "*moi aller ciné hier*" may be decipherable, but not acceptable. Pronunciation and intonation errors make comprehensibility almost impossible and communications that fall into this category certainly demonstrate incompetence on the part of the speaker.

The descriptors for the "Unacceptable (0)" category are clear and it is not difficult to recognize a communication that merits this grade.

TEST TIP

Think in French when you are planning your discussion. If you think in English, it will make it more difficult for you to speak in French.

What Topics Are Included in "Core" Vocabulary?

Core vocabulary is the basic vocabulary that you learned as you progress through a series of French courses. Not all teachers will agree on what constitutes core vocabulary, but generally this includes topics studied in beginning courses at the college or university level. Students who begin their study of French in elementary school, middle school or even high school may not cover all of these topics in their first years of study, but by the point at which they are preparing for an Advanced Placement French Language and Culture exam, they should have been exposed to the majority of them. Following is a very generalized list of these topics:.

Greetings and leave-taking

Classroom vocabulary

The family

The home

The town (city/village)

Education

Friends

Leisure-time activities

Weather and weather-related expressions

Time and time-related expressions

Holidays and festive activities

Travel

Food

Health

Government

Technology

Each of these topics should be developed substantially during several years of study and should include topic-specific vocabulary, idioms, all forms of spoken parlance which you might need to communicate successfully in French.

An Example of a **Strong (5)** Communication

Following is an example of a communication that would receive a grade of **5**. The reasons for this grade are explained following the essay.

Thème du cours : La vie contemporaine

Sujet de présentation : Quel est le rôle du repas familial dans votre communauté (y- compris votre famille) ? Comparez vos observations de votre communauté ou de votre famille avec vos observations du rôle du repas familial dans une communauté Francophone que vous connaissez. Dans votre exposé vous pouvez faire référence à ce que vous avez étudié, vécu, observé pendant vos études.

Voici un exemple d'exposé qui obtiendrait un 5.

Pour moi, le dîner familial n'existe vraiment pas. Mon père travaille en ville et assez souvent il ne rentre pas à la maison avant 18, 19 heures du soir. Ma mère qui est prof au lycée, quand elle rentre du lycée tard l'après-midi, elle a des copies à corriger, des coups de téléphone à faire aux parents et elle doit préparer ses cours pour le lendemain. Moi, je suis très active, je fais de la natation aussi bien que de l'athlétisme et le soir il y a toujours des séances d'entraînement ou des matches. Donc on n'a pas vraiment le temps ou l'occasion de dîner ensemble. Pourtant, au moment des grandes fêtes comme Noël, Pâques, les anniversaires, tout le monde se réunit et c'est là où nous avons un vrai repas familial.

Comparé à ma famille, le repas familial en France joue un rôle beaucoup plus important que le rôle qu'il joue dans ma petite famille. Dans le film, *Le Festin de Babette*, Babette voulait remercier ses hôtes de l'avoir hébergée quand elle s'est enfuie de la France à la fin de la guerre franco-prussienne. Elle a décide de leur offrir un vrai dîner français et de le payer avec les 10,000 F qu'elle avait gagnés à la loterie. Ce que personne ne savait, c'est qu'elle avait été chef de cuisine au Café Anglais à Paris avant la guerre et qu'elle savait préparer les plats superbes. Les invités, les villageois, sont arrivés douteux, soupçonneux, prêts à ne rien aimer. Mais, par la fin du repas, tout le monde était en bonne humeur, content d'avoir si bien dîné. Les enemis ont disparu et de nouveaux amis les ont remplacés. Un bon repas familial peut créer un miracle.

The scoring rubric for a grade of **Strong (5)** includes the following:

- Thorough and effective treatment of topic, including supporting details and relevant examples
- Fully understandable, with ease and clarity of expression; occasional errors do not impede comprehensibility
- Varied and appropriate vocabulary and idiomatic expressions
- Control of time frames; accuracy and variety in grammar, syntax, and usage, with few errors
- Consistent use of register appropriate for audience
- Pronunciation, intonation, and pacing make the response comprehensible; errors do not impede comprehensibility
- Organized presentation; effective use of transitional elements or cohesive devices
- Clarification or self-correction (if present) improves comprehensibility

Analysis of Sample Response

Thorough and effective treatment of topic, including supporting details and relevant examples

The speaker chooses to discuss *le repas familial* by describing the role meals play in her family and then comparing these attitudes with a film, *Le Festin de Babette*, in which a meal becomes the agent of change for the inhabitants of a little Danish village. In the two minutes allotted to the communication, the speaker is able to include a fair amount of information about her family and why they are unable to spend time at the table together because each of them is so busy with work, study, or sports. This is not an unusual situation for an American family and the speaker does not attempt to excuse this lack of togetherness at the table, apparently because she finds it quite normal. She does indicate that on special occasions the family celebrates together and that this is a very positive experience, *C'est là où nous avons un vrai repas familial.* The speaker does not attempt to retell the story of the film because she is aware of the time limit, so she chooses important details which relate to the meal: *Babette voulait remercier ses hôtes, payer le dîner avec les 10,000 F qu'elle avait gagnés à la loterie, elle avait été chef de cuisine au Café Anglais, par la fin du repas tout le monde était en bon humeur,* among others.

Fully understandable, with ease and clarity of expression; occasional errors do not impede comprehensibility

The discussion is fully understandable so that the Reader does not have to stop the communication at any time to replay it for comprehension. The pronunciation and intonation patterns are fully French and do not require interpretation. The few errors are more likely due to the fact that she was trying to include as much information as possible in the short, two-minute time allotted.

Varied and appropriate vocabulary and idiomatic expressions

The speaker uses a variety of expressions that are appropriate for daily speech. When speaking about her family she indicates that her father works *en ville* and he does not return (*rentre)* before 18, 19 o'clock. However, she also says *du soir*, forgetting that this expression is not necessary with the 24-hour clock. Her mother, a high school teacher, has *copies à corriger* and she has to *préparer ses cours* (not *classes).* She knows the vocabulary for sports (*je fais de la natation et de l'athlétisme*) and she is able to indicate a consequence with *'donc'.* When speaking about the film she uses the verb *héberger* to indicate how Babette came to live with the two sisters (*ses hôtes*) and that she had to escape from France (*s'est enfuie*) at the end of the Franco-Prussian war, giving the film an historical perspective. She describes the villagers as *douteux, soupçonneux*, two focused adjectives.

Control of time frames; accuracy and variety in grammar, syntax, and usage, with few errors

When speaking about her family, the speaker uses the present tense which is appropriate for the discussion. Her negatives (*le dîner familial n'existe vraiment pas, on n'a pas vraiment le temps, Ce que personne ne savait, ne rien aimer*) are consistent with contemporary speech and are grammatically correct. Her statement about her mother (*Ma mère qui est prof au lycée, quand elle rentre du lycée....et elle doit préparer ses cours pour le lendemain*) is syntactically not quite correct but does reflect current speech patterns. She also uses the reflexive *se réunit* as well as *s'est enfuie* correctly. When speaking about the film she chooses to use the past tenses (*voulait remercier, s'est enfuie, a décidé, avait gagnés, avait été)* and even includes a past infinitive (*avoir hébergée*). Her sentence structure is varied *(..et c'est là où nous, Babette voulait remercier...quand elle s'est enfuie, Ce que personne ne savait, c'est que..., tout le monde était en bon humeur, content..*)

Consistent use of register appropriate for audience

Since the speaker is talking about her family and then about a film that she probably saw in class, there is no change of register. She does not interact with anyone else, so the problem that often occurs with using the correct register does not appear in this communication.

Pronunciation, intonation, and pacing make the response comprehensible; errors do not impede comprehensibility

As indicated in an earlier topic, the pronunciation and intonation of this communication make it fully comprehensible. The pacing is a little fast, but this is probably due to the fact that the speaker was very conscious of the two minute time limit and wanted to completely cover the topic.

Organized presentation; effective use of transitional elements or cohesive devices

The presentation is well organized with the speaker using about one minute to talk about her family and the second minute to talk about the film. She uses transitional elements such as *donc, pourtant, comparé à ma famille, ce que, mais* to give the discussion a sense of coherence.

Clarification or self-correction (if present) improves comprehensibility

There was no self-correction or clarification except: *Ma mère qui est prof au lycée, quand elle rentre...*

It is evident that this communication falls into the Strong (5) category as it demonstrates very good control of vocabulary, grammar, and syntax and maintains that control throughout the discussion.

TEST TIP

While it may sound weird, some students prefer closing their eyes during the speaking sections of the exam, as it allows them to visualize the details of the interaction. If you know that you are a visual learner, try this strategy when practicing.

An Example of a **Fair (3)** Communication

The following communication would receive a grade of 3. An explanation of this grade is given at the end of the communication.

Thème du cours : La vie contemporaine

Sujet de présentation : Quel est le rôle du repas familial dans votre communauté (y-compris votre famille) ? Comparez vos observations de votre communauté ou de votre famille avec vos observations du rôle du repas familial dans une communauté Francophone que vous connaissez. Dans votre exposé vous pouvez faire référence à ce que vous avez étudié, vécu, observé pendant vos études.

Voici un exemple d'exposé qui obtiendrait un 3.

> Je ne mange pas le repas familial. J'aime manger les hamburgers et les french fries. Le hamburger est bien et le coke aussi. Ma père et ma mère mangent le dîner après travail mais je joue au foot et je n'ai pas l'heure de manger. Ma père boive le café mais ma mère boive beaucoup de soda. Le petit dîner est le matin. Je vais au école et j'étudie le anglais et le français. Je ne suis pas bien pour les mathématiques. J'adore les sports et je joue le foot, le baseball, et le basketball. Mangé est bon pour moi parce que je pense je suis très gros.
>
> Je vais à France avec ma classe. Nous allons à Paris. A Paris il est beaucoup des restaurants fast food et les français cafés. Les Françaises aiment manger dans le café. Ils vont dans le café avec amis et ils mangent tout la nuit. Les Français ne mangent pas bon. Ils aiment les escargots et ils boivent les vin. La français famille aime manger dans le café pour le repas familial. Je n'aime manger dans un café avec la famille. Il n'est pas amusant. C'est tout que je sais parler.

The criteria for assigning a grade of **Fair (3)** are as follows:

- Competent treatment of topic, including a few supporting details and examples
- Generally understandable, with errors that may impede comprehensibility
- Sufficient vocabulary, including a few idiomatic expressions
- Mostly accurate use of present time and some accuracy in other time frames; some control of grammar, syntax, and usage
- Use of register may be inappropriate, several shifts occur

- Pronunciation, intonation, and pacing make the response generally comprehensible; errors occasionally impede comprehensibility
- Some organization; limited use of transitional elements or cohesive devices
- Clarification or self-correction (if present) sometimes improves comprehensibility

Analysis of Sample Response

Competent treatment of topic, including a few supporting details and examples

The speaker does touch on both aspects of the topic, her family meals and those which she may have observed on a trip to Paris *Je vais à France avec ma classe*, and she gives some supporting details about each. Apparently family meals are not a standard practice in her family *Je ne mange pas le repas familial.* She indicates that her parents eat after work, apparently together although she does not say this, but she plays soccer and she doesn't have time to eat with them *...je joue au foot et je n'ai pas l'heure de manger.* She says that her father drinks coffee but her mother prefers soda, although she does not indicate if this is at mealtime or at another time. She talks about her sporting activities and indicates that it is good for her to eat although her statement *je pense je suis très gros* seems a little out of place. When describing meals in France she says that the French *aiment manger dans les cafés* and that they *mangent toute la nuit.* Further on she states that *la français famille aime manger dans le café pour le repas familial* although she does not explain why she thinks French families eat family meals in a café. Perhaps this relates back to her trip to Paris and what she observed there. However, she does speak about both aspects of the topic and gives almost equal time to each.

Generally understandable, with errors that may impede comprehensibility

The speaker's American accent is very strong, especially with words which are borrowed from English – *les hamburgers, le coke, le baseball, le basketball, fast food.* She occasionally uses English *les french fries,* although most of the borrowed words are part of today's current speech and would be understood by a native speaker.

There are lapses in structure *ma père et ma mère mangent le dîner après travail, je vais au école et je étudie le anglais et le français,* but this is still relatively understandable with the help of context clues. The student speaks fairly slowly and this helps the Reader to make sense of the discussion.

Sufficient vocabulary, including a few idiomatic expressions

The speaker sticks quite closely to basic "core" vocabulary. The verb *manger* is used nine times, suggesting that the student has learned only this verb to discuss food or meal times. She does not distinguish between *le petit déjeuner* and *le dîner*, suggesting that her food vocabulary is somewhat limited. She uses *hamburger, coke, escargots, vin*, all terms generally learned in first-year French. She confuses *l'heure* for *le temps*, and she is not sure about the difference between *bien* and *bon,* although this confusion does not impede understanding. She sometimes makes mistakes in gender *ma père, le famille* although this is not consistent. Her sentence structure is basically Subject + Verb + Predicate, and there are only three compound sentences, with the rest as basic simple sentences. There are no mistakes in idiomatic expressions, perhaps because she is working with very elementary terms.

Mostly accurate use of present time and some accuracy in other time frames; some control of grammar, syntax, and usage

The communication is almost exclusively in the present tense and from what we hear, most of the verb forms are appropriate. One exception, *Ma père boive le café* is repeated but other irregular verbs are used correctly *je vais, je ne suis pas bien, j'adore, il est, ils vont.* She does not use the past tense for what appears to be a past-tense situation *Je vais à France avec ma classe. Nous allons à Paris.* Apparently she went to France with her class and they went to Paris because what follows seems to be a description of French cafés and who eats in them. The negatives *je ne mange pas, je ne suis pas, je n'aime pas manger* are correct although they are limited to the one form of negation *ne...pas.* The sentence *Manger est bon*...has her using a verbal form as the subject and she is able to use the modal + infinitive *les Françaises aiment manger* correctly, which suggests some control of syntax.

Use of register may be inappropriate, several shifts occur

Problems of register and shift of register do not occur in this discussion because the student is talking either about herself or what she has observed. There is no interaction with another person since she has been asked to describe herself and her knowledge of another Francophone community. The role of register is not a vital factor in this discussion.

Pronunciation, intonation, and pacing make the response generally comprehensible; errors occasionally impede comprehensibility

As pointed out earlier, this student has a pronounced American accent and almost always uses English intonation patterns, but the discourse is fairly slow allowing for interpretation on the part of the Reader. The errors that occur force the Reader to interpret rather than to immediately understand what the speaker is trying to communicate, but overall the communication is comprehensible.

Some organization; limited use of transitional elements or cohesive devices

The speaker uses a little more than one minute to discuss her personal experiences with family meals and the following minute to discuss what she has apparently observed in France, thus giving a balanced response to the stimulus. There are no transitional devices, but the sentences do seem to flow logically from one idea to another.

Clarification or self-correction (if present) sometimes improves comprehensibility

There is no self-correction in the communication but it is apparent from the pace of the discussion that the speaker is self-monitoring as she speaks. The pace is deliberate and there are some pauses, giving time for reflection before making what she perceives to be an error.

If we compare the first communication (Strong 5) with the second (Fair 3) we can see how the first exhibits strong control of pronunciation, intonation, grammar, vocabulary, syntax as well as the ability to organize a well-constructed discussion in a relatively short amount of time, while the second discussion suggests some control of French, but at a much more basic level. Not only is the pronunciation inaccurate and the intonation patterns weak, but the level of vocabulary is very limited and the discussion itself very generalized. Both speakers sustain the level with which they initiated the discussion throughout the two minutes. In preparing for the Spoken Presentational Communication section of the exam, it is essential that you recognize the need to work diligently on sound/symbol correlation and to increase your usable lexicon so you are able to discuss many topics in as varied a way as possible.

TEST TIP

Time yourself as you speak. Allow one minute for the personal discussion and one minute for the comparison section.

Suggested Topics for Spoken Presentational Communication

This part of the AP French Language exam is very difficult to predict since it asks the speaker to demonstrate knowledge of his or her own culture as well as various facets of Francophone cultures around the world. Your best preparation is one which includes varied speaking activities both in and out of class and serious study of as many areas of the Francophone world as possible. Following are some suggested topics organized by the themes and topics included in the French Language and Culture course description.

Thème : Les Défis Mondiaux

Topic A : la tolérance

Avez-vous jamais été victime du racisme ou connaissez-vous quelqu'un qui en a souffert ? Décrivez les injustices que vous (ou votre copain) avez subies, pourquoi vous éties discriminés, et comment vous avez réagi. Comparez ces injustices aux injustices que vous avez étudiées d'un pays Francophone que vous connaissez ou que vous avez révisées en classe.

Topic B : l'environnement

Dans la communauté où vous habitez, que fait-on pour préserver l'environnement et la santé des gens ? Comparez ce que votre communauté fait pour protéger l'environnement avec ce que fait un pays Francophone que vous connaissez ou que vous avez étudié en classe.

Topic C : la santé

Le gouvernement a-t-il le droit d'insister que tout enfant, qui commence son éducation à l'école primaire, soit vacciné contre les maladies infantiles ? Quel rôle les parents doivent-ils jouer dans la décision de vacciner ou non ? Expliquez comment votre famille a réagi (ou aurait réagi) à cette exigence et comparer cette réaction avec le contrôle gouvernemental d'un pays Francophone que vous connaissez ou que vous avez étudié en classe.

Topic D : la paix et la guerre

Pour préserver la paix, quelquefois il faut faire la guerre. Y a-t-il des circonstances dans lesquelles un gouvernement, un pays, ou un groupe a le droit de faire la guerre contre un autre pays ou même contre ses propres citoyens ? Justifiez votre réponse en citant des exemples tirés de vos expériences, de l'histoire de votre pays, de l'histoire mondiale, surtout des pays Francophones que vous avez étudiés en classe ou bien où vous avez vécu.

Thème : L'esthétique

Topic A : le patrimoine

Quels sont les aspects essentiels du pays, de la région que vous considérez votre patrimoine ? Ont-ils changé au cours des siècles ou sont-ils restés constants ? Que faites-vous, vous ou votre communauté, pour assurer leur stabilité ou, au contraire, que faites-vous, vous ou votre communauté, pour les améliorer ou les protéger ? Comparez la région que vous considérez votre patrimoine avec le patrimoine d'un pays Francophone que vous avez étudié en classe ou bien où vous avez vécu.

Topic B : la musique

Quel rôle la musique joue-t-elle dans votre vie ? Expliquez le genre de musique que vous préférez et pourquoi. Montrez comment la musique vous aide à participer pleinement à la vie culturelle de votre communauté ou de votre famille. Comparez le rôle de la musique dans votre vie avec son rôle dans une communauté Francophone que vous avez étudiée ou bien où vous avez vécu.

Topic C : les arts du spectacle

Quel rôle le théâtre ou le cinéma joue-t-il dans votre vie ? Expliquez comment un spectacle ou un film peut influer sur votre vie ou celle de vos proches. Quels sont les aspects spécifiques de cet art qui ne peuvent pas être remplacés par d'autres moyens ? Comparez les arts du spectacle ou le cinéma dans votre vie au rôle qu'ils jouent dans un pays Francophone que vous connaissez ou que vous avez étudié en classe.

Thème : La science et la technologie

Topic A : la recherche et ses nouvelles frontières

Parmi toutes les inventions développées au 20/21e siècle, laquelle semble la plus importante dans le domaine de la recherche ? Justifiez votre choix en montrant comment cette découverte a rendu le monde plus vivable pour l'être humain. Quelle invention développée dans un pays Francophone peut être catégorisée parmi les plus importantes du monde ? Expliquez pourquoi vous considérez cette invention si importante pour le monde actuel.

Topic B : les nouveaux moyens de communication et l'avenir de la technologie

Les dernières décennies ont connu des avancées presque inconcevables dans la communication aussi bien que dans la technologie. Expliquez comment les plus importantes de ces avancées vous ont touché personnellement, soit positivement soit négativement, et décrivez le rôle que ces avancées jouent dans votre vie. Ensuite comparez vos réactions à ces avancées au rôle qu'elles jouent dans un pays Francophone que vous connaissez ou que vous avez étudié en classe.

Topic C : la technologie et ses effets sur la société et les choix moraux

Parmi toutes les nouvelles technologies, certaines ont été bénéfiques pour la société moderne, d'autres ont endommagé la société en générale, et surtout l'être humain. La technologie, quelle obligation morale a-t-elle envers la société ? L'être humain, que doit-il faire pour s'assurer qu'il ne sera pas détruit par sa propre technologie ? Qui est le plus responsable, la technologie ou son créateur ? Dans les pays Francophones que vous connaissez ou que vous avez étudiés, décrivez des moyens utilisés pour contrôler la technologie qui n'existent pas encore dans votre communauté.

Thème : La famille et la communauté

Topic A : les rapports sociaux

On parle souvent des 'règles sociales', c'est-à-dire, le code morale par lequel on entre en contact avec les autres. Souvent ces règles changent de génération en génération et de culture en culture. Quelles sont quelques importantes 'règles sociales' que vos parents ou vos aïeuls ont observées mais qui ne jouent plus un rôle important dans votre vie ? Comment les nouvelles règles sont-elles différentes de celles de vos parents ? Comparez ces règles aux règles du même sujet observées dans un pays Francophone que vous connaissez ou que vous avez étudié en classe.

Topic B : l'enfance et l'adolescence

Quand un bébé naît, il ne sait rien de la vie ou des gens qui l'entourent. Au fur et à mesure qu'il grandit, il apprend à survivre dans le monde, jusqu'au moment où il entre dans la vie adulte. En se souvenant de votre enfance et de votre adolescence, quelles sont les leçons les plus importantes que vous avez apprises pendant ces deux étapes de votre vie ? Si vous aviez été né(e) dans un pays Francophone que vous connaissez ou que vous avez étudié en classe, comment ces leçons auraient-elles été différentes ?

Topic C : les coutumes et les fêtes

Dans chaque pays ou dans chaque culture différente, il y a des coutumes et des fêtes que tout le monde célèbre qui semblent identifier le pays ou la culture. Citez des exemples de coutumes et de fêtes qui font partie de votre identité. Expliquez comment vous ou les membres de votre famille observez ces coutumes et ces fêtes et pourquoi elles marquent votre identité. Comparez ces coutumes à des exemples tirés d'un pays Francophone que vous connaissez ou que vous avez étudié en classe, en identifiant leur signification pour ce pays.

Topic D : la citoyenneté

Être citoyen(ne) d'un pays procure certains avantages, mais implique aussi certaines obligations. Quels sont les avantages de votre citoyenneté actuelle et quels en sont les obligations ? Comparez vos droits de citoyen aux droits des citoyens d'un pays Francophone que vous connaissez ou que vous avez étudié en classe, et expliquez les différences.

Thème : La vie contemporaine

Topic A : la publicité et le marketing

On dit que le succès (ou l'échec) d'un produit nouvellement mis sur le marché dépend plus de la publicité ou du marketing de ce produit que de la qualité ou de la nécessité du produit lui-même. Souvent c'est cette publicité ou ce marketing qui crée le marché pour ce produit. Citez quelques produits que vous connaissez ou que vous utilisez qui doivent leur existence à ce genre de publicité ou du marketing. Comparez le rôle que joue la publicité et le marketing dans le marché que vous connaissez à ceux dont on se sert dans un pays Francophone que vous connaissez ou que vous avez étudié en classe.

Topic B : les loisirs et le sport

Les loisirs et le sport, quel rôle jouent-ils dans votre vie ? Comparez les bénéfices des loisirs non-combatifs (tels que le cinéma, la télévision, les jeux vidéos, l'aérobic, les randonnées) avec la participation aux sports d'équipe où l'on gagne ou perd et où les résultats sont importants. Comment ces activités peuvent-elles vous aider à développer votre esprit aussi bien que votre corps ? Comparez le rôle que les loisirs ou le sport jouent dans un pays Francophone que vous connaissez ou que vous avez étudié en classe.

Topic C : le monde du travail

Comment préparez-vous à entrer dans le monde du travail quand vous aurez terminé vos études ? Comment envisagez-vous ce monde ? Quels sont les bénéfices de ce monde qui vous attendent à la fin de ces études ? Quelles difficultés allez-vous rencontrer dans ce monde ? Que faites-vous pour vous préparer à faire face à l'avenir ? Comparez vos incertitudes avec celles qui pourraient troubler une jeune personne dans un pays Francophone que vous connaissez ou que vous avez étudié en classe.

Topic D : les rites du passage

Quand une jeune personne passe d'un âge à un autre (de l'enfance à l'adolescence par exemple) il y a souvent des rites de passage qui marquent ce moment. Ces rites changent de pays en pays et de culture en culture. Par exemple, à la fin des études secondaires le jeune Américain s'attend à aller à son 'senior prom' ou à une fête spéciale pour marquer ce moment dans sa vie. A votre avis, quels sont les plus importants rites de passage que vous avez connus et à quel moment de votre vie les avez-vous célébrés ? Expliquez pourquoi vous considérez ces rites si importants et les changements qu'ils marquent. Comparez ces rites aux rites de passage qui semblent importants dans un pays Francophone que vous connaissez ou que vous avez étudié en classe.

Thème : La quête de soi

Topic A : l'aliénation et l'assimilation

Un gros problème dans le monde des jeunes gens, c'est le tyran de la classe qui maltraite ses camarades. Cela peut être physique ou moral, mais mène au même résultat, c'est que le jeune maltraité se sent aliéné ou doit se soumettre pour s'assimiler. Quel rôle ce genre d'activité joue-t-il dans votre vie et qu'avez-vous fait pour vous en sauver ou pour aider des amis qui en ont souffert ? Les responsables et le gouvernement, que peuvent-ils faire pour éliminer ce genre de comportement chez les jeunes ? Comparez ce que vous connaissez du monde des jeunes tyrans avec ce qui se passe dans un pays Francophone que vous connaissez ou que vous avez étudié en classe.

Topic B : l'identité linguistique

Plusieurs pays du monde ont adopté une langue officielle. Pour la France, c'est le français, pour le Canada ce sont l'anglais et le français, pour l'Allemagne c'est l'allemand. Pourtant, il n'y a aucune langue officielle aux Etats-Unis, bien qu'il y ait un mouvement assez important qui vent que l'anglais soit déclaré langue officielle. De quelle façon votre identité est-elle reliée à votre langue maternelle ou à la langue que vous parlez quotidiennement ? Que feriez-vous si quelqu'un vous disait que vous n'aviez plus le droit de parler cette langue ? Comparez votre attitude envers votre langue maternelle avec celle des Français ou des Francophones d'autres pays.

Topic C : la politique

La politique et les hommes et femmes politiques appartiennent plutôt au monde adulte, mais ce qu'ils font et les résultats de leurs actions touchent tout aspect de la vie. Discutez de quelle façon la politique a touché à votre vie, à votre scolarité, à vos projets pour l'avenir. Comparez votre rôle dans le monde politique au rôle que jouent les jeunes gens dans un pays Francophone que vous connaissez ou que vous avez étudié en classe.

TEST TIP

You should familiarize yourself with the recording equipment you'll be using during the exam. Knowing how to use the equipment will add to your comfort level and you'll be able to focus on what you need to do to pass the exam.

B. Written Presentational Communication

What Is Written Presentational Communication?

This section of the AP French Language and Culture exam tests your ability to communicate in written French in a manner that allows understanding and interpretation by a native speaker of French with no additional help or explanation from you. You are expected to demonstrate control of grammatical structures, diacritical marks (accents), appropriate vocabulary, register, and to know how to successfully organize an essay. You may be asked to create a story from given stimuli, to summarize information from a variety of sources, to produce the results of a research project on a given topic, or to use information from several sources (text, visual, audio) to write a persuasive essay for an intended audience. In short, this section of the exam allows the student to demonstrate competence in written French when communicating with an unknown audience.

The current exam asks the student to write a "persuasive essay" based on stimuli from a printed text, a graph, map or other visual, and an audio selection which is played twice. The information in each source is different so that the student must not only understand each selection, but also interpret this information and formulate a personal response. This response should represent the student's point of view on the topic which she or he will use to persuade the reader to accept this interpretation. In writing the essay, you will have to condense, consolidate, and synthesize information as well as use good written French. This type of writing is not unique to the AP French Language and Culture exam; it is used in English courses, in AP United States and European history (known as a DBQ) as well as other areas of study. Students are encouraged to use all of the techniques learned in other classes to develop the response. What is unique to this particular section of the exam is the use of French in the presentation—it must be comprehensible to a native speaker who knows no English. Therefore it is imperative that you begin to develop good language habits from the first year of learning French and work consistently to improve these skills during the several years of study that lead up to the exam.

How Does Presentational Communication Differ from Interpersonal Communication?

Interpersonal communication (both spoken and written) always involves two participants; consequently there is give-and-take between person A and person B. Strategies such as circumlocution, paraphrasing, requesting clarification, questioning, repetition, all help the primary speaker/writer to communicate successfully with another individual. Written interpersonal communication may involve letter writing, emails, blogs, any form that requires a response of some manner from another participant. In this exchange, the communicator must know how to use appropriate vocabulary and personal register in the communication as well as be sensitive to the specific culture with which she or he is communicating. For example, knowing when to use *vous* as opposed to *tu* is extremely important in this form of communication. While the audience in Presentational Communication is anonymous, it is always known in Interpersonal Communication.

How Does Presentational Communication Differ from Interpretive Communication?

Interpretative communication asks the student to react to a variety of stimuli with no communication from the source of these stimuli. These can be audio, visual, or audio-visual and may be provided in either spoken or written form. Students are asked to interpret texts, both written and oral, by responding to multiple-choice stimuli or give short answers. While the student may have some visual sources to help with interpretation (as in a video), the interpretation is tested in a short-answer format. This is a passive form of communication as it requires no oral or written participation from the student. Students see, read, or hear, and then they react to these stimuli based on questions provided on the test.

What Are Some Strategies for Writing the Written Presentational Communication?

The persuasive essay that comprises this section of the exam will be based on several sources: usually a text, a graph/map/visual, and an audio selection. You will have six minutes to study the printed material and sufficient time to listen to the audio selection twice, taking notes while listening. You will then have forty minutes to prepare and write the essay. Following are some suggested strategies that should help utilize the allotted time appropriately:

- Read the printed text at least twice. Do the first reading fairly rapidly in order to get a general idea of the topic and point of view presented. Read the text a second time, underlining or highlighting ideas that appear to be significant. If time allows, make an outline of the important information presented in the text.
- Study the graph/map/visual source and accompanying text carefully to discover how it relates to the first source. Read any accompanying text thoroughly to make sure you understand the data presented.
- Listen attentively to the audio and try to understand the point of view taken by the speaker. Take notes on specific ideas presented, but do not attempt to transcribe the text as you will not have enough time. If possible, try to remember significant words or word sequences and jot them down.
- Once the 40-minute time period begins, make a brief outline for your essay. Organize your writing by presenting the similarities as well as the differences between the three sources and then form your own opinion.
- When writing, organize your essay logically: introduction, similarities, differences, personal opinion as a persuasive element (can serve as a conclusion).
- Cite your sources by name/title/publication.
- Avoid simply copying material from the sources. Analyze ideas and synthesize them logically.
- Allow yourself five to ten minutes at the end of the time period to review what you have written for grammatical errors (subject/verb agreement; noun/adjective agreement; use of appropriate verb tense; use of appropriate mode (indicative/subjunctive); misspelling or incorrect/missing diacritical marks (accents). Try reading your essay aloud (softly) to help you spot the errors.

What Are the Grammatical Structures that a Student is Expected to be Able to Use Correctly and Appropriately When Writing the Persuasive Essay?

Students should be able to use the following grammatical structures correctly in writing the persuasive essay:

A. Nouns and adjectives

1. **gender:** all French nouns are either masculine or feminine and students should know the gender of all common nouns that they use. Unusual vocabulary may require the student to make an "educated guess," but common nouns should be correct.

2. **noun/adjective agreement:** adjectives always agree with the noun they describe, so the student should be careful to make these agreements. The student should also be aware of exceptions to the basic rules, i.e., *un **beau** garçon/ un **bel** homme/ une belle femme*. Only adjectives that precede the noun use this exception (*beau/bel/belle; nouveau/nouvel/nouvelle; vieux/vieil/vieille).* Also, possessive adjectives always use the masculine form when preceding a feminine noun which begins with a vowel (*mon amie, mon école*).

3. **adjective placement:** while most adjectives in French follow the noun, some usually precede it (*beau, joli, jeune, grand, nouveau, petit, mauvais, bon*). The student should be able to place the adjective appropriately.

4. **adjectives that change meaning:** The student should be aware of adjectives which change meaning when used before or after the nouns. For example, *ma propre voiture* means "my own car" while *ma voiture propre* means "my clean car." Good grammar texts always contain a list of these adjectives.

B. Verb forms

1. **verb conjugations:** the student should be able to conjugate all regular verbs in the *–er/-ir/-re* conjugations correctly.

2. **irregular verbs:** the student should be able to conjugate most irregular verbs correctly, including those with spelling irregularities.

3. **subject/verb agreement:** the student should be able to recognize the appropriate subject for the verb being used and conjugate it correctly.

4. **reflexive verbs:** the student should be able to conjugate and use reflexive verbs in both the present and past tenses.

C. Verb tenses and moods

There are three moods in French: the indicative mood has the most tenses and is used when speaking or writing about something of which the writer/speaker is certain. This mood includes the following tenses:

1. ***le présent*** **:** The student should be able to recognize when to use the present tense including the use of the present with *depuis* clauses. If s/he also knows how to use the alternative *depuis* forms (*ça fait, voilà, il y a*) this would be additional support although not essential.

2. ***le passé composé*** **:** The student must show evidence of understanding the different aspects of the *passé composé* :

   a. forming the *passé composé* of regular verbs

   b. forming the *passé composé* of most irregular verbs

   c. how to differentiate between those verbs that use *avoir* and those that require *être* in the *passé composé*

   d. rules of agreement for the *passé composé*

3. ***l'imparfait*** **:** The student should know how to form *l'imparfait* of verbs which she or he uses

4. using ***l'imparfait*** or the ***passé composé*** **:** The student should be able to narrate in the past using the *passé composé* or *l'imparfait* appropriately most of the time.

5. ***le plus-que-parfait*** **:** While not essential, the student should be aware of when to use *le plus-que-parfait*, especially when discussing something that happened before a past action...(she told me my friend had called, or, *en français elle m'a dit que mon ami avait téléphoné*)

6. ***le futur*** **:** The student should be able to form and use the immediate future (*avoir + infinitive*)as well as the simple future. She or he should know the

irregular future forms of most verbs. The student should be aware of the conjunctions which require a future/future structure, i.e., after *quand, lorsque, aussitôt que, dès que*. For example: *Je regarderai la télé quand j'aurai le temps.* Because of the use of *quand,* the second clause requires the use of the future while in English it would use the present.

7. ***le conditionnel*:** The students should be able to use the appropriate *si* clause combinations as indicated in the following table:

Si	Résultat
présent	Futur ou impératif ou présent
imparfait	conditionnel
plus-que-parfait	conditionnel antérieur

The imperative mood (*l'impératif*) is limited to command forms. There are three possible command forms:

tu (when communicating with someone with whom the speaker/writer would use *tu*)

vous (when communicating with two or more people or when communicating with someone with whom the speaker/writer would use *vous*)

nous (when the speaker/writer includes him/herself in the command)

The imperative mood is generally reserved for spoken communication since it involves interpersonal communication, but it is conceivable that a writer would choose to use this form in a persuasive essay as a creative element.

The subjunctive mood (***le subjonctif***) is used to indicate uncertainty on the part of the writer/speaker. It almost always requires a complex sentence structure, and French has a series of rules that the writer should know in order to use it effectively. There are only two tenses of the subjunctive currently in use: *le présent* and *le passé du subjonctif.* The student should know how to form the present subjunctive of regular verbs and most irregular verbs. She or he should also know when to use the subjunctive in complex sentences or after certain verbs, especially *vouloir*. Understanding and using the subjunctive mood is an important criterion to earn a grade of (4) or (5) on the persuasive essay.

D. Interrogatives

Interrogatives are forms used to ask questions and therefore are generally part of interpersonal communication. However, they can be used effectively in written communication as well.

1. The student should know how to ask a simple question as well as a complex question. She or he should be aware of different sentence structures that can be used in forming a question, i.e., *est-ce que*/inversion/ sentence tags.

2. The student should be able to ask a question with a noun subject (*Le professeur, parle-t-il à la classe ?).*

3. The student should use appropriate interrogative pronouns (*où, quand, pourquoi, comment, etc.)* when asking for information.

E. Pronouns

There are several categories of pronouns used in French. These include the following:

1. **personal pronouns:** These forms *me/te/se/nous/vous/le/la/les/lui/leur/y/en*. They occur frequently in both spoken and written communication and must be used correctly. Students need to understand the difference between each of these pronouns and know how to use them accurately. It is especially important that s/he understands the difference between the direct object pronoun (*le/la/les*) and the indirect object pronoun (*lui/leur*)

2. **pronoun placement:** The placement of personal pronouns is different in French from usage in English and it is important that the student demonstrate a good command of pronoun placement. The basic word order in French is subject (S) personal pronoun (PN) verb (V).

   Je ***le*** *regarde.* I look at him.

   Je ***lui*** *parle.* I speak to him/her.

Adding a negation or including more than one pronoun renders the expression more complicated, but competent speakers of French should be able to use these structures correctly.

F. Negation

There are several different ways of expressing negation and the student should know the basic forms and be able to place them correctly in all tenses. For example:

Il ne parle pas.

Il n'a pas parlé.

Il ne va pas parler.

Il ne parle à personne.

Personne ne lui parle.

How Is the Presentational Persuasive Essay Graded?

The presentational persuasive essay is graded by a real person, not a machine. As mentioned earlier, the Readers are teachers from either universities or high schools from across the United States. Some may also come from schools abroad which offer AP courses. All Readers meet together at a specified location in June to read and score AP exams. They spend at least one day (sometimes more) working with Table Leaders who have previously read and evaluated a series of exams to work out scoring rubrics for this particular exam. This process is called "zeroing in" (*le zérotage*). Once *le zérotage* is completed, each Reader is given a package of exams to read and score based on the previously agreed-upon rubrics. Table Leaders continually cross-check the scoring to be sure the Readers are working within the prescribed definitions for assigning grades from (5) to (1). Below is a chart of the rubric:

Presentational Writing: Persuasive Essay

5 Strong

- Thorough and effective treatment of topic, including supporting details and relevant references to all sources
- Fully understandable, with ease and clarity of expression; occasional errors do not impede comprehensibility
- Varied and appropriate vocabulary and idiomatic expressions

- Control of time frames; accuracy and variety in grammar, syntax, and usage, with few errors
- Organized essay; effective use of transitional elements or cohesive devices
- Variety of simple and compound sentences, and some complex sentences

4 Good

- Effective treatment of topic, including some supporting details and mostly relevant references to all sources
- Fully understandable, with some errors, which do not impede comprehensibility
- Generally appropriate vocabulary, including some idiomatic expressions
- Accurate use of present time and mostly accurate use of other time frames; general control of grammar, syntax, and usage
- Organized essay; some effective use of transitional elements or cohesive devices
- Simple, compound, and a few complex sentences

3 Fair

- Competent treatment of topic, including a few supporting details and references to all sources
- Generally understandable, with errors that may impede comprehensibility
- Sufficient vocabulary, including a few idiomatic expressions
- Mostly accurate use of present time and some accuracy in other time frames; some control of grammar, syntax, and usage
- Some organization; limited use of transitional elements or cohesive devices
- Simple and a few compound sentences

2 Weak

- Inadequate treatment of topic, consisting mostly of statements with no development; references to sources may be inaccurate; may not refer to all sources
- Partially understandable, with errors that force interpretation and cause confusion for the reader

- Limited vocabulary and idiomatic expressions
- Some accuracy in present time and little or no accuracy in other time frames; limited control of grammar, syntax, and usage
- Inadequate organization; ineffective use of transitional elements or cohesive devices
- Simple sentences and phrases

1 Poor

- Little or no treatment of topic; may consist mostly of repetition of sources or may not refer to any sources
- Barely understandable, with frequent or significant errors that impede comprehensibility
- Very few vocabulary resources
- Little or no control of grammar, syntax, usage, and time frames
- Little or no organization; absence of transitional elements and cohesive devices
- Simple sentences or fragments

0 Unacceptable

- Mere restatement of language from the prompt
- Clearly does not respond to the prompt; completely irrelevant to the topic
- "Je ne sais pas," "Je ne comprends pas" or equivalent
- Not in the language of the exam

  Blank

The grade on the essay is then combined with the grades from other sections of the exam to calculate an overall grade for the AP French Language Exam.

TEST TIP

If you have forgotten a word or do not know how to say something, find a way to say it in a different way and remember that this is a serious essay. Avoid slang or casual expressions unless they are a part of a dialogue.

Sample Persuasive Essay

Below is a sample of a persuasive essay prompt as it might be presented on the AP French Language and Culture exam. The two sample essays that follow the three sources suggest how a Strong (5) composition would differ from a Weak (2) composition.

The directions to this section of the exam are as follows:

You will write a persuasive essay to submit to a French writing contest. The essay topic is based on three accompanying sources that present different viewpoints on the topic and include both print and audio material. First, you will have 6 minutes to read the essay topic and the printed material. Afterward, you will hear the audio material twice; you should take notes while you listen. Then, you will have 40 minutes to prepare and write your essay.

In your persuasive essay, you should present the sources' different viewpoints on the topic and also clearly indicate your own viewpoint and defend it thoroughly. Use information from all of the sources to support your essay. As you refer to the sources, identify them appropriately. Also, organize your essay into clear paragraphs.

Vous allez écrire un exposé persuasif pour un concours d'écriture de langue française Le sujet de l'essai est basé sur trois sources ci-jointes, qui présentent des points de vue différents sur le sujet et qui comprennent à la fois du matériel audio et imprimé. Vous aurez d'abord 6 minutes pour lire le sujet de l'essai et le matériel imprimé. Ensuite, vous écouterez l'audio deux fois; vous devriez prendre des notes pendant que vous écoutez. Enfin, vous aurez 40 minutes pour préparer et écrire votre essai.

Dans votre essai, vous devriez présenter les points de vue différents des sources sur le sujet et aussi indiquer clairement votre propre point de vue que vous défendrez à fond. Utilisez les renseignements fournis par toutes les sources pour soutenir votre essai. Quand vous ferez référence aux sources, identifiez-les de façon appropriée. Organisez aussi votre essai en paragraphes bien distincts.

Thème : La vie contemporaine

Sujet de l'essai :

Quel est le rôle du gouvernement dans la protection de ses concitoyens contre la malbouffe ?

Source numéro 1

Introduction

Dans cet article du magazine *Le Point*, Isabelle Saporta se plaint du niveau de la malbouffe dans la nourriture préférée des jeunes et du déclin de la *belle cuisine française.*

Une génération « élevée au fromage pasteurisé et au soda »

Isabelle Saporta, 32 ans, ancienne assistante de Jean-Pierre Coffe, est l'auteur de « Ne mâchons pas nos maux » (1), où elle raconte pourquoi sa génération est tombée dans la malbouffe. Et appelle à la résistance contre le *« boulot-surgelé-dodo »* qui malmène notre santé et notre porte-monnaie.

Le Point : La fracture alimentaire, ça commence avec les trentenaires. Pourquoi ?

Isabelle Saporta : En voulant s'affranchir des corvées culinaires, les soixante-huitards ont enchaîné la société à la malbouffe. Faute de transmission, ma génération a perdu le sens des saveurs. Le goût de référence est devenu le goût industriel. Quand on a été élevé au fromage pasteurisé et au soda, on a peu de chances d'apprécier un roquefort ou un grand cru. Plus grave : on est incapable de transmettre les bonnes bases à ses enfants. Ma génération ne sait plus cuisiner. Elle ne raisonne plus en termes de repas, mais de remplissage : on bourre son frigo d'aliments longue-conservation sous cellophane et de plats tout prêts.

N'exagérez-vous pas en disant que les cantines scolaires sont devenues « des lieux de perdition » et « des fabriques à obèses » ?

Dans les cantines, on a surtout la trouille de l'intoxication alimentaire. Les deux groupes de restauration scolaire qui dominent le marché répondent à cette exigence, pas à celle du goût. Les menus dits diététiques contiennent souvent trop de protéines, de sel et de matières grasses, au détriment du reste. L'œuf dur mayonnaise est en réalité un « ovoproduit » dont le jaune et le blanc sont conservés séparément. Le poisson pané, les enfants l'ont surnommé « Bob l'éponge »... Même problème dans les restaurants qui utilisent des produits semi-élaborés pour les sauces ou les desserts. On est à la limite de la tromperie.

Comment renouer avec le « bien manger » ?

L'Etat doit entreprendre un travail de fond auprès des enfants. Beaucoup ne savent plus distinguer une asperge d'une courgette. Dans les écoles, il faut revenir aux leçons de choses et aux cours de cuisine. Par ailleurs, les gens croient que bien manger coûte cher et prend du temps. La crise peut aider à montrer que c'est faux. La barquette de carottes râpées vaut quatre fois le prix du kilo chez le primeur.

Source numéro 2

Introduction

Sur cette image, on voit la version française de la 'pyramide nutritionnelle', conçue en forme d'escalier plutôt que de pyramide.

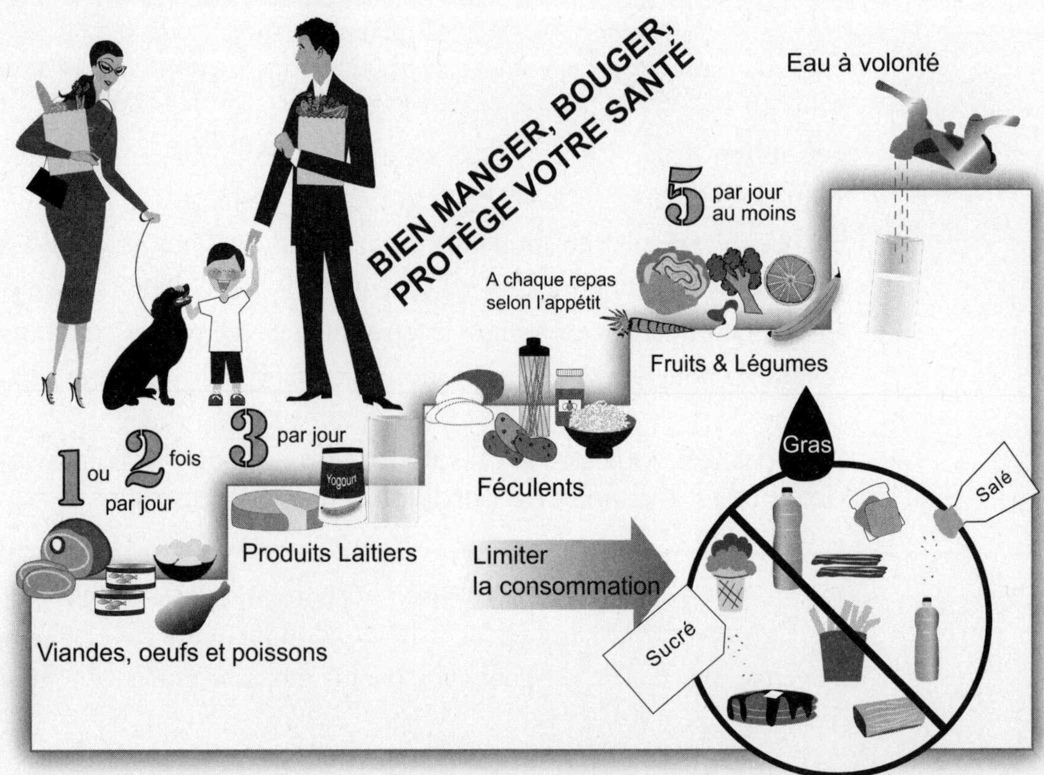

Source numéro 3

Introduction

Dans cette sélection on entend une invitation à une discussion à la radio sur la malbouffe dans les écoles québécoises et l'effort du gouvernement Charest afin de changer ces tendances.

Script

La question de la malbouffe dans les écoles est discutée à l'émission Maisonneuve en Direct

Éliminez la malbouffe dans une école, puis remplir les Macdos le midi, ce n'est pas cela l'objectif. Ce n'est pas faire fuir tous les enfants le midi pour aller au Macdo. Il faut vraiment avoir une politique, là, qui adopte ces considérations, qui fait en sorte qu'on mesure ces choses-là, puis qu'on sache ce que l'on fait.

Eh bien, peut-être qu'aujourd'hui le gouvernement Charest sait ce qu'il fait en nous présentant un plan pour tenter de vaincre la malbouffe à l'école. Fini les croustilles, les boissons gazeuses, les tablettes de chocolat dans les machines distributrices, fini les frites et autres fritures à la cafétéria... on va même sortir les friteuses des écoles.

Il devrait y avoir plus de bars à salade, et les traiteurs qui préparent les repas dans bien des écoles, devront se mettre à la page de ce plan.

Et comme les écoles, surtout les écoles secondaires, sont entourées de restaurants fast food, on invitera les municipalités à agir sur des règlements de zonage, à intervenir également contre le fast-food dans les arénas ou autres établissements municipaux.

Un plan du gouvernement ? Mais vous ? Etes-vous prêt à jouer le jeu ? A faire votre bout de chemin à la maison ? C'est la question que je vous pose, en tribune, aujourd'hui.

Sample Response

Below is an example of an essay that would receive a grade of (**5**). The reasons for this grade are explained following the essay.

Sujet de l'essai :

Quel est le rôle du gouvernement dans la protection de ses concitoyens contre la malbouffe ?

Il est incontestable que le public contemporain souffre d'une crise de santé. On le voit partout, dans la croissance de l'obésité, surtout parmi les jeunes, dans les produits super-populaires en vente dans tous les marchés (hyper, super ou PME), dans l'explosion des restos 'fast-food' à défaut des restaurants raffinés, surtout dans le manque d'intérêt des jeunes à leur patrimoine de la *belle cuisine française*. Est-ce le rôle du gouvernement d'imposer des sanctions afin de rediriger les mauvaises habitudes récemment développées en contrôlant les plats offerts dans les écoles publiques ou est-ce la responsabilité de chaque individu de le faire lui-même ? Les experts sont d'accord que le problème existe, mais ils diffèrent en tant que la meilleure solution.

Dans la source # 2 nous trouvons la version française de la traditionnelle « pyramide nutritionnelle », une version qui transforme la pyramide en escalier. Cela suggère que la route à une vie saine, une santé solide comprend la marche aussi bien que la bouffe. Il faut monter un escalier, il faut bouger, il faut se déplacer. Dans l'image nous ne voyons aucune intervention gouvernementale, seulement trois individus (apparemment des adultes) qui montent l'escalier ensemble. Tout cela suggère que l'effort dépend de l'individu, que c'est un choix que l'on doit faire, que l'effort vaudra la peine.

Le présentateur dans la source # 3 (un certain M. Maisonneuve) constate que le gouvernement Charest de Québec est en train de proposer un plan qui imposera des contrôles sur la nutrition offerte dans les écoles publiques. Fini la fuite des écoliers chez Macdo pour éviter les plats offerts à la cantine ! Fini les croustilles, les boissons gazeuses, les tablettes de chocolat dans les distributeurs mécaniques dans les corridors des écoles. Par contre, bienvenue les bars de salade, les jus de fruits et les traiteurs qui savent cuisiner ce que les écoliers veulent bien manger.

Il suggère même que les autorités gouvernementaux doivent régler ce qui se vend dans la région près de l'école, voire limiter l'accès à la malbouffe à tout le monde. enfin il pose une question très importante à ses adhérents : êtes-vous prêt à accepter cet défie ?

Il paraît que Mme Saporta conçoit le problème différemment. Elle accuse les 'soixante-huitards', c'est-à-dire la génération des Baby-Boomers (à laquelle elle appartient, paraît-il), d'avoir créé le problème dans un effort de se libérer des 'corvées culinaires'. Elle se plaint « Ma génération ne sait plus cuisiner » et par conséquence les enfants des Baby-Boomers ne connaissent pas le goût d'une cuisine raffinée parce qu'ils n'en avaient jamais mangé chez eux. Quoi de plus naturel que de rechercher la malbouffe à la cantine ou chez Macdo puisque c'est le goût préféré, enfanté dès la naissance. C'est à l'État de corriger ce problème en assurant que dès la Maternelle (ou même la Crèche) les enfants commencent à connaître et à apprécier une cuisine raffinée et saine.

Personnellement j'accepte le fait, triste mais vrai, que la malbouffe est un gros problème dans la société actuelle mais je ne crois pas que ça soit le rôle du gouvernement de le résoudre. Je trouve que l'idée d'un escalier nutritionnel où la nutrition est accompagnée par l'exercice doit être à la base de toutes les publicités, les cours à l'école, les activités sportives, tous destinés à éduquer la jeune personne que sa santé ne dépend que de lui-même. Le gouvernement joue un rôle déjà très invasif dans la vie personnelle (voire la campagne anti-drogue, la casquette de moto, le permis de conduire limité, les boissons alcoolisés) et quelquefois je trouve que les raisons pour ces limites sont politiques plutôt que salubres. Si nous, les jeunes, permettent que le gouvernement nous dicte ce que nous mangeons et buvons, allons-nous accepter qu'il contrôle notre domicile, nos meubles, nos animaux domestiques, même notre naissance ou notre mort ?

Comme M. Maisonneuve, je pose la question à tous : êtes-vous prêts à accepter le défie de la responsabilité de votre propre santé, de monter l'escalier nutritionnel et de manger bien et bouger plus? Si non, êtes-vous prêt à accepter les menottes du contrôle gouvernemental?

The rubric for a grade of (5) includes the following criteria:

5 Strong

- Thorough and effective treatment of topic, including supporting details and relevant references to all sources

- Fully understandable, with ease and clarity of expression; occasional errors do not impede comprehensibility
- Varied and appropriate vocabulary and idiomatic expressions
- Control of time frames; accuracy and variety in grammar, syntax, and usage, with few errors
- Organized essay; effective use of transitional elements or cohesive devices
- Variety of simple and compound sentences, and some complex sentences

Analysis of Sample Response

How this essay meets each of these criteria is explained in the following analysis:

Thorough and effective treatment of topic, including supporting details and relevant references to all sources

This essay treats the topic quite thoroughly. The writer has chosen to open the analysis with references to current commentaries on the obesity crisis in general: "*On le voit partout, dans la croissance de l'obésité...dans les produits super-populaires...dans l'explosion des restos fast food...*" He introduces the question of the government's role in controlling what young children eat and whether this is a public or a private responsibility. He then reviews the commentaries made in each of the three sources, demonstrating an understanding of the differing points of view by carefully choosing elements from each which appear to be the most salient. For example, in discussing source # 2, he highlights the concept of a nutritional staircase (as opposed to a food pyramid), noting that one must climb a staircase, thereby relating good nutrition to regular exercise "*Il faut monter un escalier, il faut bouger, il faut se déplacer*" and noting that this is an individual choice, not one imposed by the government.

The writer continues by referring to the audio component that apparently invites the public to a discussion of the Québec government's plan to impose controls on the food offered in public school cafeterias. By citing the words of the speaker, "*Fini les croustilles, les boissons gazeuses, les tablettes de chocolat dans les distributeurs mécaniques dans les corridors des écoles,*" the writer demonstrates an understanding of this audio, as well as the underlying journalistic skepticism expressed by the speaker. The audio, itself ends with the same question as the writer poses, since it is an apparent invitation to a forum on the topic: *Êtes-vous prêt à accepter ce défi ?*

Next, the writer refers to source #1, an interview with Isabele Saporta, author of a recently published book "*Ne mâchons pas nos maux,*" the title of which plays on the

French verb "*mâcher*" (to masticate, to chew) and the word "*maux*" (the plural of the word *evil*, or *wrongdoings*). He points out that Mme Saporta seems to view the problem differently, that the problem stems from the fact that today's youth does not know the difference between poor food (*la malbouffe*) and good food (traditional French cuisine) because their parents, the '*soixante-huitards*' or the Baby Boomers (born in the 1960s) chose not to spend time in the kitchen (*les corvées culinaires)* but rather preferred to feed their children fast food "*élevé au fromage pasturisé et au soda*," to stuff them with prepared meals rather than to teach them good nutrition. Thus, *la malbouffe* stems from ignorance of "*la belle cuisine française"* rather than educated choices. Finally, the writer points out that it is the job of the State to make sure that children learn how to eat well from *la Maternelle* (pre-school) so that it becomes a life-long habit.

Finally, the writer states a personal opinion of the matter: "*mais je ne crois pas que ça soit le rôle du gouvernement de le résoudre."* For this writer, the matter of eating well, exercising, and making good nutrition a life-long choice is a personal choice, one in which the government should play little, if any, role. If we "*les jeunes"* permit the government to tell us what to eat, what other fundamental choices might they assume—the right to tell us where to live, what furniture to buy, what pets to have, when to die? Evidently for this writer eating "*la malbouffe"* is a personal choice, one that each individual must make alone. If not, we will all find ourselves in "*les menottes du contrôle governemental."*

This essay shows evidence of a thorough understanding of the topic, an understanding of the important points from all three sources, and expresses a definite personal point of view.

Fully understandable, with ease and clarity of expression; occasional errors do not impede comprehensibility

This essay reads easily and flows almost effortlessly from topic to topic. There are a few grammatical errors, but they do not impede understanding:

- *lui-même* should be *soi-même*
- *gouvernementaux* should be *gouvernementales* (agreement with *les autorités*)
- *savoir* should be *connaître*
- *accompagnée par* should be *accompagnée de*

There are no apparent "anglicisms" in the discussion. A native speaker of French reading this essay would have no difficulty following the ideas presented or understanding the writer's personal preferences; the few grammatical errors do not impede comprehension at any level.

Varied and appropriate vocabulary and idiomatic expressions

This writer uses a fairly varied vocabulary, some taken from the sources, but most apparently belonging to the lexicon of the writer. For example:

- *Il est incontestable* – a strong statement for an opening
- *la croissance de l'obésité* – appropriate use of *croissance*
- *PME* – demonstrates an understanding of French business practices
- *leur patrimoine de la belle cuisine française* – the idea that French cuisine is a part of a national heritage *la marche aussi bien que la bouffe* – good contrast of « *marcher* » and « *bouffe* »'
- *ce qui se vend* – good use of the relative pronoun « *ce qui* »
- pronominal verbs used frequently : *se déplacer, se vend, se libérer, se plaint,*
- *vaut la peine* (l. 20)—to be worth the effort
- *voire* limiter....sophisticated use of *voire*
- *à laquelle* elle appartient—good use of relative pronoun *laquelle*
- *Quoi de plus naturelle...*— good use of interrogative

While certain expressions, (*e.g., la malbouffe*) are used frequently, they are appropriate for the idea expressed in the text.

Control of time frames; accuracy and variety in grammar, syntax, and usage, with few errors

This essay is written predominantly in the present tense because the topic calls for a discussion of a modern problem. The question asked is whether the government should take a decisive stance in controlling what its citizens eat to protect public health. Therefore, it is a topic of current interest and does not call for a discussion of past events. The writer could have chosen to write about governmental controls that may have existed in the past, but none of the sources refer to any of these, so it would be somewhat of a stretch for the essayist to include references to past events. The grammatical errors noted earlier are minimal and do not impede comprehension; they may have been the result of a lack of time to review the essay in the forty minutes allotted.

There are some interesting syntactical elements that suggest a fairly sophisticated sense of written French. The second sentence in the first paragraph consists of a series of examples of '*la crise de santé*' in elaborated prepositional phrases: *dans la croissance de l'obésité...dans l'explosion des produits super-populaires...dans l'explosion des restos..dans le manque d'intérêt des jeunes à leur patrimoine...*, using the repetition of '*dans*' as a kind of drum beat to emphasize these aspects of the crisis. In the same paragraph the writer asks the question that will become the focus of the discussion, using the question format as a stepping stone into the analysis of the three sources.

When discussing source # 2 the writer immediately engages the reader by using the inclusive '*nous*' in reviewing the concept of a nutritional staircase (rather than the traditional pyramid), thereby including the reader as a responsible partner in the analysis. He then uses the impersonal '*il faut*' to stress the importance of movement '*il faut bouger, il faut se déplacer*' or exercise in the quest for good health. One does not have a choice when the order is given with '*il faut*'; the order comes from authority and cannot be disobeyed. The use of *ne...aucune (nous ne voyons aucune intervention gouvernementale)* demonstrates strong control of the negative forms.

In paragraph 3 there are two sentences that begin with a verbal form: *Fini la fuite... Fini les croustilles...* once again a display of syntactical forms designed to grab the reader's attention as well as to repeat what was heard in the audio presentation. The following '*par contre*' demonstrates that the writer has learned appropriate transition expressions as a less well-written essay would probably have used the common anglicism '*sur l'autre main*'. This paragraph also ends with a question taken directly from the audio portion, once again pointing out that the writer has listened carefully and noted important ideas from the selection.

When discussing the interview with Isabel Saporta, the writer shows an understanding of the salient elements of the article by appearing to speak as Mme Saporta, using her narrative voice rather than the writer's own. He moves from *Elle accuse... elle se plaint...* to *Quoi de plus naturel...C'est à l'État de...* speaking as Mme Saporta might have done herself. Once we read the concluding paragraph in which the writer expresses his personal preferences, we know that he does not agree with Mme Saporta's conclusion—that it is up to the State to teach children how to eat well. Therefore, he has assumed Saporta's voice in the discussion to demonstrate understanding of the source.

It is with the concluding paragraph that we learn the writer's point of view on this question. By beginning the paragraph with "*Personnellement j'accepte le fait...*" we immediately transfer into the writer's frame of mind. The "*j'accepte...je trouve...*" makes it very clear that this writer has given some thought to the points of view expressed in each source and has taken a stand. He then reaches out to other contemporaries (l. 49) "*Si nous, les jeunes, permettent que...*" implying that those to whom he speaks have much to lose (or gain) in this battle and once again asks an important question, thereby repeating this narrative form to engage the reader in the discussion. The writer also demonstrates an appropriate use of the subjunctive *...nous...permettent que le gouvernement nous dicte* as well as an appropriate *si* clause *Si nous...permettent....allons-nous accepter* (*Si* clause in the present, result clause in the immediate future).

Organized essay; effective use of transitional elements or cohesive devices

The organization of this essay is fairly traditional:

introduction

review of source # 2

review of source # 3

review of source # 1

conclusion/personal point of view

The fact that the writer has chosen to review the sources in a non-numerical order (2-3-1) probably has more to do with the difficulty of each source as well as a logical development of the writer's personal opinion. Source # 2 does not require an interpretation; source # 3 reveals the question; source # 1 presents a different opinion; the conclusion gives the author's point of view. Because this essay is well written, the movement from one source to another is fluid and seamless. The writer uses fairly typical transitions although they are not repetitive. The first paragraph ends with a comment about "*les experts*" and how their opinions differ. The following three paragraphs present some of these differences and the opening lines of each paragraph identifying the source to be discussed. While similar *Dans la source # 2...Le présentateur dans la source # 3...Il paraît que Mme Saporta...* they are varied enough to not be repetitive. When the writer arrives at the final paragraph, it becomes clear with the first word. "*Personnellement,*" that this paragraph will become his own source. It should not be assumed that this traditional structuring should always be used. Each essay will require a structure that is appropriate for the topic and the sources provided.

Variety of simple and compound sentences, and some complex sentences

The first paragraph contains all three sentence models:

Complex: *Il est incontestable que...*
Compound: *Les experts sont d'accord...mais ils diffèrent...*
Simple: *On le voit partout...* (a rather long "simple" sentence)

This variety of sentence structure continues throughout the essay, giving the reader the sense that the writer has a strong control of sentence structuring and uses it effectively to highlight important ideas as he presents them.

Sample Response

Below is a sample response that would receive a grade of (**2**). The reasons for this grade are explained at the end of the essay.

Sujet de l'essai :

Quel est le rôle du gouvernement dans la protection de ses concitoyens contre la malbouffe ?

La malbouffe n'est pas bon. Je ne penses pas que le gouvernement est bon à controler le repas des élèves. Il n'est pas bien de manger beaucoup de pizza, buvez beaucoup de soda, ou avoir un grasse matiné parce que les amis ne aime pas les personnes gros. Dans le picture les gens marche l'escalier 'a chaque repas'. Je n'aime pas marcher. J'aime aller dans la voiture ou dans la bicyclette. Je mange les fruits et légumes à la maison parce que maman

Cuit un bon dîner et elle dis moi que manger les fruits et légumes est bon pour moi. Je ne désire pas être gros parce que je joue le footbal et je court beaucoup. Ma 'coach' parle moi de faire attention à mon petit déjeuner et ne mange pas les croissants ou la confiture. Isabelle Saporta penses le goût de référence est le goût industriel. Mrs. Saporta a été élévée au fromage pasturisé et au soda et elle n'aimes pas ça. Elle penses sa génération

Ne sait plus cuisiner. Ma mère sait cuisiner et elle cuit bon. Hier soir nous mangions un steak et frites pour le dîner et j'ai aimé ça. Le soda est excellent aussi mais je ne buvons pas le vin. Je suis 17 et le gouvernement dit moi 'non !' Mrs. Saporta penses l'État doit entreprendre un travail de fond des enfants, mais je penses l'État doit s'occuper de ses chevaux.

Dans la sélection à la radio, le monsieur parles que les macdoes sont pour le midi. Je ne manges pas les macdoes pour le midi parce que je va à l'école et je ne quittes pas l'école à midi. Je manges avec mon amis dans la caféteria. Nous aimons manger les frites et les hamburgers. Nous ne aimons pas les sandwiches à la caféteria. Maman faire moi un sandwiche après l'ecole.

Selon mon avis je penses le gouvernment a trop des contrôles avec les voitures, les bicyclettes, le vin et je n'aimes pas le gouvernment dit moi comment manger.

The criteria for a grade of (2) are as follows:

2 Weak

- Inadequate treatment of topic, consisting mostly of statements with no development; references to sources may be inaccurate; may not refer to all sources
- Partially understandable, with errors that force interpretation and cause confusion for the reader
- Limited vocabulary and idiomatic expressions
- Some accuracy in present time and little or no accuracy in other time frames; limited control of grammar, syntax, and usage
- Inadequate organization; ineffective use of transitional elements or cohesive devices
- Simple sentences and phrases

Analysis of Sample Response

How this essay meets each of these eriteria is explained in the following analysis:

Inadequate treatment of topic, consisting mostly of statements with no development; references to sources may be inaccurate; may not refer to all sources

The topic asks the writer to discuss the role government should play in protecting its citizens from bad eating habits (*la malbouffe*). This writer talks about *la malbouffe* and the government in the beginning of the first paragraph, but quickly moves to another topic, the personal '*je*', and does not return to the government until the concluding paragraph where she restates the idea that the government has too much control over everything. Other than expressing a desire for no more government control, there is no real reference to the topic. The three paragraphs that make up the body of the essay consist of simple sentences which contain learned expressions often found in beginning French textbooks: *Je n'aime pas marcher...j'aime aller .... à la maison...Je ne désire pas être gros...Nous aimons manger les frites et les hamburgers...* The writer does refer to all three sources but the references are either incorrect or inadequate.

Partially understandable, with errors that force interpretation and cause confusion for the reader

This essay is partially understandable because the writer repeats certain ideas : *La malbouffe n'est pas bon...Il n'est pas bien de manger beaucoup de pizza...Je ne désire pas être gros....Ma mère sait cuisiner...Je ne manges pas les macdoes pour le midi...Je manges avec mon amis dans la caféteria.* The reader grasps the idea that the writer knows what she should (or should not) eat and why, although how that relates to the sources is unclear. However, there are significant lapses in both grammar and vocabulary use so that the reader must sometimes translate what is written back into English in order to comprehend the sentence: *Je mange les fruits et légumes à la maison parce que maman cuit un bon dîner et elle dis moi que manger les fruits et légumes est bon pour moi* (I eat fruit and vegetables at home because mom cooks a good dinner and she tells me that eating fruit and vegetables is good for me). A native speaker of French who knows no English would have a very hard time understanding this sentence.

Limited vocabulary and idiomatic expressions

This writer has a very limited vocabulary, consisting primarily of basic first-year terms, *i.e., manger, penser, aimer, parler* that are repeated frequently or used incorrectly... *le monsieur parles que....* The idiomatic expressions that she uses are used inappropriately: *...ou avoir un grasse matiné Je suis 17....l'État doit s'occuper de ses chevaux....Selon mon avis.* At times English words are inserted where, apparently, she did not know the French term: *Dans le picture...Ma 'coach' ...*

Some accuracy in present time and little or no accuracy in other time frames; limited control of grammar, syntax, and usage

All sentences except one use the present tense, and sometimes that use is inaccurate. The one sentence that attempts a past tense use is also incorrect: *Hier soir nous mangions un steak et frites pour le dîner et j'ai aimé ça.* The essay is repleat with incorrect verb forms '*Je ne penses pas...bien de buvez ..les gens marche...je court...Isabelle Saporta penses..elle dis moi.je ne buvons pas....*' This student has no control of the use of personal pronouns structures: *...elle dis moi ...Ma 'coach' parle moi...le gouvernment dit moi... Maman faire moi..* While there are some sentences that are syntactically and grammatically correct, most contain multiple errors, suggesting a very weak control of structure.

Inadequate organization; ineffective use of transitional elements or cohesive devices

This essay is somewhat organized but lacks an introductory paragraph or a definitive conclusion. The writer does attempt to discuss the three sources, but she only devotes one or two sentences to each. The majority of the text is devoted to the speaker herself and rarely does what she wrote relate to the given topic. There are no transitional elements or cohesive devices to tie the ideas together.

Simple sentences and phrases

This essay consists of primarily simple sentences with a few compound sentences included using the coordinating conjunctions of "*parce que*" "*mais*" "*et*"; there are no complex sentences and consequently no subjunctive forms.

If we contrast essay #1 (grade of 5) with essay # 2 (grade of 2) it is easy to recognize the differences and to justify the grades. With essays which fall in between, that is, in the (4) or (3) range, it is more difficult to express with certainty what constitutes a (4) or what differentiates it from a (3), because the Reader must judge the effort in a holist manner, taking all of the criteria into account in an overall assessment of the student's ability to write good French and to present a well-structured discussion of the topic. Essays which fall into the (1) poor range are not difficult to judge as they tend to be almost incomprehensible, something the French call *charabia*.

TEST TIP

Give yourself enough time to check over your written work for grammatical errors. Be sure to pay attention to accents and verb endings.

Sample Essay Questions

The Presentational Writing section of the AP French Language exam asks the student to write a persuasive essay on a given topic using information from three different sources. These sources may be written, visual (a graph or a chart), and oral (no text given). The student is asked to use these sources as the basis for the persuasive essay. Following are examples of the type of sources that you will be asked to read, interpret, understand, and then to use as the basis of the essay. After each selection there are questions to consider in using these sources as the basis for the essay.

Thème : Les défis mondiaux - L'environnement

Sujet de l'essai :

La société moderne, comment peut-elle se sauver d'une destruction totale ?

Source

Le recyclage en France : on croule sous les déchets

C'est une véritable marée qui va finir par nous noyer. Un département sur deux risque d'être débordé par les ordures, et la gestion des déchets coûte de plus en plus cher: globalement 10 milliards d'euros (contre 3,5 Mds € en 1990) dont près de la moitié directement payée par les ménages sous la forme de taxes d'enlèvement.

En gros, chaque Français paie **120 euros** par an pour faire traiter ses poubelles.

Que contiennent nos poubelles ?

- Comme chaque personne produit 360 kilos de poubelle par an, dont 70 kilos de déchets organiques qui pourraient finir dans un compost individuel, 50 kilos de papier magazines ou journaux.
- 29% de déchets putrescibles

- 25% de papiers cartons
- 13% de verre
- 11% de plastique
- 4% de métaux
- 18% de divers

Que deviennent nos déchets ?

- **20% seulement des 30 millions de tonnes d'ordures sont recyclés.** En 2003, le taux de recyclage des emballages ménagers du programme éco-emballages était de 63%. En comptant les emballages industriels, on arrive à un taux de recyclage de 44% en France. Mais attention : recyclable ne veut pas dire recyclé. Ce n'est pas parce qu'un produit porte le logo Recyclable (la boucle ou anneau de Moëbius) que le produit sera forcément recyclé en fin de vie.
- **Le point vert**, présent sur 95% des emballages, indique que l'entreprise cotise au programme Eco-Emballages mais ne signifie pas que le produit est recyclé. Loin de là.
- **Les 80% de déchets restants sont jetés en décharge ou incinérés.**

Un incinérateur est une usine coûteuse et longue à construire qui brûle les ordures à 850 degrés et les transforme en un reliquat de 40 kilos de matière solide. L'incinération fait souvent peur du fait des polluants qu'elle rejette dans l'atmosphère.

Il faut pourtant savoir que s'il est vrai qu'il y a **2000 sortes** de particules rejetées par une usine d'incinération, de grands progrès ont été réalisés en 15 ans. Par exemple, le taux de rejet de dioxines cancérigènes par les incinérateurs modernes a été divisé par 100 et correspond aux normes européennes.

- Dans la moitié des départements, notamment en Bretagne, en Normandie, ou dans le Sud-Est, on frôlera l'engorgement en 2009.

Les décharges, quant à elles, sont censées disparaître du paysage mais elles demeurent souvent une source de pollution : l'une des plus connues est la décharge d'Entressen à Marseille qui recueille quelque 600 000 tonnes de poubelles marseillaises à ciel ouvert faute de voir l'incinérateur de Fos-sur-Mer prendre le relais avant 2008.

Questions to consider in evaluating this essay as a part of a discussion of the topic question:

1. What are the problems which current recycling programs have not solved?
2. What are the major contributors to waste generated by a civilized society today? Which of these types of waste could be deemed "reusable"?
3. What is the difference between *recyclable* and *recyclé* ?
4. How do the current forms of recycling contribute detrimentally to the atmosphere?
5. What appears to be the main point of this article? Does the author/writer make any constructive suggestions as to a way to resolve some of the problems presented? If so, what are they? If not, why not?

Thème : La quête de soi - L'aliénation et l'assimilation

Sujet de l'essai :

A quel point le gouvernement, soit provincial soit fédéral, a-t-il le droit de prescrire l'habillement de ses citoyen(nes) en public ?

Source

« La laïcité est un principe que l'on a déterré pour interdire aux musulmans d'être musulmans. »

Interview avec Rokhaya Diallo, Présidente du collectif "Les indivisibles"

France-Amérique : Que pensez-vous du débat autour du port du voile intégral que certains voudraient interdire dans les lieux publics en France, au nom de l'ordre et de la sécurité ?

R.D. Les arguments évoluent au gré du vent. Avant, il fallait soi-disant prohiber le port du voile intégral, au nom de la laïcité et au nom du féminisme. Aujourd'hui, l'argument phare est celui de la sécurité. Les gouvernements ne sont pas clairs et il existe une hostilité non explicite liée à l'Islam. En quoi la sécurité publique, en France serait-elle mise en danger depuis juin 2009? Les femmes qui portent le voile intégral se plient déjà aux impératifs liés à la sécurité.

F.-A. : En France, une proposition de loi UMP contre le port du voile intégral sera débattue d'ici peu par les députés. Que vous inspire cette initiative?

R.D. : Il faut regarder la composition de l'Assemblée nationale. Il y a 82% d'hommes. Ce sont les hommes qui veulent interdire la burqa et contrôler la façon dont les femmes se vêtissent. En France, ceux qui se prononcent à ce sujet ne sont pas réputés pour être des féministes. Par ailleurs, que les femmes soient en faveur de l'interdiction du port du voile, cela ressemble un peu à du « maternalisme ». C'est le schéma de la mère qui dirait à ses enfants que telle ou telle chose est bien ou non. La loi ne peut pas forcer les femmes à se libérer contre leur gré.

F.-A. : Lorsqu'une femme non voilée se rend dans un pays musulman, elle se couvre. En ce sens, le projet de loi pour interdire le port du voile intégral ne peut-il pas se concevoir?

R.D. : On ne peut pas comparer des théocraties autoritaires avec un pays laïc comme la France. La laïcité, c'est la liberté de chacun. L'espace public appartient à tout le monde. Sauf que l'ordre souhaité est un certain ordre, un ordre chrétien. La liberté des uns s'arrête là où commence celle des autres. On peut dire aussi que la liberté religieuse s'arrête là où commence celle des autres. Qui peut se sentir vraiment dérangé par ces femmes intégralement voilées, surtout si elles sont très minoritaires? Les musulmans en on assez des attaques perpétuelles dont ils sont le cible.

F.-A. : En France, une loi d'interdiction du port du voile intégral risquerait d'être retoquée par le conseil constitutionnel.

R.D. : Nicolas Sarkozy prend un risque démocratique. Mais ce n'est pas la première fois qu'il impose son point de vue contre la voix du peuple. Les Français se divisent. L'islamophobie augmente. Et pendant ce temps, le gouvernement s'obstine pour ne pas perdre la face. C'est un déni de démocratie et le temps médiatique et politique consacré à ce sujet est inquiétant.

F.-A. : Et que pensez-vous de l'approche des États-Unis sur le voile ?

R..D. Je suis consternée par la France. Aux États-Unis, une femme voilée travaille au Capitole. En France, on a l'impression que l'insigne religieux diminue les valeurs de la citoyenneté. Les États-Unis ont été construits par les pionniers qui fuyaient l'oppression religieuse. Et là-bas, ce sont les minorités qui ont fait toutes les luttes antiracistes.

F.-A. : Certains Américains estiment pourtant que l'interdiction française peut se comprendre...

R.D. Comme partout, il y a des voix qui s'élèvent pour contredire les autres. Sur le plan de la défense des minorités, les Américains sont meilleurs que les Français. Par contre, la cohabitation des différentes communautés aux États-Unis est triste. Chacun reste dans son coin. Il s'agit plus d'une philosophie de type « séparés, mais égaux ». Les Français se mélangent davantage entre communautés, même si ce n'est pas forcément spontané.

F.-A. Quelle « laïcité » aujourd'hui ?

R.D. En France, il y a deux situations juridiques : soit tu es Français, soit tu es étranger. Il y a une laïcité à deux vitesses. Lorsque le pape décède, on met les drapeaux en berne. Lorsqu'elle était encore ministre, Christine Boutin était consultante pour le Vatican auprès du ministère de la Famille. Consultante d'un ministère d'un autre État que la France, pour le Conseil pontifical. Cela ne choque personne. Or, c'est scandaleux pour un pays qui se dit laïc. La laïcité est un principe que l'on a déterré pour interdire aux musulmans d'être musulmans.

France-Amérique, mai 2010, pp. 9-10

Questions to consider in evaluating this essay as a part of a discussion of the topic questions:

1. Why does Diallo say that *la laïcité* is a way of preventing Muslims from being Muslims?
2. What are the several reasons which the government has given in the past for prohibiting the wearing of *le voile intégral ?*
3. How does Diallo refute these reasons?
4. Diallo accuses the *Assemblée national* of being misogynous, of wanting to control women in general by limiting their choice of dress. Is this a reasonable conclusion?
5. Because France is a secular (*laïque*) society, Diallo suggests that it has no right to interfere with religious practices. How does she support this conclusion?
6. Diallo suggests that this proposed law is driven by the current *Islamophobie* evident in France today. Whom or what does she blame for this movement?
7. In what way does the United States treat this question differently, according to Diallo? Do you agree (or disagree) with her conclusion?

8. Diallo suggests that the idea that France is *une société laïque* and thus has the right to prohibit the wearing of *le voile intégral* is simply an excuse to prohibit *les musulmans d'être musulmans.*

Do you agree or disagree?

Thème : La quête de soi : l'aliénation et l'assimilation

Sujet de l'essai :

A quel point le gouvernement, soit provincial soit fédéral, a-t-il le droit de prescrire l'habillement de ses citoyen(nes) en publique?

Source

« Je ne pense pas que ce soit trop demander, de traiter avec le gouvernement à visage découverte »

Interview avec Yolande James: Ministre de l'Immigration du Québec, mai 2010

France-Amérique : Pour quelle raison soutenez-vous le projet de loi 94 qui vise à interdire au Québec le port du niqab et de la burka ?

Yolande James: Le Québec a pu développer une expertise sur ces questions d'intégration et d'immigration. Les motifs soulevés par le projet loi 94 sont la sécurité, l'identification, la communication. Aujourd'hui, la loi n'est pas définitive, c'est un projet de loi, devant l'Assemblée nationale. Il y aura des consultations. L'important est que nous ayons toujours dialogué avec les différentes communautés. En tant que législateur et membre du gouvernement, je pense que la règle doit être la même pour tout le monde, peu importent les croyances. Le visage découvert, point. Ce geste clarifie une situation et nous permet de défendre nos valeurs.

F-A : L'image du Québec ne risquent-elles pas de pâtir de ces nouvelles mesures ?

Y.J. Quelle que soit notre position, nous n'obtenons jamais l'unanimité. Nous vivons dans une démocratie. Tout le monde a le doit d'avoir une opinion différente, mais nous avons un noyau dur : nos valeurs. Nous croyons en la primauté du français, en l'égalité entre les hommes et les femmes, en la neutralité de l'État. Nous sommes une société d'accueil et la diversité est une valeur ajoutée. Cependant, l'immigrant qui choisit le Québec doit aussi faire l'effort de s'intégrer à la société québécoise. Pour arriver à un consensus, à un équilibre, tout le monde doit faire un pas. Je ne pense pas que ce soit trop demander, de traiter avec le gouvernement à visage découvert.

F.-A : Peu de femmes portent le voile intégral au Québec, non ?

Y.J. : Oui, c'est vrai, le nombre de femmes intégralement voilées est minime. Cela ne veut pas dire qu'il ne faille pas se positionner clairement. Nous sommes fiers de notre capacité à vivre ensemble avec nos différences, fiers de voir que cette différence n'est pas un poids mais une vraie valeur ajoutée. Cela n'empêche pas de gérer la diversité, il ne faut pas avoir peur de le dire. Il s'agit d'être ouvert tout en fixant des limites. L'égalité entre les hommes et les femmes, c'est une valeur sur laquelle nous ne ferons aucun compromis. La neutralité de l'État : sur ce point-ci non plus.

F.-A. : Cet acharnement sur une minorité quasiment invisible n'est-il pas un peu électoraliste ?

Y.J. : Je ne vois pas cela comme un acharnement, pas du tout. Le débat en France, ou ailleurs en Europe, est totalement différent de la réalité du Québec. Chaque pays, chaque juridiction, vote en fonction de son histoire et de sa réalité. Je comprends que ce débat soit d'actualité en France. C'est loin d'être un acharnement de demander à une personne qui souhaite vivre au Québec, de montrer son visage, au contraire. C'est une invitation à faire partie de la société.

F.-A. : Le philosophe français Emanuel Levinas a écrit « l'être humain est un visage. J'apparais à autrui. Autrui m'apparaît. C'est par cette apparition que chacun s'intéresse dans l'humanité » Est-ce votre avis ?

Y.J. : Dans notre société, ces questions sont délicates. Il s'agit de relations interculturelles, interpersonnelles. Je prendrai l'exemple de cette personne qui souhaitait participer au cours de francisation. Ce n'est pas un cours de français seconde langue, mais plutôt d'intégration qui implique un apprentissage de la langue, la compréhension orale, l'écrit, la communication. Cette personne souhaitait y participer, à visage couvert. Le gouvernement s'est très bien positionné en disant que les services devaient se donner à visage découvert. Nous voulons continuer de vivre ensemble, dans le respect de ce que nous estimons être les relations interculturelles. Pour nous, c'est beaucoup plus que les mots qui sortent de la bouche. On peut communiquer, sans parler. Alors, sans nous ranger du côté de cette citation, nous souhaitons savoir à qui l'on s'adresse.

France-Amérique, mai 2010, p. 10

*****

Questions to consider in evaluating this essay as a part of a discussion of the topic question:

1. What are the principal reasons that Mme James gives to implement the proposed law 94, which would prohibit the wearing of "*le voile intégral*" in public in Québec ?
2. Who are the principal targets of this proposed law?
3. Is Mme James supporting this law because of her role in the provincial government or for personal reasons? What reasons does she give?
4. Why does Mme James say that the reality in Québec is different from the reality in France? What makes it different?
5. In what way does wearing "*le voile integral*" prohibit the wearer from participating in Québec society?
6. According to Mme James, it is important to be able to see the person with whom one is communicating, and "*le voile integral*" prohibits this type of contact. Do you agree or do you find other types of communication equally important?
7. Because wearing "*le voile intégral*" identifies the wearer as Muslim, is Mme James expressing anti-Islam sentiment?

Thème : Les défis mondiaux - La paix et la guerre

Sujet de l'essai :

Dans la guerre il y a toujours des victoires et des défaites. A votre avis, quelles défaites semblent les plus tragiques ?

Source

Le dormeur du val

C'est un trou de verdure où chante une rivière,
Accrochant follement aux herbes des haillons
D'argent ; où le soleil, de la montagne fière,
Luit : c'est un petit val qui mousse de rayons.

Un soldat jeune, bouche ouverte, tête nue,
Et la nuque baignant dans le frais cresson bleu,
Dort ; il est étendu dans l'herbe, sous la nue,
Pâle dans son lit vert où la lumière pleut.

Les pieds dans les glaïeuls, il dort. Souriant comme
Sourirait un enfant malade, il fait un somme :
Nature, berce-le chaudement : il a froid.

Les parfums ne font pas frissonner sa narine ;
Il dort dans le soleil, la main sur sa poitrine,

Arthur Rimbaud
octobre 1870

Questions to consider in evaluating this poem as a part of a discussion of the topic question:

1. Is this poem simply a description of a scene or is there action over the course of the poem?
2. What are the important words that Rimbaud uses to describe the scene? What do these words have in common?
3. The poem is in the form of a sonnet. Why did Rimbaud choose this form? In what way(s) does it differ from a typical sonnet?
4. What poetic devices does Rimbaud use to force the reader to read carefully?
5. When does the reader come to understand that the soldier being described is dead?
6. How does Rimbaud make the reader understand his feelings about the dead soldier? How would you summarize these feelings?
7. Is this poem directed to a specific battle or war, or is it more general in nature?

Thème : Les défis mondiaux - L'environnement

Sujet de l'essai :

Quelles sont les responsabilités de l'être humain envers son environnement ?

Source

[On the actual exam you would listen to the song twice without seeing the text.]

Il y avait un jardin

C'est une chanson pour les enfants qui naissent et qui vivent
entre l'acier et le bitume, entre le béton et l'asphalte,
Et qui ne sauront peut-être jamais
Que la terre était un jardin.

Il y avait un jardin qu'on appelait la terre.
Il brillait au soleil comme un fruit défendu.
Non, ce n'était pas le paradis ou l'enfer
Ni rien de déjà vu ou déjà entendu.
Lalala, lalala, lalala

Il y avait un jardin, une maison des arbres,
Avec un lit de mousse pour y faire l'amour
Et un petit ruisseau roulant sans une vague
Venait le rafraichir et poursuivait son cours.
Lalala, lalala, lalala.

Il y avait un jardin grand comme une vallée.
On pouvait s'y nourrir toutes les saisons,
Sur la terre brûlante ou sur l'herbe gelé
Et découvrir des fleurs qui n'avaient pas nom.
Lalala, lalala, lalala.

Il y avait un jardin qu'on appelait la terre.
Il était assez grand pour des milliers d'enfants.
Il était habité jadis par nos grands-pères
Qui le tenaient eux-mêmes de leurs grands-parents.
Lalala, lalala, lalala.

Où est-il ce jardin ou nous aurions pu naître,
Où nous aurions pu vivre insouciants et nus ?
Où est-il ce jardin toutes portes ouvertes,
Que je cherche encore mais que je ne trouve plus ?
Lalala, lalala, lalala.

Georges Moustaki

Questions to consider in evaluating this song as a part of a discussion of the topic question:

1. To which children is this song dedicated? Why these children specifically?
2. What is the significance of the use of the verb *avait* (imperfect tense) in each stanza? What can we conclude when the singer says *Il y avait un jardin* ?
3. What are the specific qualities of *le jardin* which the singer describes?
4. When did *le jardin* exist (if ever)?
5. Who lived in *le jardin* ? When?
6. Does *le jardin* exist today? If so, where is it? If not, why not?
7. Whom or what does the singer appear to blame for the disappearance of *le jardin ?*

Thème : L'Esthétique - Le patrimoine

Sujet de l'essai :

Comment l'individu se définit-il comme membre d'une communauté ou d'un patrimoine ?

Source

[On the actual exam, students would listen to the song twice without seeing the text.]

Mon pays

Mon pays, ce n'est pas un pays, c'est l'hiver
Mon jardin, ce n'est pas un jardin, c'est la plaine
Mon chemin, ce n'est pas un chemin, c'est la neige
Mon pays ce n'est pas un pays, c'est l'hiver

Dans la blanche cérémonie
Où la neige au vent se marie
Dans ce pays de poudrerie
Mon père a fait bâtir une maison
Et je m'en vais fidèle
A sa manière à son modèle
La chambre d'amis sera telle
Qu'on viendra des autres maisons
Pour se bâtir à côté d'elle.

Mon pays, ce n'est pas un pays, c'est l'hiver
Mon jardin, ce n'est pas un jardin, c'est la plaine
Mon chemin, ce n'est pas un chemin, c'est la neige
Mon pays ce n'est pas un pays, c'est l'hiver

De mon grand pays solitaire
Je crie avant que de me taire
A tous les hommes de la terre
Ma maison, c'est votre maison
Entre mes quatre murs de glace
J'ai mis mon temps et mon espace
A préparer le feu, la place
Pour les humains de l'horizon
Et les humains sont de ma race

Mon pays, ce n'est pas un pays, c'est l'hiver
Mon jardin, ce n'est pas un jardin, c'est la plaine
Mon chemin, ce n'est pas un chemin, c'est la neige
Mon pays ce n'est pas un pays, c'est l'hiver

Mon pays ce n'est pas un pays c'est l'envers
D'un pays qui n'était ni pays ni patrie
Ma chanson ce n'est pas ma chanson c'est ma vie
C'est pour toi que je veux posséder mes hivers

Gilles Vigneault

Questions to consider in evaluating this song as a part of a discussion of the topic question:

1. What are the important qualities which define *mon pays* for the singer?
2. How are these qualities described by the singer (visual, aural, poetic, realistic)?
3. In the first stanza of the song (as opposed to the verse) the singer becomes personal. What does he describe about his own life? What are the important activities which he remembers?
4. In the second stanza, the singer speaks *à tous les hommes de la terre*. What does he tell them? In what way(s) does he invite them to his *patrimoine*?
5. Where do you imagine that one might find *mon pays*? How does it differ from the one that you know? Are there things about it that you recognize as being a part of your *patrimoine* also?

Time for a quiz
• Review strategies in Chapter 2
• Take Quiz 3 at the REA Study Center
(www.rea.com/studycenter)

Practice Exam 1

Also available at the REA Study Center *(www.rea.com/studycenter)*

This practice exam is available at the REA Study Center. Although AP exams are administered in paper-and-pencil format, we recommend that you take the online version of the practice exam for the benefits of:

- Instant scoring
- Enforced time conditions
- Integrated audio for the listening portions of the exam
- Detailed score report of your strengths and weaknesses

Audio for this printed practice exam may be downloaded from the REA Study Center (*www.rea.com/studycenter*). First, you need to redeem your access code that can be found on the inside front cover of this book.

Section I, Part A

Interpretive Communication: Print Texts

Total time—Approximately 1 hour 35 minutes

Part A Time — 40 minutes

You will read several selections. Each selection is accompanied by a number of questions.

For each question, choose the response that is best according to the selection and mark your answer on your answer sheet.

Vous allez lire plusieurs sélections. Chaque sélection est accompagnée de plusieurs questions.

Pour chaque question, choisissez la meilleure réponse selon la sélection et indiquez votre réponse sur votre feuille de réponse

Sélection numéro 1

Thème du cours : Les défis mondiaux

Introduction

Dans cette sélection il s'agit d'une randonnée à vélo. Ce texte a été écrit pour le site-web de *Transports alternatifs*. Ce groupe organise des événements sportifs et éducatifs pour la préservation de l'environnement.

Roulons ensemble pour protéger la terre

Chaque année à Aix-en-Provence, le groupe *Transports alternatifs* organise une série de randonnées à vélo autour de la région avoisinante afin d'encourager les Provençaux de réduire leur consommation d'énergie et de combattre le réchauffement climatique. Depuis 2005, les manifestations roulantes visent à augmenter le niveau de conscience publique au sujet du gaspillage des combustibles et à promouvoir

l'emploi assidu des sources d'énergie renouvelables.

La prochaine randonnée aura lieu samedi le 30 avril de 8h à midi. Nous partirons de la Cité des Livres, située à 10, rue des Allumettes, entre l'avenue Camille Pelletan et le boulevard Victor Coq, juste à coté de l'Institut de l'Image.

Le parcours de 40 km, qui nous amènera autour de la ville d'Aix et ses alentours, plaira sans doute aux citadins et aux campagnards. L'organisation fournira un nombre limité de vélos et de casques pour ceux qui en ont besoin.

Pour vous renseigner ou vous inscrire, veuillez contacter Sylvie Montaud : sylviemontaud@yahoo.fr

---

1. Quel est le but de l'article ?

   (A) Expliquer en détail tous les problèmes environnementaux qui touchent la région.

   (B) Recruter des bénévoles pour aider à organiser les randonnées dans la région.

   (C) Inviter des personnes à participer à une manifestation roulante pour la protection de l'environnement.

   (D) Encourager les touristes à visiter la région d'Aix et ses environs.

2. Pour le groupe *Transports alternatifs*, quel aspect de la randonnée est le plus important ?

   (A) La randonnée augmentera le niveau de conscience publique concernant des problèmes environnementaux.

   (B) Le parcours de la randonnée sera autour d'Aix et ses environs.

   (C) Les citadins et les campagnards apprécieront la randonnée.

   (D) L'organisation fournira des casques et des vélos aux participants.

3. Selon l'article, l'organisme *Transports alternatifs* cherche à

   (A) encourager les jeunes à faire du sport.

   (B) augmenter le gaspillage des combustibles.

   (C) fournir des casques et des vélos à tous les habitants de la région.

   (D) lutter contre le réchauffement climatique.

4. Dans l'esprit de l'article, quelle phrase pourrait-on ajouter à la fin de « Le parcours de 40 km, qui nous amènera autour de la ville d'Aix et ses alentours, plaira sans doute aux citadins et aux campagnards » ?

   (A) Pour cette raison, le thème de cette randonnée est la protection de l'architecture urbaine.

   (B) Pour cette raison, le thème de cette randonnée est la préservation de l'environnement rural.

   (C) Pour cette raison, le thème de cette randonnée est la célébration de l'écologie urbaine et rurale.

   (D) Pour cette raison, le thème de cette randonnée est l'importance des casques pendant les heures de pointe.

5. Vous voulez contacter Sylvie Montaud pour vous inscrire. Comment devriez-vous formuler votre renseignement ?

   (A) « Salut Sylvie ! Ça va ? La randonnée du 30 avril, ça marche ? »

   (B) « Sylvie. J'adore faire du vélo ! Et j'aime l'environnement aussi ! Je veux rouler avec votre groupe ! »

   (C) « Je vous serais reconnaissant de me faire savoir s'il vous reste une place pour la randonnée du 30 avril »

   (D) « J'aimerais m'inscrire pour la randonnée du 30 avril. Y a-t-il toujours des places disponibles ? »

Sélection numéro 2

Thème du cours : La quête de soi

Introduction

Dans cette sélection, écrite en 2011 par une femme écrivain Francophone, il s'agit d'une femme qui se souvient d'une autre époque de sa vie en faisant son marché.

Un après-midi au marché

J'errais dans le rayon fruits et légumes de mon supermarché local, quelque part au milieu de nulle part, dans un petit village aux États-Unis. Les tas de fruits et de légumes, bien polis et parfaitement arrangés, brillaient sous la lumière éblouissante qui dominait l'espace de la grande surface. En les regardant de près, j'avais l'impression qu'on les avait confectionnés en bois avant de les peindre et les lustrer. Tout avait l'air stérilisé et artificiel. Ce n'était pas du tout comme le marché en plein air labyrinthique que je fréquentais le samedi à Keur Momar Sarr, un village minuscule au nord-est du Sénégal.

Le marché au village de Keur Momar Sarr était un régal pour les yeux et les oreilles. Tout autour de moi, des sachets plastiques remplis de boissons fraîches scintillaient au soleil—le rouge rubis du jus de bissap, le jaune doré du jus de gingembre, et l'orange pâle de la boisson au fruit du baobab. Dans certains stands, les vendeuses se sont réunies pour faire une pause et déguster leur *attaya*, du thé vert à la menthe servi à trois doses—la première amère, la deuxième légère, et la troisième douce. Dans d'autres stands, les clients examinaient le bétail disponible. Ils se promenaient aisément parmi la multitude d'animaux bruyants et de carcasses saignantes—des poulets, des dindes, des chèvres, des moutons, et des vaches—tous vendus morts ou vifs.

Tout autour du marché, les femmes se tenaient debout derrière les tas de marchandises assorties—des fruits et des légumes cultivés localement, des variétés de poissons frais et séchés, des tissus vifs en coton multicolore, des rangées étincelantes de perles, des seaux et des ustensiles en plastique, et des plats copieux de *ceebu-yap* (la viande au riz) et de *ceebu-jen* (le poisson au riz). D'autres femmes flânaient autour du marché tout en portant leurs marchandises dans de grands paniers posés sur la tête. Elles chantaient pour attirer l'attention des passants tout en se faufilant sans peine à travers la foule impénétrable de commerçants et de clients.

On pouvait acheter ou vendre presque tout au marché—nouveau ou d'occasion—des ordinateurs, des téléviseurs, des téléphones portables, de l'ameublement, des fournitures scolaires, des accessoires de mode, du verre recyclé, des bouteilles en plastique, des coquillages, des médicaments traditionnels, et des amulettes protectrices, parmi d'autres choses.

Bien sûr, les prix et les quantités étaient toujours soumis aux négociations, dépendant des moyens de la vendeuse, des besoins du client, et de leur bonne volonté de se mettre d'accord quant aux prix. Dans l'espace du marché, une femme qui sait vraiment marchander, expose son talent de la même manière qu'une vedette de cinéma ou une joueuse d'échecs de premier ordre. Les yeux luisants, elle initie sa ruse, patiente et déterminée, joyeuse mais acharnée.

Perdue dans ma rêverie, j'errais autour du rayon fruits et légumes du supermarché. À ce moment-là, les tas bien rangés de pommes éclatantes me dégoûtaient. Un sentiment de nostalgie profonde m'a envahie. Je désirais être ailleurs, vivre autrement.

---

6. Quel est le sens de l'expression « j'errais » dans le premier et le dernier paragraphe ?

(A) se déplacer sans savoir où on va

(B) faire des fautes

(C) contempler les produits disponibles

(D) éprouver de la nostalgie

7. Quelle est la réaction de la narratrice quand elle voit « les tas de fruits et de légumes, bien polis et parfaitement arrangés » ?

(A) Elle est contente. Elle veut en acheter.

(B) Elle admire la beauté des fruits et des légumes. Ils ont l'air appétissant.

(C) Elle est dégoûtée. Elle veut être ailleurs.

(D) Elle est nostalgique. Le supermarché est semblable au marché en plein air qu'elle fréquentait.

8. Comment la narratrice caractérise-t-elle le marché en plein air à Keur Momar Sarr ?

   (A) C'est un endroit stérile et artificiel.

   (B) C'est un endroit animé et intéressant.

   (C) C'est un endroit minuscule et tranquille .

   (D) C'est un endroit délabré et chaotique.

9. Selon le texte, qu'est-ce qui *n*'est *pas* vrai à propos du marché en plein air à Keur Momar Sarr ?

   (A) Il y a des femmes qui déambulent autour du marché pour vendre leurs produits.

   (B) Pour les vendeuses, il n'y a jamais un moment de repos au marché.

   (C) Il est possible de manger et de boire au marché.

   (D) Il y a beaucoup de monde au marché.

10. Quelle caractérisation correspond le mieux aux sentiments de la narratrice à la fin du récit ?

    (A) Elle est satisfaite de sa vie.

    (B) Elle a faim. Elle a hâte de préparer son repas.

    (C) Elle a peur de ne pas pouvoir trouver les ingrédients dont elle a besoin au supermarché.

    (D) Elle veut changer sa vie.

11. Selon le texte, comment les prix sont-ils déterminés dans le marché de Keur Momar Sarr ?

    (A) Les vendeuses offrent leurs produits à prix fixe.

    (B) Les vendeuses offrent des prix réduits aux clients qui achètent en grande quantité.

    (C) Il n'y a pas de prix fixes. Chaque client doit négocier son propre prix avec les vendeuses.

    (D) Les personnes célèbres reçoivent des prix réduits au marché.

12. Imaginez que la narratrice envoie une lettre à ses amies à Keur Momar Sarr. Dans l'esprit de l'extrait, que leur dit-elle ?

(A) Je ne suis pas contente ici. Vous me manquez.

(B) Ma vie se passe à merveille aux États-Unis. Venez me rendre visite !

(C) Notre supermarché local ressemble au grand marché de Keur Momar Sarr. Quelle coïncidence !

(D) J'ai réussi à marchander au supermarché local aujourd'hui.

Sélection numéro 3

Thème du cours : Le tourisme durable

Source numéro 1

Vous aurez d'abord × minutes par live la source numéro 1.

Introduction

Dans cette sélection il s'agit de l'écotourisme en Afrique. L'article original a été écrit pour un site web afin d'informer les personnes qui s'intéressent au tourisme vert en Afrique.

Les voyages qui font du bien

L'écotourisme, un mouvement de tourisme responsable, équitable et écologique, devient de plus en plus populaire dans le monde Francophone. Aussi désigné comme le tourisme vert, l'écotourisme cherche à promouvoir la préservation des animaux et de la nature tout en soutenant les besoins financiers des habitants des communautés rurales. De plus, l'écotourisme vise à protéger les cultures et les traditions rurales qui sont actuellement menacées par les influences de l'urbanisation et de la mondialisation. Quant au niveau d'engagement, cela dépend de la destination sélectionnée, de l'organisation coordinatrice et des souhaits des voyageurs. Les itinéraires varient entre les visites aux sites écotouristiques et les projets bénévoles dans les chantiers et les écoles des communautés locales.

Bien qu'il soit situé dans un pays anglophone, beaucoup de touristes Francophones visitent le sanctuaire de singes dans le village de Tafi Atome au Ghana. Comme c'est situé tout près de la frontière de Togo, il y a une présence Francophone dans le village où on parle aussi l'ewe, le twi, l'anglais et plusieurs autres langues africaines. Situé dans une région montagneuse et forestière, Tafi Atome est un village sensationnel et paisible. C'est un endroit idéal pour un séjour reposant. L'attraction principale du village, le sanctuaire de singes, n'est pas à manquer ! Créé afin de protéger les singes qui habitent dans la forêt avoisinante, des flèches et des fusils des chasseurs, le sanctuaire héberge les singes en toute liberté. À Tafi Atome, il n'y a pas de cages, ni de clôtures. C'est un sanctuaire, pas un zoo. Accompagnés d'un guide, les écotouristes peuvent faire une promenade tranquille en forêt pour observer les singes dans leur habitat naturel. C'est une expérience inoubliable.

Il n'y a pas d'hôtels à Tafi Atome, mais si on réserve à l'avance, on peut loger à Tafi Atome dans des cases simples mais confortables et prendre des repas délicieux chez les villageois. Pour se divertir, les villageois offrent beaucoup de services aux visiteurs, y compris les promenades guidées en forêt, les cours de tissage kente, les séances de contes traditionnels et les soirées de danse et de musique. Les bénéfices sont doubles. D'un côté, les touristes profitent d'une expérience riche et individualisée qui les met en contacte avec le peuple, la nature, les traditions et les coutumes locales. De l'autre côté, les villageois bénéficient des dons et de l'argent que les écotouristes apportent au village. Malgré la pauvreté générale de la région, grâce aux revenus des projets touristiques, les villageois de Tafi Atome ont déjà fait beaucoup d'améliorations dans leur communauté, surtout pour subvenir les initiatives éducatives et pour construire et équiper un centre médical.

Source numéro 2

Introduction

Dans cette sélection, il s'agit d'informations concernant le nombre de visiteurs annuels au Ghana par rapport au nombre de visiteurs annuels à Tafi Atome depuis le commencement du projet en 1995.

Nombre de visiteurs aux sites touristiques de Ghana

	Touristes au Ghana	Visiteurs à Tafi Atome	Pourcentage des touristes au Ghana qui visitent Tafi Atome
1995	286 000	7 300	2,56%
2000	438 000	16 425	3,75%
2005	428 600	22 590	5,23%
2010	586 000	25 000	4,27%

13. Quel est le but de l'article ?
    (A) D'exposer des problèmes environnementaux à Tafi Atome.
    (B) De décourager l'écotourisme à Tafi Atome.
    (C) D'informer les touristes concernant les avantages de l'écotourisme à Tafi Atome.
    (D) D'annoncer qu'un prix écotouristique a été accordé aux villageois de Tafi Atome.

14. Dans l'article, quel est le ton de l'auteur quand elle parle des singes qui habitent à Tafi Atome?
    (A) Elle est enthousiaste.
    (B) Elle est critique.
    (C) Elle reste neutre.
    (D) Elle est désespérée.

15. Quel est le sens de l'expression « le niveau d'engagement » telle qu'elle est utilisée dans l'article ?

    (A) Beaucoup de personnes se fiancent pendant les voyages écotouristiques.

    (B) Pour faire un voyage écotouristique, il faut passer beaucoup de temps dans un seul endroit.

    (C) Il y a beaucoup de formules écotouristiques dépendant des désirs des touristes et des projets disponibles.

    (D) On peut visiter un site écotouristique, mais ce n'est pas possible de faire du bénévolat.

16. Selon l'article, que Tafi Atome offre-t-il aux touristes Francophones ?

    (A) Il y a des personnes qui parlent français dans le village.

    (B) Ils peuvent visiter le village au Ghana mais loger au Togo où l'on parle français.

    (C) Puisqu'ils sont dans un pays anglophone, ils ont la possibilité de suivre des cours d'anglais au village.

    (D) Il est moins cher de voyager au Ghana que dans les pays avoisinants.

17. Selon l'article, quel est le rôle principal que les villageois jouent par rapport aux touristes ?

    (A) Ils sont vendeurs. Ils leur vendent des souvenirs.

    (B) Ils sont professeurs. Ils leur apprennent les traditions locales.

    (C) Ils sont amis. Ils racontent aux touristes les détails de leurs vies quotidiennes personnelles.

    (D) Ils sont médecins. Ils s'occupent des touristes qui tombent malade.

18. Selon l'article, en général, quel est le but de l'écotourisme ?

    (A) Promouvoir la mondialisation et l'urbanisation en Afrique.

    (B) Encourager les touristes à voyager vers des destinations peu visitées.

    (C) Développer des hôtels et des restaurants dans la région.

    (D) Aider les villageois à améliorer leur communauté tout en protégeant l'environnement.

19. Qu'indique le tableau ?

(A) Que Tafi Atome s'est établi comme l'une des destinations touristiques les plus populaires au Ghana.

(B) Que Tafi Atome devient de plus en plus populaire comme destination touristique.

(C) Que les villageois bénéficient du tourisme à Tafi Atome.

(D) Que le nombre de touristes qui visitent le Ghana augmente invariablement année après année.

20. Selon le tableau, quelle prédiction peut-on offrir aux villageois de Tafi Atome ?

(A) Qu'il est probable que le nombre de touristes qui visitent le village augmentera.

(B) Qu'il est peu probable que le nombre de touristes qui visitent le village augmente.

(C) Que le nombre de touristes qui visitent le village dépendra uniquement du nombre de touristes qui visiteront le Ghana.

(D) Que la population de singes ne bénéficiera pas directement de l'écotourisme.

21. En vous basant sur des données de l'article et du tableau, quel avenir envisagez-vous pour les villageois de Tafi Atome ?

(A) Ils perdront leurs traditions à cause de l'augmentation de l'écotourisme.

(B) Ils abandonneront leur initiative écotouristique.

(C) Ils vendront la population de singes aux zoos.

(D) Ils continueront à améliorer les services pour la scolarité et la santé des villageois.

22. Vous faites un exposé oral qui traite de l'article et du tableau. Parmi les sources suivantes, laquelle consulterez-vous pour vous aider à préparer votre exposé ?

(A) *Les Musées au Ghana*

(B) *L'Agriculture et le développement au Ghana*

(C) *Les Hôtels et les plages de Ghana*

(D) *La Croissance du tourisme dans les villages africains*

23. Vous faites un exposé oral qui traite de l'article et du tableau. Quels sujets présents dans l'article et le tableau aborderez-vous ?

(A) Tourisme et développement

(B) Agriculture et folklore

(C) Mondialisation et nationalisme

(D) Urbanisation et médias

Sélection numéro 4

Thème du cours : L'université et la société

Introduction

Dans cette sélection, il s'agit d'un projet lancé par l'Association des Étudiants Internationaux à l'Université Paris VIII Vincennes Saint-Denis. C'est une lettre de Jules Sabatier, président de l'association, adressée au rédacteur en chef du journal *La Libération.*

Cher Monsieur,

Je vous écris afin de vous informer à propos d'une manifestation artistique organisée par l'Association des Étudiants Internationaux à l'Université Paris VIII Vincennes Saint-Denis. L'association, composée de 120 étudiants provenant de 42 pays du monde, est dédiée à la promotion du multilinguisme et multiculturalisme à Paris. Nous travaillons en partenariat avec l'Université Paris VIII—ses administrateurs, ses professeurs et ses étudiants—mais aussi avec des habitants de Vincennes et Saint-Denis, des organismes culturels et artistiques du quartier, et des membres de la communauté internationale de la région parisienne.

Le but de notre initiative est simple, c'est de promouvoir un dialogue entre les membres divers de la communauté locale grâce à nos manifestations artistiques et les conversations qui s'ensuivent. Tout simplement, nous voulons faciliter des dialogues sans frontières qui encouragent la communication constructive entre les générations, les sexes, les religions, les langues, les nations et les cultures. Pour attirer la participation du grand public, nos manifestations ont lieu dans les espaces publics des quartiers qui avoisinent notre université, surtout ceux de Vincennes et de Saint-Denis.

Pour notre prochaine manifestation, nous avons invité quatre étudiants en arts plastiques de quatre continents différents à réaliser des sculptures dans les quartiers avoisinants. À chaque site, l'artiste rassemblera des objets trouvés qui représentent d'une manière ou une autre ses expériences comme artiste, étudiant, et immigré à Paris. Nous convierons les spectateurs à visiter et à examiner les sites. Ensuite, à chaque site, nous les inviterons à compléter une activité par laquelle ils proposeront des identités composites des artistes, basées sur ce qu'ils ont vu dans l'exposition. À la fin de l'exposition nous encouragerons les spectateurs à assister à un colloque public où nous révélerons les identités cachées des artistes tout en accueillant un dialogue collectif à propos des questions d'identité.

À propos de cette manifestation, un plan de l'emplacement des sculptures et un calendrier des événements sont disponibles sur notre site web. Pour toute autre question concernant les manifestations artistiques et culturelles de l'Association des Étudiants Internationaux à Paris VIII, veuillez consulter notre site web ou nous contacter par courriel (aeipviii@yahoo.fr).

Nous espérons que la manifestation vous intéresse et que vous publierez les annonces à propos de nos activités dans votre journal et sur votre site web.

Cordialement,
Jules Sabatier
Président de l'Association des Étudiants Internationaux à Paris VIII Vincennes Saint-Denis

---

24. Quelle est la mission de l'Association des Étudiants Internationaux à Paris VIII Vincennes Saint-Denis ?

(A) Organiser des soirées culturelles pour les étudiants de Paris VIII

(B) Proposer des excursions d'étudiants pour explorer des quartiers divers de la région parisienne

(C) Encourager les dialogues concernant le multiculturalisme dans la région parisienne

(D) Promouvoir des événements multiculturels et multilingues sur le campus

25. Quel est le but principal de la lettre de Jules Sabatier ?

(A) Promouvoir une manifestation culturelle

(B) Demander des soutiens financiers

(C) Recruter des bénévoles

(D) Présenter les artistes

26. Selon Jules Sabatier, qui sont les artistes qui participent dans cette manifestation ?
    (A) Des étudiants qui viennent tous du même pays
    (B) Des étudiants qui ont grandi dans le quartier
    (C) Des habitants de la communauté locale qui ne sont pas étudiants
    (D) Des étudiants qui représentent des cultures et des pays différents

27. Dans le texte, que veut dire l'expression « réaliser des sculptures » ?
    (A) Créer des sculptures
    (B) Comprendre la signification des sculptures
    (C) Détruire des sculptures
    (D) Reconnaître des sculptures

28. Selon Jules Sabatier, quel est le but principal du colloque à la fin de l'exposition ?
    (A) Vendre les œuvres artistiques qui font partie de l'exposition
    (B) Faciliter un dialogue entre les artistes et les membres de la communauté
    (C) Négocier une identité collective pour tous les membres de la communauté
    (D) Célébrer le succès de l'exposition

29. Selon l'article, quelle information est disponible sur le site web de l'Association des Étudiants Internationaux ?
    (A) Les photos des sculptures
    (B) Les informations biographiques concernant les artistes
    (C) Les indications pour trouver les sculptures
    (D) Une liste des thèmes du colloque

30. Vous parlez de cet article à une amie. Quelle phrase sera la plus convenable ?

 (A) « Veux-tu aller à une soirée d'étudiants ce week-end ? »

 (B) « Veux-tu y aller ? Nous pouvons parler portugais avec les membres du groupe. »

 (C) « Des artistes célèbres font partie de cette exposition. Veux-tu m'accompagner ? »

 (D) « Je suis curieux/curieuse de voir cette exposition et d'entendre la discussion après. »

END OF SECTION 1, PART A

Section I, Part B

Interpretive Communication Print and Audio Texts (combined) Part B Time—55 minutes

You will listen to several audio selections. The first two audio selections are accompanied by reading selections. When there is a reading selection, you will have a designated amount of time to read it.

For each audio selection, first you will have a designated amount of time to read a preview of the selection as well as to skim the questions that you will be asked. Each selection will be played twice. As you listen to each selection, you may take notes. Your notes will not be scored.

After listening to each selection the first time, you will have 1 minute to begin answering the questions; after listening to each selection the second time, you will have 15 seconds per question to finish answering the questions. For each question, choose the response that is best according to the audio and/or reading selection and mark your answer on your answer sheet.

Vous allez écouter plusieurs sélections audio. Les deux premières sélections audio sont accompagnées chacune d'une lecture. Quand il y a une lecturwe, vous aurez un temps déterminé pour la lire.

Pour chaque sélection audio, vous aurez d'abord un temps déterminé pour lire une introduction et pour parcourir les questions qui vous seront posées. Chaque sélection sera jouée deux fois. Vous pouvez prendre des notes pendant que vous écoutez chaque sélection mais elles ne seront pas comptées.

Apres avoir écouté chaque sélection une première fois, vous aurez 1 minute pour commencer à répondre aux questions; après avoir écouté chaque sélection une deuxième fois, vous aurez 15 secondes par question pour finir de répondre aux questions. Pour chaque question, choisissez la meilleure réponse selon la sélection audio ou lecture et indiquez votre réponse sur votre feuille de réponse.

Sélection numéro 1

Thème du cours : La technologie et la société

Source numéro 1

Vous aurez d'abord 4 minutes pour lire la source numéro 1.

Introduction

Dans cette sélection, il s'agit d'une discussion sur l'emploi de la technologie dans les salles de classe.

La salle de classe d'aujourd'hui : pour ou contre la technologie ?

Au XXIème siècle, nous avons été témoins d'une explosion d'avancées technologiques, surtout concernant les technologies portables. Les entreprises ont investi beaucoup d'argent et de ressources afin de développer des appareils technologiques—surtout les ordinateurs portables, les smartphones et les tablettes tactiles—qui vont où nous allons.

Grâce aux avancées technologiques, il n'est plus nécessaire de trouver un espace physique pour se réunir avec ses collègues, ses amis, ou même ses camarades de classe. Il est possible de désigner des sites de rencontres virtuels, afin de relier les personnes malgré leurs coordonnées géographiques.

De cette manière, un professeur universitaire peut créer une salle de classe virtuelle que ses étudiants peuvent rejoindre par Internet d'endroits divers — de la bibliothèque, du café, et même de la plage. Selon cette formule, le professeur a aussi la capacité d'inviter des étudiants et des collègues à participer à la conversation, même s'ils sont situés ailleurs.

Néanmoins, l'emploi de ces nouvelles technologies ne se limite pas à la désignation des sites virtuels de dialogue et d'apprentissage. Actuellement, il y a beaucoup d'initiatives qui encouragent les professeurs à explorer les possibilités que les technologies des smartphones et des tablettes tactiles leur offrent.

Tandis que beaucoup de professeurs universitaires cherchent les meilleures approches pédagogiques afin de pouvoir intégrer ces nouvelles technologies dans leurs salles de classe physiques et virtuelles, il y a certains professeurs qui résistent aux charmes du domaine informatique.

Certains d'entre eux sont tellement opposés à l'emploi de nouvelles technologies dans leurs salles de classe qu'ils y imposent des interdictions, comme l'interdiction d'utiliser des appareils portables. Pour certains, ces interdictions visent à limiter le nombre de distractions dans la salle de classe. Ces professeurs en ont marre de surprendre des étudiants en train de vérifier leurs courriels, de parcourir les sites de réseautage social, de faire des recherches sur Internet, ou de recevoir et d'envoyer des textos pendant leurs cours.

Pour d'autres, ils cherchent à revigorer des méthodes interpersonnelles d'apprentissage, surtout celles qui privilégient les conversations et les activités animées par les groupes d'étudiants. Ces professeurs ont peur que les étudiants de cette génération perdent les compétences de se parler face-à-face et d'interpréter les gestes corporels. Ces professeurs insistent surtout sur le fait que la plupart des employeurs cherchent à recruter des candidats qui savent négocier des cultures interpersonnelles et technologiques.

Source numéro 2

Vous aurez deux minutes pour lire l'introduction et considérer les questions

Introduction

Dans cette sélection, il s'agit d'une discussion sur l'emploi de la technologie dans les salles de classe.

L'entretien original a eu lieu au Congrès Make/Faire le 20 juin 2011 à Montréal. Une journaliste canadienne, Sophie Desjardins, s'entretient avec Marc Gaillard, professeur de philosophie. La sélection dure environ deux minutes.

Listen to Audio Selection 1

31. Quel est le but de l'article ?
    (A) Présenter une controverse
    (B) Promouvoir de nouvelles technologies
    (C) Déplorer de nouvelles technologies
    (D) Faire une analyse pédagogique

32. Selon l'article, quel est l'avantage d'une salle de classe virtuelle ?
    (A) Les étudiants peuvent apprendre chacun à leur rythme
    (B) Les étudiants s'amusent plus en classe
    (C) Les professeurs peuvent incorporer les sites Internet dans leurs leçons
    (D) Les professeurs peuvent y réunir des personnes qui ne sont pas au même endroit

33. Dans l'article, quel est le sens de l'expression « Ces professeurs en ont marre » ?
    (A) Ces professeurs apprécient
    (B) Ces professeurs craignent
    (C) Ces professeurs ne veulent plus tolérer
    (D) Ces professeurs permettent

34. Selon l'article, quel candidat serait le mieux qualifié dans le marché du travail ?
   (A) Celui qui est expert dans les domaines technologiques
   (B) Celui qui sait communiquer sur Internet et en personne
   (C) Celui qui explore de nouvelles approches pédagogiques
   (D) Celui qui évite la technologie

35. D'après le reportage, quel est le but du Congrès Make/Faire ?
   (A) Encourager l'emploi de la technologie dans la vie quotidienne
   (B) Décourager l'emploi de la technologie dans la salle de classe
   (C) Ouvrir un dialogue à propos de la technologie dans le monde
   (D) Développer des politiques interdisciplinaires sur la technologie

36. D'après le reportage audio, quelle est la politique sur la technologie dans la salle de classe de Marc Gaillard ?
   (A) Il ne permet pas à ses étudiants d'y utiliser des ordinateurs
   (B) Ses étudiants y utilisent des portables et des tablettes tactiles
   (C) Ses étudiants doivent lire leurs textes en version électronique
   (D) Ses étudiants peuvent seulement y utiliser des ordinateurs pour prendre des notes

37. Selon le reportage, que Marc Gaillard cherche-t-il à promouvoir dans sa salle de classe ?
   (A) le savoir-faire informatique
   (B) les expériences sensorielles
   (C) l'écriture scolaire
   (D) l'analyse critique

38. Selon le reportage, comment Marc Gaillard est-il décrit par ses détracteurs ?

(A) Il est têtu et démodé.

(B) Il est sensible et sensoriel.

(C) Il est impatient et déstabilisé.

(D) Il est excentrique et individualiste.

39. Qu'est-ce que les deux sélections ont en commun ?

(A) Elles affirment les avantages de l'emploi de la technologie dans les salles de classe.

(B) Elles présentent les approches pour bien intégrer la technologie dans les salles de classe.

(C) Elles considèrent les avis des personnes qui sont contre la technologie dans les salles de classe.

(D) Elles suggèrent qu'il faut interdire la technologie dans les salles de classe.

40. Qu'est-ce que les deux sélections nous indiquent ?

(A) Que la plupart des professeurs cherchent à incorporer la technologie dans leurs salles de classe

(B) Que les étudiants veulent utiliser la technologie dans tous leurs cours

(C) Que la plupart des professeurs refusent d'incorporer la technologie dans leurs salles de classe

(D) Que les professeurs sont divisés sur la question de la technologie dans les salles de classe

Sélection numéro 2

Thème du cours : Le sport et l'alimentation

Source numéro 1

Vous aurez 1 minute pour lire la source numéro 1.

Introduction

Dans cette sélection il s'agit d'aliments choisis par les marathoniens avant de courir les 42,2 kilomètres d'un marathon. Le tableau a été publié sur un site web pour les marathoniens dans la région parisienne.

Que mangez-vous le matin avant de courir un marathon ?

Type de Nourriture	% des personnes
Des fruits	8%
Une barre énergétique	18%
Des céréales	10%
Du pain et des œufs	20%
Du pain et du beurre d'arachide	25%
Rien	5%
Je varie mon régime. Ce n'est jamais pareil.	14%

Source numéro 2

Vous aurez 1 minute pour lire l'introduction et regarder les questions.

Introduction

Dans cette sélection il s'agit d'une conversation entre Marie et Mathilde, la veille de leur marathon. La sélection dure environ une minute et demie.

 **Listen to Audio Selection 2**

41. Selon le tableau, qu'est-ce qu'on mange le plus souvent avant de courir un marathon ?

    (A) De la nourriture riche en protéines et en glucides

    (B) De la nourriture riche en glucides et en sucres

    (C) De la nourriture faible en calories

    (D) De la nourriture riche en lipides et en matières grasses

42. Le tableau indique que le jour du marathon, les marathoniens

    (A) passent beaucoup de temps à préparer le petit déjeuner

    (B) varient souvent leurs petit déjeuners

    (C) préfèrent des aliments qui sont faciles à préparer et à emporter

    (D) ne font pas attention à ce qu'ils mangent

43. Quel est le meilleur titre d'un article dans lequel le tableau pourrait apparaître ?

    (A) « Manger bien et maigrir »

    (B) « Le régime des champions ? C'est la variété ! »

    (C) « Votre premier marathon ? Manger pour réussir »

    (D) « Témoignage d'une anorexique »

44. Selon la conversation, pourquoi Marie est-elle nerveuse ?

(A) Parce qu'elle va faire son premier marathon le lendemain

(B) Parce qu'elle ne sait pas ce qu'il faut manger

(C) Parce que Mathilde court plus vite qu'elle

(D) Parce qu'elle n'aime pas les mêmes aliments que Mathilde

45. Selon la conversation, que veut dire l'expression « l'entraînement assidu » ?

(A) l'activité faite régulièrement

(B) la progression rapide

(C) l'épreuve difficile

(D) la peur obsessionnelle

46. Dans le contexte de la conversation, quelle réplique de Marie serait la plus appropriée à la fin de leur conversation?

(A) Mathilde, j'ai peur que tu n'en manges pas assez avant le marathon.

(B) Et tu crois que c'est à cause de ce que tu as mangé la veille ?

(C) Moi, je n'aime pas le piment. Est-ce un problème ?

(D) J'imagine que ce résultat t'a beaucoup plu.

47. Qu'est-ce que les deux sélections suggèrent ?

(A) Que le petit déjeuner de Mathilde est le plus populaire parmi les marathoniens

(B) Qu'un régime variable produit les meilleurs résultats parmi les marathoniens

(C) Que les marathoniens ont tendance à développer des habitudes alimentaires avant une course

(D) Qu'il faut prendre des œufs et du pain comme petit déjeuner pour réussir son marathon

Sélection numéro 3

Thème du cours : La politique et le pouvoir

Source numéro 1

Vous aurez d'abord 1 minute pour lire l'introduction et considérer les questions.

Introduction

Dans cette sélection il s'agit de commentaires politiques concernant les élections en Côte d'Ivoire en 2010, par un artiste ivoirien renommé. L'interview originale a paru sur un site Internet pour les Citoyens Ivoiriens contre l'Injustice Politique. L'artiste a été interviewé par la journaliste française Jeanne Lemauft. La sélection dure environ deux minutes et demie.

 **Listen to Audio Selection 3**

48. Quel sujet est souligné dans l'interview ?

    (A) La pauvreté d'un pays

    (B) Les conflits dans un pays après les élections

    (C) L'héritage artistique d'un pays

    (D) Les obstacles à l'immigration

49. Quel est l'avis de l'artiste concernant le rôle que les pays américains et européens jouent dans la situation politique de son pays ?

    (A) Il apprécie l'aide que ces pays offrent à son pays

    (B) Il croit qu'il y a trop d'obstacles à l'immigration

    (C) Il se méfie de leur influence politique dans son pays

    (D) Il pense qu'ils ne font pas assez pour aider les pauvres de son pays

50. Selon l'entretien, que veut dire l'expression « sous réserve d'anonymat » ?

(A) Cacher son identité

(B) Parler franchement

(C) Économiser ses mots

(D) Débattre d'un sujet controversé

51. D'après l'artiste, qu'est-ce qui aurait pu changer et même empêcher la situation dont il parle ?

(A) Si les autres pays avaient fourni des subventions aux artistes

(B) Si les autres pays avaient envoyé des soldats pour régler la situation

(C) Si les autres pays avaient patienté un peu avant d'insister sur les élections

(D) Si les autres pays avaient envoyé de l'argent pour subventionner les élections

52. Dans le contexte de l'entretien, quelle question supplémentaire serait la plus appropriée à poser à l'artiste ?

(A) Pour qui avez-vous voté ?

(B) Quelle est la date de votre prochaine exposition ?

(C) Quand espérez-vous pouvoir immigrer en Europe ?

(D) Quel avenir envisagez-vous pour votre pays ?

Sélection numéro 4

Thème du cours : L'industrie et l'environnement

Source numéro 1

Vous aurez d'abord 1 minute pour lire l'introduction et considérer les questions.

Introduction

Dans cette sélection, il s'agit de la marée noire du golfe du Mexique qui a eu lieu en 2010. Le reportage original a été diffusé sur une station de radio Francophone internationale pendant l'été 2010. La sélection dure environ deux minutes et demie.

 **Listen to Audio Selection 4**

53. Quel est le but du reportage ?

    (A) Recruter des bénévoles

    (B) Exposer une catastrophe controversée

    (C) Collecter des fonds

    (D) Encourager le tourisme après une catastrophe

54. Selon le reportage, quels thèmes sont abordés pendant la semaine de formation?

    (A) Comment pêcher et comment explorer l'environnement littoral

    (B) Comment prendre des risques et comment profiter des autres

    (C) Comment répondre en cas d'urgences et comment rester calme

    (D) Comment ne pas perdre son temps et comment se protéger

55. Dans le contexte du reportage, que veut dire l'expression « se relever au défi ? » ?

    (A) Se lever très tôt le matin

    (B) Faire face aux difficultés

    (C) Offrir ses services

    (D) S'amuser en travaillant

56. Selon le reportage, qu'est-ce que la société mentionnée a à offrir aux personnes qui veulent travailler en collaboration avec elle ?

(A) des ressources financières

(B) un divertissement et une expérience professionnelle

(C) des tours de Louisiane

(D) un logement et de la nourriture

57. Imaginez que vous voulez répondre à l'annonce en vous adressant à Madame Josette Desprès. Selon ce que vous avez entendu dans le reportage, comment devriez-vous commencer votre lettre ?

(A) « Chère Josette, Ça va en Louisiane. Je veux vous rendre visite. »

(B) « Madame, Votre organisme a attiré mon attention grâce à votre campagne de communication récente »

(C) « Madame, Je vous prie d'agréer les expression de mes sentiments les plus distingués »

(D) « Madame, Je m'intéresse à travailler avec votre organisme. Y a-t-il toujours des postes disponibles ? »

Sélection numéro 5

Thème du cours : Le tourisme

Source numéro 1

Vous aurez d'abord 1 minute pour lire l'introduction et considérer les questions.

Introduction

Dans cette sélection, il s'agit d'informations pratiques pour les touristes à Saint Pierre, Martinique. L'enregistrement est disponible sur le site web d'une agence de voyages qui propose des séjours à la Martinique.

La sélection dure environ deux minutes.

 **Listen to Audio Selection 5**

58. Selon le reportage, quel événement a changé le destin de Saint Pierre ?

(A) un incendie

(B) une éruption volcanique

(C) un tremblement de terre

(D) un cyclone tropical

59. Selon le reportage, pourquoi Louis Cyparis est-il important ?

(A) Il a tué l'ancien maire de Saint Louis.

(B) Il a écrit un poème célèbre au sujet de la catastrophe de Saint Louis.

(C) Il est venu au secours des victimes de la catastrophe.

(D) Il a survécu à la catastrophe naturelle qui a détruit la ville.

60. Selon le reportage, comment est aujourd'hui la ville de Saint Pierre ?

(A) La ville est tombée en ruines sans être reconstruite.

(B) C'est une nouvelle ville. Toutes les traces de la catastrophe ont disparu.

(C) C'est une station balnéaire au sud de l'ile, une destination touristique populaire.

(D) C'est une ville importante sur le plan historique et culturel.

61. Selon le reportage, quel type de touriste *ne* s'intéresserait *pas* à visiter Saint Pierre ?

(A) Un couple qui veut faire de la plongée sous-marine

(B) Des amis qui veulent faire des balades en forêt

(C) Des étudiants qui veulent se divertir dans une station balnéaire

(D) Une famille qui s'intéresse à la vie culturelle et artistique à la Martinique

62. Dans le contexte du reportage, que veut dire l'expression « on croise au hasard » ?

(A) On trouve du danger

(B) On trouve accidentellement

(C) On trouve rarement

(D) On trouve des obstacles

63. Selon le reportage, quelle serait une description appropriée de Saint Pierre ?

(A) Les fêtes de Carnaval ne s'arrêtent jamais à Saint Pierre

(B) C'est une ville idéale pour apprécier l'histoire et la culture de la Martinique

(C) C'est une ville romantique, la capitale martiniquaise des lunes de miel

(D) C'est une ville dévastée avec une grande prison à l'ombre d'un volcan

64. Imaginez que vous écrivez une carte postale à propos de votre visite à Saint Pierre. Selon ce que vous avez entendu dans le reportage, quelles sont les phrases les plus appropriées pour résumer vos expériences à Saint Pierre ?

(A) « Même mon prof d'archéologie sera jaloux de moi. J'ai exploré les ruines sur la terre et les naufrages sous la mer »

(B) « Nous sommes allés dans des boîtes de nuit animées et nous avons fait la fête à la plage »

(C) « J'ai fait du shopping dans le Quartier du Figuier. C'est un quartier moderne et branché »

(D) « C'est trop triste, cette ville. La ville entière est complètement détruite. Il n'y a absolument rien à faire. »

65. Imaginez que vous faites un exposé oral au sujet d'un aspect de la ville de Saint Pierre qui *n'*a *pas* été mentionné dans le reportage. Selon ce que vous avez entendu, quel serait le titre le plus approprié ?

(A) « L'archéologie de Saint Pierre »

(B) « Les trouvailles bizarres à la plage de Saint Pierre »

(C) « Les promenades en ville et en forêt à Saint Pierre »

(D) « Les meilleurs restaurants de Saint Pierre »

END OF SECTION 1, PART B

Section II

Interpersonal Writing: E-mail Reply
1 Prompt: 15 minutes

You will write a reply to an e-mail message. You have 15 minutes to read the message and write your reply.

Your reply should include a greeting and a closing and should respond to all the questions and requests in the message. In your reply, you should also ask for more details about something mentioned in the message. Also, you should use a formal form of address.

Vous allez écrire une réponse a un message électronique. Vous aurez 15 minutes pour lire le message et écrire votre réponse.

Votre réponse devrez débuter par une salutation et terminer par une formule de politesse. Vous devra répondre a toutes les questions et demandes du message. Dans votre réponse, vous devrez demander des détails a propos de quelque chose mentionne dans le texte. Vous devrez également utiliser un registre de langue soutenu.

Thème du cours : La vie universitaire

Introduction

Il s'agit d'un message électronique de Madame Yvette Labrune, directrice du programme Études sans Frontières. Vous recevez ce message parce que vous avez contacté Mme Labrune pour vous renseigner sur la possibilité de participer à un programme d'études en France.

De :	Yvette Labrune
Objet :	Programme d'études

Monsieur/Madame,

Nous vous remercions de votre message du 15 septembre, ainsi que de votre demande de renseignements concernant nos programmes d'études en France. Nous offrons une variété de programmes de long séjour qui pourraient vous intéresser. Afin de nous aider à identifier les programmes qui correspondent à vos désirs et à vos préférences, vous êtes prié(e) de bien vouloir répondre aux questions suivantes.

- Indiquez quelles matières académiques vous intéressent le plus et expliquez pourquoi.
- Indiquez vos préférences régionales. Y a-t-il une région ou une ville qui vous intéresse en particulier ? Expliquez pourquoi.

Je vous remercie de bien vouloir nous faire parvenir ces renseignements, dès que possible, afin que nous puissions identifier les programmes d'études qui vous conviendront le mieux.

Dans l'attente de vous lire, nous vous prions d'agréer l'expression de nos sentiments distinguées.

Yvette Labrune

Directrice

Études sans Frontières

Presentational Writing: Persuasive Essay 1 Prompt: 55 minutes

You will write a persuasive essay to submit to a French writing contest. The essay topic is based on three accompanying sources that present different viewpoints on the topic and include both print and audio material. First, you will have 6 minutes to read the essay topic and the printed material. Afterward, you will hear the audio material twice; you should take notes while you listen. Then, you will have 40 minutes to prepare and write your essay.

In your persuasive essay, you should present the sources' different viewpoints on the topic and also clearly indicate your own viewpoint and defend it thoroughly. Use information from all of the sources to support your essay. As you refer to the sources, identify them appropriately. Also, organize your essay into clear paragraphs.

Vous allez écrire un essai persuasif pour un concours d'écriture de langue française. Le sujet de l' essai est basé sur trois sources ci-jointes, qui présentent des points de vue différents sur le sujet et qui comprennent à la fois du matériel audio et imprimé. Vous aurez d'abord 6 minutes pour lire le sujet de l'essai et le matériel imprimé. Ensuite, vous écouterez l'audio deux fois; vous devriez prendre des notes pendant que vous écoutez. Enfin, vous aurez 40 minutes pour préparer et écrire votre essai.

Dans votre essai, vous devriez présenter les points de vue différents des sources sur le sujet et aussi indiquer clairement votre propre point de vue que vous défendrez à fond. Utilisez les renseignements fournis par toutes les sources pour soutenir votre essai. Quand vous ferez référence aux sources, identifiez-les de façon appropriée. Organisez aussi votre essai en paragraphes bien distincts.

Thème du cours : La langue et l'identité

Vous aurez 6 minutes pour lire le sujet de l'essai et les trios sources imprimés

Sujet de l'essai :

Faut-il garder le français comme langue officielle au Sénégal?

Source numéro 1

Introduction

Dans cette sélection il s'agit de la politique linguistique au Sénégal. L'extrait suivant est tiré d'un article publié sur l'Internet par un professeur de langue wolof en 2012.

Une Langue officielle importée : À quoi ça sert ?

À nos jours, au Sénégal, la langue de la loi, de l'autorité, et de la justice n'est pas la nôtre. Notre langue officielle nous est venue d'ailleurs. C'est une langue qui a été imposée aux Sénégalais par les autorités colonisatrices bien avant l'annonce de notre indépendance en 1960.

C'est une langue officielle qui persiste malgré les protestations de certains Sénégalais qui veulent choisir une langue officielle d'origine locale. Nous en avons plusieurs. Effectivement, il y a 37 langues différentes qui servent comme langues maternelles sénégalaises.

La langue maternelle, c'est la première langue, la langue de la famille, la langue de la vie quotidienne. Pour nous, la langue maternelle, c'est aussi la langue du cœur. C'est la langue dans laquelle on aime, la langue dans laquelle on pleure, la langue dans laquelle on rêve. En outre, la langue maternelle, c'est la langue de notre patrimoine culturel et familial. C'est la langue dans laquelle nous chantons nos épopées, celles qui font l'éloge de nos estimés ancêtres. Pour ne perdre nos racines culturelles, il faut préserver nos langues maternelles.

En tout cas, nous ne sommes pas monolingues au Sénégal. En plus de notre langue officielle importée et nos langues maternelles locales, nous parlons également les langues majoritaires des régions que nous fréquentons. Ces langues majoritaires servent souvent comme langues véhiculaires, les langues des affaires et des négociations.

Pour nous, la langue véhiculaire, c'est la langue de la main. C'est la langue dans laquelle on échange, soit pour faire ses petits commerces, soit pour partager ses idées avec les membres de la communauté régionale. Au nord de notre pays, cette langue est souvent le wolof. Au sud de la Gambie dans la région Casamance, c'est le dioula. Sans doute, il y en a d'autres, dépendant de son emplacement culturel et géographique. De cette manière, les langues véhiculaires servent à nous orienter dans le pays, à nous indiquer les endroits dans lesquels nous demeurons et les endroits par lesquels nous sommes passés. Elles nous rappellent les sonorités et les rythmes des espaces que nous avons traversés. Pour ne pas perdre nos traditions culturelles régionales, il faut préserver nos langues véhiculaires.

La langue officielle, c'est la langue d'une hiérarchie qui ne nous appartient pas tout à fait. C'est la langue du gouvernement, la langue de la police, la langue des magistrats, la langue de l'université. C'est également une langue d'exclusion, une langue qui marginalise ceux qui ne la parlent pas de manière exemplaire. Chez nous, l'aisance à s'exprimer en français ne suffit même pas. Au Sénégal, pour vraiment réussir dans les domaines de la politique, de la justice, de la loi, et de l'université, il faut parler français mieux qu'un Français. C'est un véritable défi.

Évidemment, chez nous, la situation linguistique est précaire. Néanmoins, dans un pays qui a 37 langues maternelles différentes, je refuse d'accepter la langue française comme la langue officielle de mon peuple. En définitive, je propose à désigner le wolof et le dioula, deux langues régionales majoritaires, comme les langues co-officielles du Sénégal.

Source numéro 2

Introduction

Dans cette sélection il s'agit des langues parlées au Sénégal comme langues maternelles. L'information présentée dans le graphique est adaptée du site Ethnologue qui catalogue les statuts de langue dans le monde.

Langues Majoritaires du Sénégal

Nombre de locuteurs comme langue maternelle

Langue	Au Sénégal	En Afrique Occidentale
Le Wolof :	3,93 millions	3,97 millions
Le Pulaar :	2,74 millions	3,69 millions
Le Sérère :	1,13 million	1,16 million
Le Mandinka :	669 000	1,3 million
Le Malinké :	422 000	525 000
Le Dioula :	340 000	413 000
Le Soninké	250 000	250 000
Le Français	20 000	chiffre non disponible

Source numéro 3

Vous aurez 30 secondes pour lire l'introduction.

Introduction

Dans cette sélection il s'agit de la politique de la langue au Sénégal. L'entretien original avec le Professeur Madjiguène Sow a été fait par Pierre Plantu, au Congrès Francophone de 2012.

L'entretien dure environ deux minutes et demie.

 **Listen to Audio Selection 6**

Interpersonal Speaking: Conversation
5 Prompts: 20 seconds for each response

You will participate in a conversation. First, you will have 1 minute to read a preview of the conversation, including an outline of each turn in the conversation. Afterward, the conversation will begin, following the outline. Each time it is your turn to speak, you will have 20 seconds to record your response.

You should participate in the conversation as fully and appropriately as possible.

Vous allez participer a une conversation. D'abord, vous aurez une minute pour lire une introduction a cette conversation qui comprend le schéma des échanges. Ensuite, la conversation commencera, suivant le schéma. Quand ce sera à vous de parler, vous aurez 20 secondes pour enregistrer votre réponse.

Vous devriez participer à la conversation de façon aussi complète et appropriée que possible.

Thème du cours : La vie quotidienne

Vous aurez 1 minute pour lire l'introduction.

Introduction

Il s'agit d'une conversation avec Marianne, une camarade de classe qui cherche un(e) colocataire. Vous participez à cette conversation parce que vous aimeriez habiter chez elle et vous voulez voir si vous vous entendez bien.

Listen to Audio Selection 7

Marianne : Elle vous accueille chez elle et décrit ses conditions de vie.

Vous : Exprimez votre désir d'habiter chez elle. Posez une question à propos du loyer.

Marianne : Elle vous indique le montant du loyer. Elle vous demande de décrire votre emploi du temps et vos activités habituelles.

Vous : Parlez de votre emploi du temps et de vos activités habituelles.

Marianne : Elle décrit sa personnalité et explique ses préférences concernant les colocataires.

Vous : Parlez de votre personnalité et de vos habitudes.

Marianne : Elle parle d'une soirée qu'elle organise chez elle la semaine prochaine.

Vous : Donnez et expliquez votre opinion sur l'activité proposée.

Marianne : Elle vous dit qu'elle vous contactera quand elle aura pris une décision.

Vous : Exprimer votre souhait d'habiter chez elle et dites au revoir.

Presentational Speaking: Cultural Comparison 1 Prompt: 2 minutes to respond

You will make an oral presentation on a specific topic to your class. You will have 4 minutes to read the presentation topic and prepare your presentation. Then you will have 2 minutes to record your presentation.

In your presentation, compare your own community to an area of the French-speaking world with which you are familiar. You should demonstrate your understanding of cultural features of the French-speaking world. You should also organize your presentation clearly.

Vous allez faire un exposé pour votre classe sur un sujet spécifique. Vous aurez 4 minutes pour lire le sujet de présentation et préparer votre exposé. Vous aurez alors 2 minutes pour l'enregistrer.

Dans votre exposé, comparez votre propre communauté à une région du monde Francophone que vous connaissez. Vous devriez montrer votre compréhension des facettes culturelles du monde Francophone. Vous devriez aussi organiser clairement votre exposé.

Thème du cours : L'identité culturelle

Sujet de présentation :

La cuisine est un aspect important de l'identité culturelle d'un pays. La cuisine américaine peut-elle être considérée comme un aspect important de l'identité culturelle des Etats-Unis ? A quel point la cuisine américaine est-elle importante dans le monde ? Comparez l'importance que les Etats-Unis accordent à la cuisine américaine avec l'importance que les Français ou les Francophones d'autres pays ou régions accordent à leur propre cuisine. Quel est l'impact de la cuisine française et d'autres régions Francophones dans le monde ?

END OF EXAM

Practice Exam 1

Answer Key and Explanations

Part A : Sélection 1

Question 1

(A)	This answer is incorrect because the article only talks about the problems of energy conservation, global warming, and alternative modes of transportation.
(B)	This answer is incorrect because the article is seeking people interested in participating, not organizing.
(C)	**This answer is correct because the article is seeking people to ride in a group biking event to raise public awareness about ecological issues.**
(D)	This answer is incorrect because the article is geared toward recruiting participants from the region of Provence.

Question 2

(A)	**This answer is correct because the goal of the demonstration is to raise public awareness about ecological issues.**
(B)	This answer is incorrect because the route changes from demonstration to demonstration.
(C)	This answer is incorrect because although the locals will like the race,it is not the goal of the demonstration.
(D)	This answer is incorrect because there is only a limited number of available helmets and bikes. It is not an organizational priority.

Question 3

(A)	This answer is incorrect because there is no mention of encouraging youth to participate in sports in the article.
(B)	This answer is incorrect because the organization wants to decrease not increase ecological waste.
(C)	This answer is incorrect because the organization offers a limited number of helmets and bikes to participants who would not otherwise be able to participate. They will not give helmets and bikes to all inhabitants of the region.
(D)	**This answer is correct because the organization wants to raise awareness about global warming.**

Question 4

(A)	This answer is incorrect because there is no mention of architecture in the article.
(B)	This answer is incorrect because neither the efforts of the group nor the ride route is limited to rural areas.
(C)	**This answer is correct because it speaks to the goal of the ride—to raise ecological awareness by having the route take cyclists through rural and urban spaces.**
(D)	This answer is incorrect because there is no mention of safe cycling during rush hour.

Question 5

(A)	This answer is incorrect because it is too informal in tone.
(B)	This answer is incorrect because it is too informal in tone.
(C)	This answer is incorrect because it is too formal in tone.
(D)	**This answer is correct because it is appropriate in tone and register.**

Part A : Sélection 2

Question 6

(A)	**This answer is correct because it conveys the sense of wandering suggested by the words.**
(B)	This answer is incorrect because it does not convey the sense suggested by the words.
(C)	This answer is incorrect because it does not convey the sense suggested by the words.
(D)	This answer is incorrect because it does not convey the sense suggested by the words.

Question 7

(A)	This answer is incorrect because the narrator does not mention being happy in the supermarket.
(B)	This answer is incorrect because the narrator describes how the food looks artificial.
(C)	**This answer is correct because seeing the artificial-looking food in the supermarket makes her wish she were somewhere else.**
(D)	This answer is incorrect because the supermarket is not like the open-air market.

Question 8

(A)	This answer is incorrect because these words are used to describe the supermarket.
(B)	**This answer is correct because she describes the market as a busy and interesting place.**
(C)	This answer is incorrect because she describes the market as a noisy, bustling space, not a calm one.
(D)	This answer is incorrect because the market is not described as a run-down place.

Question 9

(A)	This answer incorrect because some women do travel through the market to sell their wares.
(B)	**This answer is correct because the women do take moments to rest when they drink their afternoon tea.**
(C)	This answer is incorrect because it is possible to eat and drink at the market.
(D)	This answer is incorrect because there are many people at the market.

Question 10

(A)	This answer is incorrect because the narrator is not satisfied with her current location.
(B)	This answer is incorrect because the narrator makes no mention of being hungry.
(C)	This answer is incorrect because the narrator makes no mention of what she is preparing for dinner.
(D)	**This answer is correct because the narrator expresses that she wants to live in a different place and live a different life.**

Question 11

(A)	This answer is incorrect because the prices are subject to negotiation.
(B)	This answer is incorrect because there is no mention of the advantages of buying in bulk.
(C)	**This answer is correct because the narrator explains that all prices are subject to negotiation.**
(D)	This answer is incorrect because there is no mention of celebrities at the market.

Question 12

(A)	**This answer is correct because the narrator's memories have made her realize that she is unhappy in her present situation and that she would rather live somewhere else.**
(B)	This answer is incorrect because the narrator is not happy with her present situation.
(C)	This answer is incorrect because the narrator emphasizes the differences between the supermarket and the open air market.
(D)	This answer is incorrect because the narrator makes no mention of bartering at the supermarket.

Part A : Sélection 3

Question 13

(A)	This answer is incorrect because its primary goal is not to raise awareness about environmental problems.
(B)	This answer is incorrect because the article seeks to encourage rather than discourage ecotourism.
(C)	**This answer is correct because the article discusses the advantages of ecotourism for visitors and villagers in Tafi Atome.**
(D)	This answer is incorrect because the article makes no mention of awards.

Question 14

(A)	**This answer is correct because the monkeys are described as an attraction that is not to be missed.**
(B)	This answer is incorrect because the writer is positive rather than critical in her characterization.
(C)	This answer is incorrect because the writer encourages people to visit the sanctuary rather than maintaining a neutral tone.
(D)	This answer is incorrect because, rather than being hopeless, the situation of the monkeys has improved.

Question 15

(A)	This answer is incorrect because there is no talk of romantic engagements in the article.
(B)	This answer is incorrect because the length of stay can vary.
(C)	**This answer is correct because the author explains that there are many different formulas and variable lengths of stay for ecotourism projects.**
(D)	This answer is incorrect because it is possible to volunteer at some sites.

Question 16

(A)	**This answer is correct because the article mentions French as a language spoken in the village.**
(B)	This answer is incorrect because the article makes no mention of staying in Togo.
(C)	This answer is incorrect because the article makes no mention of English language courses.
(D)	This answer is incorrect because the article does not compare the prices of travel in Ghana with travel in neighboring countries.

Question 17

(A)	This answer is incorrect because there is no mention of shopping in the article.
(B)	**This answer is correct because visitors can learn about the history, society, culture, and ecology of Tafi Atome during their visit.**
(C)	This answer is incorrect because there is no mention of locals telling tourists about their everyday lives in the article.
(D)	This answer is incorrect because there is no mention of medical care for tourists in the article.

Question 18

(A)	This answer is incorrect because the goal of the project does not involve urban sectors.
(B)	This answer is incorrect because the article indicates that there are ecotourism projects in a variety of locations and settings.
(C)	This answer is incorrect because the article does not mention developing restaurants and hotels as a goal of ecotourism.
(D)	**This answer is correct because the article expresses the goal of ecotourism as projects that benefit local environments and local communities.**

Question 19

(A)	This answer is incorrect because Tafi Atome is not compared to other tourist destinations in Ghana in the table.
(B)	**This answer is correct because, according to the table, the number of visitors to Tafi Atome increases every year.**
(C)	This answer is incorrect because the table makes no mention of the benefits that villagers might receive from ecotourism initiatives.
(D)	This answer is incorrect because the number of visitors to Ghana does not increase invariably.

Question 20

(A)	**This answer is correct because, according to the table, the number of visitors to the village has steadily increased over the past four years.**
(B)	This answer is incorrect because the data presented in the table suggests a steady rise in tourism to Tafi Atome.
(C)	This answer is incorrect because the table indicates that the number of visitors to Tafi Atome has increased steadily whereas the number of visitors to Ghana has varied from year to year.
(D)	This answer is incorrect because the table makes no mention of the monkey population in Tafi Atome.

Question 21

(A)	This answer is incorrect because the article indicates that villagers are preserving local traditions through ecotourism initiatives.
(B)	This answer is incorrect because the article indicates that villagers have benefited from the ecotourism project, which suggests that they would maintain the project rather than abandon it.
(C)	This answer is incorrect because neither the article nor the table makes mention of zoos.
(D)	**This answer is correct because the article indicates that the villagers have used money from the ecotourism project to improve their schools and health care facilities.**

Question 22

(A)	This answer is incorrect because there is no mention of museums in the materials.
(B)	This answer is incorrect because there is no mention of agriculture in the materials.
(C)	This answer is incorrect because there is no mention of beaches in the materials.
(D)	**This answer is correct because the materials address the growth of ecotourism in Tafi Atome, a West African village.**

Question 23

(A)	**This answer is correct because the materials deal with how tourism can have a positive impact on local development projects.**
(B)	This answer is incorrect because there is no mention of agriculture in the materials.
(C)	This answer is incorrect because the materials deal with local rather than national projects.
(D)	This answer is incorrect because the materials deal with rural communities and make no mention of media outlets.

Part A : Sélection 4

Question 24

(A)	This answer is incorrect because, according to the letter, the events are not limited to students.
(B)	This answer is incorrect because, according to the letter, the events are not designed as student excursions.
(C)	**This answer is correct because, according to the letter, the group seems to promote dialogue among students and members of the local community.**
(D)	This answer is incorrect because, according to the letter, the events are not limited to campus.

Question 25

(A)	**This answer is correct because the letter seeks to promote an art event designed to create dialogue among members of the campus and local communities.**
(B)	This answer is incorrect because the letter does not ask for financial support.
(C)	This answer is incorrect because the letter does not ask for volunteer support.
(D)	This answer is incorrect because the letter does not reveal the identities of the artists.

Question 26

(A)	This answer is incorrect because the letter indicates that the artists are from 42 different countries.
(B)	This answer is incorrect because the letter does not suggest that the artists grew up in the community.
(C)	This answer is incorrect because the letter indicates that the artists are students.
(D)	**This answer is correct because the letter indicates that the artists are students from four different continents.**

Question 27

(A)	**This answer is correct because in this context "réaliser des sculptures" suggests making or creating.**
(B)	This answer is incorrect because the expression is not associated with understanding.
(C)	This answer is incorrect because the expression is not associated with destruction.
(D)	This answer is incorrect because the expression is not associated with recognition or familiarity.

Question 28

(A)	This answer is incorrect because the letter makes no mention of selling the works.
(B)	**This answer is correct because the letter suggests that the goal of the event is to create dialogue among diverse members of the campus and local communities.**
(C)	This answer is incorrect because the letter does not suggest the possibility of negotiating a collective sense of identity.
(D)	This answer is incorrect because the letter does not suggest that the event is a celebration.

Question 29

(A)	This answer is incorrect because the letter makes no mention of photos.
(B)	This answer is incorrect because the letter suggests that the identities of the artists will remain hidden until the closing event.
(C)	**This answer is correct because the letter indicates that there will be a map to the sculptures available on the website.**
(D)	This answer is incorrect because the letter does not mention the themes of the closing event.

Question 30

(A)	This answer is incorrect because the letter makes no mention of a student party.
(B)	This answer is incorrect because the letter makes no mention of the languages spoken by the members of the group.
(C)	This answer is incorrect because the letter indicates that the identities of the artists are unknown.
(D)	**This answer is correct because the letter indicates that the identities of the artists are unknown.**

Part B : Sélection 1

Question 31

(A)	**This answer is correct because the article presents two conflicting viewpoints on an issue.**
(B)	This answer is incorrect because the article tries to remain neutral. It mentions but does not promote new technologies
(C)	This answer is incorrect because the article tries to remain neutral. It mentions but does not deplore new technologies.
(D)	This answer is incorrect because the article does not present a pedagogical analysis.

Question 32

(A)	This answer is incorrect because the article does not mention the pace of learning.
(B)	This answer is incorrect because the article does not consider students' level of enjoyment in class.
(C)	This answer is incorrect because the article does not present using the internet as an advantage.
(D)	**This answer is correct because the article presents bringing people together from different locations as an advantage of the virtual classroom.**

Question 33

(A)	This answer is incorrect because the expression does not suggest appreciation.
(B)	This answer is incorrect because the expression does not suggest fear.
(C)	**This answer is correct because the expression suggests being fed up with something.**
(D)	This answer is incorrect because the expression does not suggest the idea of permitting or allowing.

Question 34

(A)	This answer is incorrect because the article does not privilege technological expertise over all other skills.
(B)	**This answer is correct because the article suggests that the best candidates will know how to communicate using technology and in person.**
(C)	This answer is incorrect because the article does not mention the importance of teaching strategies in view of job qualifications.
(D)	This answer is incorrect because the article does not suggest that technology is not useful for job candidates.

Question 35

(A)	This answer is incorrect because the article does not suggest that the event exclusively promotes the use of technology.
(B)	This answer is incorrect because the article does not suggest that the event discourages the use of technology.
(C)	**This answer is correct because the article suggests that different perspectives on the uses of technology will be compared and considered at the event.**
(D)	This answer is incorrect because the article does not suggest that the event has a political aim.

Question 36

(A)	**This answer is correct because the recording indicates that the professor forbids the use of technology in his classrooms. Computers would not be allowed in the class.**
(B)	This answer is incorrect because the recording indicates that the professor forbids the use of technology in his classrooms. These types of devices would not be allowed.
(C)	This answer is incorrect because the recording indicates that the professor forbids the use of technology in his classrooms. This type of text would not be allowed.
(D)	This answer is incorrect because the recording indicates that the professor forbids the use of technology in his classrooms. Computers would not be allowed in the class, even for the purpose of taking notes.

Question 37

(A)	This answer is incorrect because the recording indicates that the professor forbids the use of technology in his classrooms.
(B)	**This answer is correct because the recording indicates that the professor wants to reconnect students with the sensory experiences associated with reading.**
(C)	This answer is incorrect because the recording makes no mention of developing scholarly writing skills.
(D)	This answer is incorrect because the recording makes no mention of developing critical analysis skills.

Question 38

(A)	**This answer is correct because the recording indicates that Prof. Gaillard's detractors consider him to be unchanging and old-fashioned in his approaches.**
(B)	This answer is incorrect because, in the recording, Prof. Gaillard's detractors do not critique his sensitive nature or sensory capacities.
(C)	This answer is incorrect because, in the recording, Prof. Gaillard's detractors do not characterize him as unstable or impatient.
(D)	This answer is incorrect because, in the recording, Prof. Gaillard's detractors do not characterize him as unusual or individualistic.

Question 39

(A)	This answer is incorrect because the two sources present alternatives to using technology in the classroom.
(B)	This answer is incorrect because the two sources do not present pedagogical approaches for incorporating technology in the classroom.
(C)	**This answer is correct because the two sources both present the opinions of people who are against the use of technology in their classrooms.**
(D)	This answer is incorrect because the two sources try to remain neutral. They do not suggest that technology should be outlawed in classrooms.

Question 40

(A)	This answer is incorrect because the two sources do not make the claim that most professors are seeking to incorporate technology into their classrooms.
(B)	This answer is incorrect because the two sources do not mention student opinions on technology.
(C)	This answer is incorrect because the two sources suggest that, although some professors resist incorporating technology in their classrooms, they do not promote this trend.
(D)	**This answer is correct because the two sources present a variety of perspectives on incorporating technology in classrooms.**

Part B : Sélection 2

Question 41

(A)	**This answer is correct because the most popular foods presented in the table are high in proteins.**
(B)	This answer is incorrect because the most popular foods presented in the table are not necessarily high in sugars.
(C)	This answer is incorrect because the most popular foods presented in the table are not low in calories.
(D)	This answer is incorrect because the most popular foods presented in the table are not high in fats.

Question 42

(A)	This answer is incorrect because the table indicates food items that do not require much preparation.
(B)	This answer is incorrect because the table suggests that only a minor percentage of marathon runners vary their diets.
(C)	**This answer is correct because the table indicates popular food items that are easy to prepare and can be eaten in transit.**
(D)	This answer is incorrect because the table indicates that marathon runners pay attention to what they eat.

Question 43

(A)	This answer is incorrect because the table makes no mention of weight loss.
(B)	This answer is incorrect because the table suggests that only a minor percentage of marathon runners vary their diets.
(C)	**This answer is correct because the table presents dietary preferences of marathon runners. This could help aspiring runners develop an eating plan for successful training.**
(D)	This answer is incorrect because the table does not mention anorexia or other eating disorders.

Question 44

(A)	**This answer is correct because, in the conversation, Marie says that she is nervous because she is preparing to run her first marathon.**
(B)	This answer is incorrect because, in the conversation, Marie does not express concern about her eating habits.
(C)	This answer is incorrect because, in the conversation, Marie does not mention that Mathilde is a faster runner than she.
(D)	This answer is incorrect because, in the conversation, Marie does not express her dietary preferences.

Question 45

(A)	**This answer is correct because the expression conveys the sense of completing regular training.**
(B)	This answer is incorrect because the expression does not convey a sense of speed.
(C)	This answer is incorrect because the expression does not convey a sense of difficulty.
(D)	This answer is incorrect because the expression does not convey a sense of fear.

Question 46

(A)	This answer is incorrect because, in the conversation, Mathilde describes how she eats full meals before running a marathon.
(B)	**This answer is correct because, in the context of the conversation, Mathilde just suggested that she failed to complete a race after having varied her pre-race regime.**
(C)	This answer is incorrect because, in the conversation, there is no mention of spices.
(D)	This answer is incorrect because, in the context of the conversation, Mathilde indicated that she did not finish that race. It is illogical to suggest that she would be happy with the result.

Question 47

(A)	This answer is incorrect because Mathilde's favorite marathon breakfast does not correspond with the most popular item in the table.
(B)	This answer is incorrect because Mathilde suggests that varying her pre-race diet produced a negative result.
(C)	**This answer is correct because both sources present evidence that a majority of marathon runners do not vary their pre-race diets.**
(D)	This answer is incorrect because the table does not correlate foods with marathon success.

Part B : Sélection 3

Question 48

(A)	This answer is incorrect because the poverty level is not mentioned in the recording.
(B)	**This answer is correct because the recording considers post-election problems and how they may have been prevented.**
(C)	This answer is incorrect because the artistic heritage of the country is not mentioned in the recording.
(D)	This answer is incorrect because obstacles to immigration are not mentioned in the recording.

Question 49

(A)	This answer is incorrect because, in the recording, the artist speaks against the involvement of foreign governments in the internal affairs of his country.
(B)	This answer is incorrect because because immigration is not mentioned in the recording.
(C)	**This answer is correct because, in the recording, the artist indicates his mistrust of the involvement of foreign governments in the internal affairs of his country.**
(D)	This answer is incorrect because levels of poverty are not mentioned in the recording.

Question 50

(A)	**This answer is correct because it conveys the sense of not wanting to make one's identity known to others as communicated in the expression.**
(B)	This answer is incorrect because the expression does not convey the sense of speaking frankly.
(C)	This answer is incorrect because the expression does not convey the sense of choosing one's words carefully.
(D)	This answer is incorrect because the expression does not convey the sense of debating a controversial subject.

Question 51

(A)	This answer is incorrect because the recording makes no mention of providing financial support to artists.
(B)	This answer is incorrect because, in the recording, the artist expresses that he disagrees with foreign involvements in his country.
(C)	**This answer is correct because, in the recording, the artist indicates that he wishes the people of his country had had more time to coordinate peacemaking efforts before holding their elections.**
(D)	This answer is incorrect because the recording makes no mention of providing financial support for elections.

Question 52

(A)	This answer is incorrect because the recording indicates that the artist is speaking under the condition of anonymity.
(B)	This answer is incorrect because the artist makes no mention of his art work or his expositions in the recording.
(C)	This answer is incorrect because the artist makes no mention of immigration in the recording.
(D)	**This answer is correct because the artist is discussing the current problems in his country. Asking about future predictions fits with the content of the conversation.**

Part B : Sélection 4

Question 53

(A)	**This answer is correct because the announcement is seeking volunteers.**
(B)	This answer is incorrect because the goal of the announcement is not to expose a problem, it is to recruit people to help deal with the aftermath of the problem.
(C)	This answer is incorrect because it makes no mention of fundraising.
(D)	This answer is incorrect because it makes no mention of tourism.

Question 54

(A)	This answer is incorrect because, in the announcement, fishing is not mentioned as a training activity.
(B)	This answer is incorrect because the announcement makes no mention of training recruits on how to take advantage of other people.
(C)	This answer is incorrect because the announcement makes no mention of emergency response training for recruits.
(D)	**This answer is correct because the announcement indicates that recruits will learn how to work safely and efficiently during their training session.**

Question 55

(A)	This answer is incorrect because the expression does not convey the sense of getting up early in the morning.
(B)	**This answer is correct because the expression conveys the sense of facing challenges directly.**
(C)	This answer is incorrect because the expression does not convey the sense of offering one's services.
(D)	This answer is incorrect because the expression does not convey the sense of having fun while working.

Question 56

(A)	This answer is incorrect because the announcement indicates that the organization cannot pay its volunteers.
(B)	This answer is incorrect because the announcement indicates that the work will not be fun.
(C)	This answer is incorrect because the announcement makes no mention of tourism.
(D)	**This answer is correct because the announcement indicates that volunteers will receive food and lodging in exchange for their efforts.**

Question 57

(A)	This answer is incorrect because the tone is too informal.
(B)	**This answer is correct because the tone is a professional one.**
(C)	This answer is incorrect because this expression would be used to close rather than to open a letter.
(D)	This answer is incorrect because the tone is too informal.

Part B : Sélection 5

Question 58

(A)	This answer is incorrect because there was no mention of fire in the report.
(B)	**This answer is correct because the report indicates that a volcanic eruption struck the city of Saint Pierre.**
(C)	This answer is incorrect because there was no mention of an earthquake in the report.
(D)	This answer is incorrect because there was no mention of a hurricane in the report.

Question 59

(A)	This answer is incorrect because the report does not indicate why Louis Cyparis was imprisoned.
(B)	This answer is incorrect because the report does not indicate that Louis Cyparis wrote poetry.
(C)	This answer is incorrect because the report indicates that there was only one survivor of the catastrophe.
(D)	**This answer is correct because the report indicates that Louis Cyparis was the lone survivor of the catastrophe.**

Question 60

(A)	This answer is incorrect because the report indicates that the city has been rebuilt.
(B)	This answer is incorrect because the report indicates that there are still charred ruins throughout the city.
(C)	This answer is incorrect because the report does not characterize Saint Pierre as a resort town.
(D)	**This answer is correct because the report indicates that Saint Pierre has important sites of historical and cultural interest.**

Question 61

(A)	This answer is incorrect because scuba diving is one of the tourist activities mentioned in the report.
(B)	This answer is incorrect because hikes in the forest are mentioned as a tourist activity in the report.
(C)	**This answer is correct because the report does not characterize Saint Pierre as a resort town.**
(D)	This answer is incorrect because the report mentions that Saint Pierre has sites of historical and cultural interest.

Question 62

(A)	This answer is incorrect because the expression does not convey the sense of danger.
(B)	**This answer is correct because the expression conveys the sense of finding something by chance.**
(C)	This answer is incorrect because the expression does not convey the sense of rarity.
(D)	This answer is incorrect because the expression does not convey the sense of obstacles.

Question 63

(A)	This answer is incorrect because Carnival is not mentioned in the report.
(B)	**This answer is correct because the report indicates sites of historical and cultural interest in Saint Pierre.**
(C)	This answer is incorrect because neither romantic excursions nor honeymoons are mentioned in the report.
(D)	This answer is incorrect because the report indicates that the prison at the base of the volcano was destroyed during the volcanic eruption. There is no mention of reconstructing the prison.

Question 64

(A)	**This answer is correct because, according to the report, there are opportunities to explore the ruins on land and to visit shipwrecks during scuba-diving excursions.**
(B)	This answer is incorrect because there is no mention of nightclubs in the report.
(C)	This answer is incorrect because, in the report, this neighborhood is described as a former commercial center than now lies in ruins.
(D)	This answer is incorrect because the report indicates a wide variety of activities of athletic, natural, historical and cultural interest.

Question 65

(A)	This answer is incorrect because the report indicates that the city could be of interest to archaeologists.
(B)	This answer is incorrect because the report indicates that unusual objects wash up on the shores of Saint Pierre.
(C)	This answer is incorrect because the report indicates possibilities to walk around the city and to hike in the neighboring forests.
(D)	**This answer is correct because the report makes no mention of restaurants in Saint Pierre.**

Section II

Interpersonal Writing: Email Reply

Sample Response

Madame Labrune,

Je vous adresse mes plus vifs remerciements pour votre réponse rapide et instructive à mon message du 15 septembre. Suite à votre demande de renseignements concernant mes préférences relatives à vos programmes de long séjour en France, je vous écris pour vous les indiquer.

Je suis étudiant de deuxième année et fais des études de langue française et de biologie. Je m'intéresse surtout aux sciences cognitives et aux rapports entre la cognition et l'acquisition des langues. J'envisage très sérieusement de poursuivre ma carrière dans les sciences ou dans la médecine.

Je suis un passionné de langue française et j'ai l'intention de me perfectionner en français pendant mon séjour en France. Quant à mes préférences régionales, je n'en ai pas. Toute la France m'intéresse. Néanmoins, j'aimerais autant habiter dans une grande ville, surtout pour profiter de la culture citadine pendant mon séjour.

J'ai remarqué sur votre site web qu'il y a un programme de long séjour à Strasbourg qui m'intéresse beaucoup. J'aimerais savoir s'il serait possible d'y faire un stage pendant mon séjour. Je vous serais très reconnaissant de m'envoyer plus d'informations sur ce programme.

Dans l'attente de votre réponse, je vous prie d'agréer, Madame, l'expression de mes salutations distinguées,

Pierre Arnaud

Presentational Writing: Persuasive Essay

Sample Response

Évidement, la question de savoir comment choisir une langue officielle ne s'agit pas d'un sujet à considérer avec désinvolture. D'une part, une langue officielle doit unir le peuple d'une nation et leur permettre de s'exprimer librement afin de partager leurs perspectives diverses à propos des lois, des valeurs, et des institutions de leur société. D'autre part, il est important qu'une langue officielle représente le peuple d'une nation sur le plan international. De cette manière, il est essentiel que la langue sélectionnée serve simultanément comme langue représentative et langue diplomatique.

Dans les contextes postcoloniaux, la question de savoir comment choisir une langue officielle est souvent compliquée davantage par l'héritage problématique du colonialisme. Prenons le cas de Sénégal contemporain où le français sert comme langue officielle unique malgré la présence de 37 langues africaines. Selon le site Ethnologue (source numéro 2), il y a sept langues mentionnées comme langues maternelles majoritaires au Sénégal, y compris le wolof et le dioula. Tandis que le wolof a 3,93 millions de locuteurs et le dioula a 340 000 locuteurs, il n'y a que 20 000 personnes qui parlent français comme langue maternelle au Sénégal.

Bien que les chiffres soient révélateurs, le faible nombre de locuteurs maternels de français au Sénégal ne constitue qu'un seul aspect d'une situation compliquée. Certains critiques, y compris l'auteur de l'article « Une Langue officielle importée : À quoi ça sert ? » (source numéro 1), mettent en relief d'autres problèmes concernant le statut de langues au Sénégal. Tout d'abord, l'auteur de l'article évoque l'héritage encombrant du colonialisme français ainsi que de l'autorité coloniale dans son pays. Tout en caractérisant la situation linguistique actuelle comme « précaire », il insiste que le statut officiel de la langue française s'agit d'un rappel douloureux et une perpétuation in justedes inégalités infligées sous le système colonial, nommément dans les domaines du gouvernement, de l'éducation, et de la justice. Étant donné que le patrimoine de la langue française est tellement controversé au Sénégal, l'auteur préconise le refus de soutenir le français comme langue officielle. Par conséquence, il propose la désignation de deux langues locales majoritaires, le wolof et le dioula, comme langues co-officielles de son pays.

S'il est vrai que certains Sénégalais veulent remplacer le français comme langue officielle, expressément par des langues sénégalaises majoritaires, il est non moins vrai que d'autres Sénégalais veulent maintenir le statut officiel de la langue française dans leur pays, y compris le Professeur Madjiguène Sow. Dans un entretien avec Pierre Plantu au Congrès Francophone de 2012 (source numéro 3), Sow explique qu'il serait dangereux de remplacer le français par deux langues sénégalaises majoritaires. À son avis, un tel changement consoliderait le pouvoir politique et social des groupes majoritaires au détriment des groupes minoritaires ethniques ou linguistiques. En outre, Sow affirme que le statut officiel du français facilite la communication, l'échange, et les rapports diplomatiques entre les pays francophones de la région sahélienne. Pour renforcer cette opinion, Sow explique que chaque pays avoisinant a son propre « profil linguistique ». De cette manière, les groupes linguistiques majoritaires du Sénégal ne correspondent pas à ceux de Côte d'Ivoire. Selon Sow, pour éviter une politique d'isolement et pour maintenir de bons rapports avec les pays francophones sahéliens, il vaut mieux garder le français, ce qu'elle caractérise comme « langue de diplomatie régionale stratégique », comme langue officielle du Sénégal.

Bien que la polémique concernant la politique linguistique au Sénégal soit compliquée, à mon avis, l'explication du Professeur Sow est la plus convaincante. Il est évident que les avantages de préserver le français comme langue officielle l'emportent sur les inconvénients de choisir une ou deux langues sénégalaises majoritaires. Dans l'intérêt de maintenir la paix et la stabilité entre les groupes ethniques et linguistiques divers et de promouvoir la diplomatie et la coopération entre les pays francophones de la région sahélienne, je constate qu'il vaut mieux préserver le français comme langue officielle du Sénégal.

Interpersonal Speaking: Conversation

Sample Audio Response

Marianne : Bonjour. Bienvenue chez moi. Comme tu vois, il y a une salle de séjour ensoleillée et une cuisine bien équipée. La salle de bains est minuscule, mais en bon état. Il y a aussi deux chambres à coucher confortables. Voici la mienne et voici la chambre disponible.

Vous : L'appartement me convient parfaitement ! J'aimerais louer la chambre. Combien coûte le loyer mensuel ?

Marianne : Le loyer est de 500 euros par mois, toutes charges comprises. Je suis contente que l'appartement t'intéresse. En tout cas, j'aimerais me rassurer que nous nous entendrons bien ensemble. Pourrais-tu me parler de ton emploi du temps et de tes activités habituelles?

Vous : Bon. Je fais des études de français et d'anthropologie à la Sorbonne. Évidemment, pendant la semaine, je passe beaucoup de temps en classe et à la bibliothèque. Je suis assez sportive. Je fais du jogging et du yoga assidûment. Pendant le week-end, j'aime sortir en ville avec mes amis. Nous aimons surtout aller aux concerts, aux cafés et aux musées.

Marianne : Oh, c'est bon. Je pense que cela me conviendra. Quant à moi, je suis très occupée en ce moment et je ne passe pas trop de temps dans l'appartement. En tout cas, de temps en temps j'aime inviter spontanément des amis chez moi pour boire un verre ou partager un repas. Pour cette raison, je préfère que l'appartement soit propre et bien rangé tout le temps. Pourrais-tu me parler de ta personnalité et tes habitudes ?

Vous : Bien sûr. Comme j'ai dit, je suis assez sportive. J'aime me lever tôt le matin pour faire du jogging ou du yoga. Je suis studieuse, alors je passe beaucoup de temps en classe ou à la bibliothèque.

Je suis sociable aussi. J'aime passer de bons moments avec des amis, surtout aux concerts. Je suis passionnée de musique. Également, j'aime faire la connaissance des jeunes parisiens et discuter de la politique, de la culture, et surtout de la musique avec eux.

Marianne : La semaine prochaine, j'organise une soirée ici, dans l'appartement, pour fêter l'anniversaire de ma meilleure amie Diane. Il y aura des amuse-gueules à grignoter et un gâteau d'anniversaire. Il y aura une quinzaine de personnes à l'appartement de 9h à minuit. J'espère que la fête ne te dérangera pas.

Vous : Non, pas du tout. Il est important de célébrer les grandes occasions avec des amis. Si tu le permets, je pourrais préparer un dessert américain à l'honneur de l'occasion.

Marianne : Bon. C'était un plaisir de te revoir. Je te contacterai dès que j'aurai pris une décision. Au revoir et a bientôt!

Vous : Merci, Marianne. J'espère pouvoir habiter chez toi. Au revoir !

Presentational Speaking : Cultural Comparison

Sample Audio Response

Il est indéniable que les études de langues étrangères sont beaucoup plus importantes aux Français qu'aux Américains. Bien que les Français n'aient pas toujours été réputés pour les compétences multilingues, à nos jours, les jeunes Français réussissent souvent à parler deux, trois, ou quatre langues couramment. Par contraste, aux États-Unis, il est rare de rencontrer des personnes qui sont capables de s'exprimer dans une deuxième ou troisième langue.

Pour expliquer ces différences culturelles et linguistiques, tout d'abord, il faut mentionner que le système éducatif en France exige les études de langues étrangères. Pendant leurs années à l'école, au collège, et au lycée, les jeunes Français sont obligés d'apprendre au moins deux langues étrangères, typiquement l'anglais et une autre langue européenne. En outre, au lycée ou à l'université, les étudiants français sont encouragés d'apprendre d'autres langues.

À la différence du système français, le système éducatif américain n'oblige pas les études de langues étrangères. Ce sont pour la plupart des cours facultatifs qui ne font pas toujours partie du programme scolaire. En général, les cours de langues ne sont que rarement offerts aux écoles primaires américaines. Par conséquence, les étudiants qui s'intéressent à apprendre une ou deux langues étrangères sont souvent incapables de commencer leurs études jusqu'au niveau secondaire ou même au niveau universitaire. C'est un grand problème aux États-Unis.

En fin de compte, à cause des différences systématiques et culturelles, les Américains parlent moins de langues étrangères que les Français. Dans le but de cultiver un vrai esprit de multiculturalisme, je préconise l'apprentissage obligatoire de langues étrangères aux États-Unis.

Practice Exam 2

Also available at the REA Study Center *(www.rea.com/studycenter)*

This practice exam is available at the REA Study Center. Although AP exams are administered in paper-and-pencil format, we recommend that you take the online version of the practice exam for the benefits of:

- Instant scoring
- Enforced time conditions
- Integrated audio for the listening portions of the exam
- Detailed score report of your strengths and weaknesses

Audio for this printed practice exam may be downloaded from the REA Study Center (*www.rea.com/studycenter*). First, you need to redeem your access code that can be found on the inside front cover of this book.

Section I, Part A

Interpretive Communication: Print Texts

Total time—Approximately 1 hour 35 minutes

Part A Time — 40 minutes

You will read several selections. Each selection is accompanied by a number of questions.

For each question, choose the response that is best according to the selection and mark your answer on your answer sheet.

Vous allez lire plusieurs sélections. Chaque sélection est accompagnée de plusieurs questions.

Pour chaque question, choisissez la meilleure réponse selon la sélection et indiquez votre réponse sur votre feuille de réponse

Sélection numéro 1

Thème du cours : La vie contemporaine

Introduction

Dans cette sélection il s'agit de Jenson Button qui est britannique. L'article original a été publié le 31 juillet 2011 par le journaliste Olivier Guillemain sur Yahoo.

F1 : Jenson Button Remporte Le Gp De Hongrie Pour Sa 200e

Pour son 200e départ en Formule un, le Britannique Jenson Button a triomphé dimanche au Grand Prix de Hongrie, devant l'Allemand Sebastian Vettel et l'Espagnol Fernando Alonso.

Au terme d'une course rythmée par la pluie et par les stratégies de pneumatiques, le pilote McLaren a signé sur le Hungaroring sa deuxième victoire de la saison, après le GP du Canada en juin.

Au classement des pilotes, Sebastian Vettel, sur Red Bull, survole toujours le championnat, avec 85 points d'avance sur son coéquipier Mark Webber, qui a terminé cinquième de la course. En revanche, Lewis Hamilton n'est plus qu'à trois points de l'Australien (146), suivi de près par Fernando Alonso (145).

Avec cette victoire importante, le pilote britannique sacré champion du monde en 2009 a par ailleurs étendu la bonne série enregistrée ces dernières semaines par son écurie McLaren, victorieuse des deux derniers GP.

Dans un certain sens, ce précieux succès sonne comme une petite bouffée d'oxygène pour le championnat du monde de F1, complètement dominé par les Red Bulls depuis le début de la saison.

Car à partir de demain et ce jusqu'au prochain GP de Belgique à Spa-Francorchamps le 28 août, pilotes et écuries observeront une mini-trêve, en attendant les huit dernières courses de la saison.

1. Quelles difficultés y avait-il pendant cette course ?

   (A) Il y avait trop de circulation.

   (B) Le temps était mauvais.

   (C) Ils étaient tous crevés.

   (D) Il y avait beaucoup d'accidents.

2. Qui est en première place pour la saison ?

   (A) Jenson Button

   (B) Mark Webber

   (C) Fernando Alonso

   (D) Sebastian Vettel

3. Où ont lieu d'autres Grand Prix cette saison ?

   (A) Au Canada et en Belgique

   (B) En Allemagne et en Espagne

   (C) En Australie et en Hongrie

   (D) En Angleterre et aux Etats-Unis

4. Que feront les pilotes le 28 août ?

   (A) Ils attendront les dernières courses de la saison.

   (B) Ils seront en vacances.

   (C) Ils participeront au Grand Prix.

   (D) Ils seront en Hongrie.

5. Que veut-on dire quand on écrit « une petite bouffée d'oxygène » au sujet du succès en Hongrie ?

   (A) Que les pilotes avaient faim.

   (B) Que les pilotes bâillent pendant la course.

   (C) Que les pilotes ont du mal à contrôler leurs voitures.

   (D) Que le succès donne force à l'équipe.

6. Que dirait Sebastian Vettel au sujet de cette course ?

   (A) « Youpi, j'ai gagné ! »

   (B) « Même si j'étais deuxième, je reste champion de la saison »

   (C) « J'ai eu des problèmes mécaniques »

   (D) « Félicitations à Fernando Alonso »

Sélection numéro 2

Thème du cours : L'environnement

Introduction

Dans cette sélection il s'agit des mesures prises par la France pour s'adapter au réchauffement climatique. L'article original a été publié le 20 juillet 2011 par la journaliste Marielle Court pour le journal en ligne du Figaro.

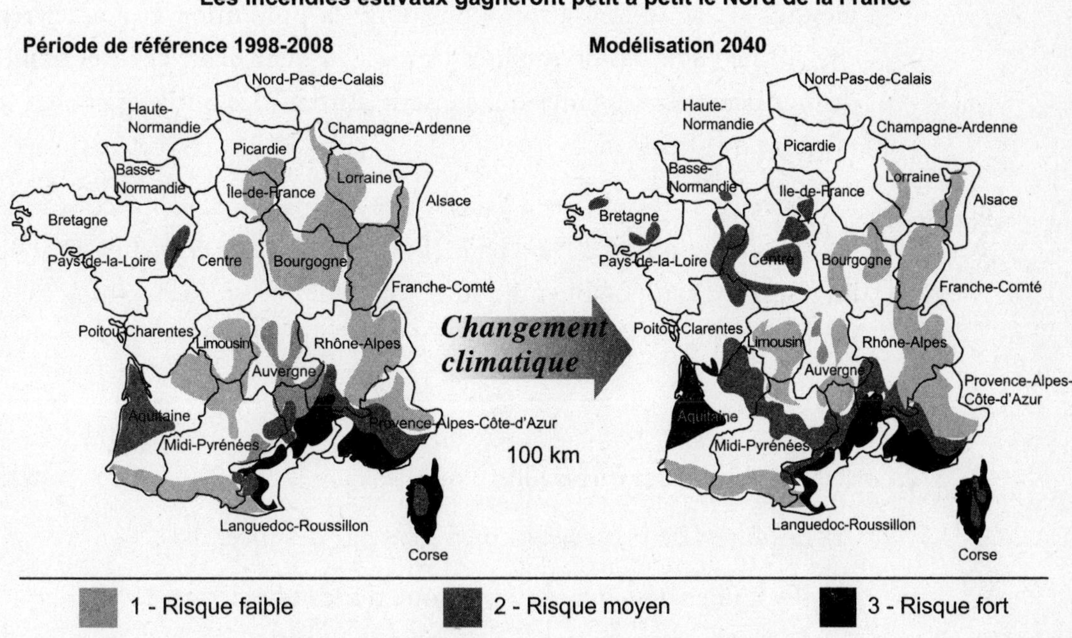

Sensibilité aux incendies de forêts estivaux des massifs forestiers supérieurs à 100 hectares

---

La France doit s'adapter au réchauffement

«Le changement climatique est déjà en cours», a rappelé mercredi Nathalie Kosciusko-Morizet en présentant le premier plan gouvernemental d'adaptation national au changement climatique.

INFOGRAPHIE - Manque d'eau, érosion des côtes, maladies, les risques liés au climat menacent.

La forêt de Fontainebleau en proie aux flammes, des épidémies de dengue dans le sud de la France, des maisons inondées à la faveur des marées de l'Atlantique… S'ils ne sont pas réels, ces scénarios n'en sont pas moins plausibles d'ici à la fin du siècle. «Le changement climatique est déjà en cours», a rappelé mercredi Nathalie Kosciusko-Morizet en présentant le premier plan gouvernemental d'adaptation national au changement climatique. «En France, les températures augmentent d'environ 2/10es de degré par décennie», souligne de son côté le climatologue Jean Jouzel avec des projections d'évolutions de températures d'ici à la fin du siècle variant suivant les modèles de plus 2°C (plutôt optimiste) à plus 3,5°C (plutôt pessimiste).

Le plan qui concerne quinze ministères se décline en près de deux cents mesures visant tout à la fois à améliorer la prévention et à accélérer la recherche. «Il ne s'agit pas de mesures législatives mais dans leur très grande majorité de mesures réglementaires qui s'inscrivent dans les outils existants», explique la ministre de l'Écologie.

Protéger la ressource en eau est une des priorités. L'objectif est de diminuer la consommation de 20% d'ici à 2020, notamment en réduisant les pertes dans les réseaux d'eau potable qui, du fait de leur vétusté, s'élèvent à 25% au niveau national, voire 50% dans certaines parties du territoire.

---

7. Quel problème ces cartes illustrent-elles ?

(A) Les forêts de France sont menacées par des incendies.

(B) Il y a une augmentation du risque d'incendie depuis 1998.

(C) Il y a un manque d'eau depuis 1998.

(D) Le climat de la France a changé depuis 1998.

8. Selon l'article, pourquoi les catastrophes deviennent-elles de plus en plus possibles ?

(A) A cause d'un manque d'eau.

(B) A cause d'une augmentation de température.

(C) A cause des tempêtes dans l'Atlantique.

(D) A cause des mesures législatives.

9. Comment les ministères comptent-ils lutter contre les problèmes du climat ?

(A) Ils veulent mettre en place des mesures réglementaires.

(B) Ils veulent que les mesures qui existent déjà soient plus appliquées.

(C) Ils veulent changer le climat à la fin du siècle.

(D) Ils veulent arroser la forêt de Fontainebleau.

10. Lequel des problèmes suivants n'est pas causé par le changement climatique ?

(A) Le prix de l'essence.

(B) Les incendies en été.

(C) L'augmentation du niveau de la mer.

(D) La sécheresse du Midi.

11. Comment va-t-on protéger la ressource en eau ?

(A) On va cultiver moins de forêts.

(B) On va améliorer le système des réservoirs en France.

(C) On va augmenter le prix de l'eau de 20% d'ici à 2020.

(D) On va utiliser les mers pour fabriquer de l'eau potable.

12. A votre avis, comment répondrait Nathalie Kosciusko-Morizet à la question « Qu'est-ce les gens peuvent faire pour aider ? »

(A) « Il faut travailler contre l'érosion des côtes. »

(B) « Il faut se faire vacciner contre les épidémies. »

(C) « Il faut boire moins d'eau. »

(D) « Il faut obéir aux règles des ministères. »

13. Que veut dire « en cours » ?
    (A) Que le climat est en train de changer.
    (B) Que le climat change très vite.
    (C) Que le prix de la nourriture augmente.
    (D) Qu'il est trop tard pour sauver le monde.

14. Quel est le but de cet article ?
    (A) De faire des changements en ce qui concerne les incendies.
    (B) D'expliquer les mesures prises par le gouvernement concernant l'évolution du climat.
    (C) De protéger le climat.
    (D) De lancer de nouvelles recherches et des projets gouvernementaux.

15. Selon les cartes de France, laquelle de ces phrase est correcte ?
    (A) Les incendies vont affecter le nord de la France dans l'avenir.
    (B) Les incendies restent seulement dans le sud.
    (C) Les risques d'incendie resteront les mêmes.
    (D) Les risques d'incendie diminuent.

16. Quelle est la priorité du gouvernement ?
    (A) D'utiliser moins d'eau potable.
    (B) De diminuer la ressource en eau.
    (C) De consommer 20% moins d'eau d'ici à 2020.
    (D) D'élever les pertes à 50% au niveau national.

17. Vous allez parler avec Nathalie Kosciusko-Morizet. Que lui demanderiez-vous ?

    (A) « Je voudrais en savoir plus sur les mesures prises par le gouvernement. »

    (B) « Je veux te demander si tu penses que le climat va changer pendant les prochaines années. »

    (C) « Je vous prie d'écrire plus au sujet du changement climatique. »

    (D) « Madame, à votre avis, pensez-vous que la consommation d'eau potable est bonne pour la santé ? »

18. Que signifie « des épidémies de dengue » en ligne 1 ?

    (A) La dengue est un type spécial d'incendie.

    (B) La dengue est une maladie particulièrement présente quand il fait chaud.

    (C) La dengue est une flamme.

    (D) La dengue est dans la mer.

Sélection numéro 3

Thème du cours : Innovation et Recherche

Introduction

Dans cette sélection il s'agit des projets de la SNCF pour réduire la circulation des camions de fret. L'article original a été publié le 26 août 2010 sur le site de la SNCF.

Arrêt sur autoroute (ferroviaire)

Mettre 500 000 camions sur le train et éviter 500 000 tonnes de CO_2 par an : c'est le pari de la SNCF pour pousser le train, libérer la route et sauver le climat.

Le Grenelle a dit : hissez la part du fret ferroviaire et fluvial à 17,5 % en 2012 et 25 % en 2022. Il y a du chemin à faire ! De 42 % en 1984, elle est tombée à 14 % en 2007. L'État investit 7 milliards d'euros dans l'affaire et la SNCF retrousse ses manches avec une obligation de réussite.

C'est possible ! Les deux premières autoroutes ferroviaires en service le prouvent. La liaison Luxembourg-Perpignan couvre plus de 1 000 km en 14h30, avec une ponctualité à 30 minutes de plus de 93 %. En 2009, elle a soulagé la route de 17 000 remorques et en 2010 ce sera 31 000. L'autoroute ferroviaire alpine traverse les Alpes entre Aiton et Orbassano, elle a embarqué 22 000 remorques en 2009, une bouffée d'air pur pour les riverains et pour nos belles montagnes.

Plus loin… Dès 2013, l'autoroute ferroviaire alpine sera allongée vers la région lyonnaise et la SNCF veut la connecter à l'autoroute Luxembourg-Perpignan, un grand sillon vertueux des ports de la mer du Nord à l'Espagne. Deux nouvelles autoroutes sont à l'étude : Lille-Turin pour 2012 et Lille-Paris-Bayonne pour 2013. Au total, ces 4 axes pourront transporter 500 000 camions en 2020 au rythme de plus de 50 navettes par jour.

Avis aux chargeurs : vous pourrez passer les frontières le dimanche, utiliser vos semi-remorques classiques (pas d'investissement), éviter les aléas de la circulation routière et les retards, et réduire de 80 % vos émissions de CO_2. Alors, en avant les autoroutes ferroviaires !

---

19. Que veut dire « autoroute ferroviaire » ?

(A) Les chemins de fer.

(B) Les autoroutes.

(C) Les transports en commun.

(D) Les arrêts de trains.

20. Pourquoi veut-on mettre 500 000 camions sur le train ?

(A) Pour éviter 500 000 tonnes sur les autoroutes.

(B) Pour protéger la SNCF.

(C) Pour conduire plus vite sur les autoroutes.

(D) Pour protéger l'environnement.

21. Cela permettrait...

(A) d'éviter les aléas de la circulation ferroviaire.

(B) de réduire les émissions de CO_2.

(C) de réduire le nombre d'autoroutes ferroviaires.

(D) d'aider la SNCF.

22. Combien d'autoroutes ferroviaires sont en service aujourd'hui ?

(A) 1

(B) 2

(C) 3

(D) 4

23. Combien d'autoroutes y aura-t-il en 2020 ?

(A) 1

(B) 2

(C) 3

(D) 4

24. Que veut dire « navette » ?

(A) Un voyage aller-retour.

(B) Naviguer.

(C) Un petit wagon de train.

(D) Un passager

25. Quel est « le pari » de la SNCF ?

(A) Améliorer les autoroutes ferroviaires.

(B) Gagner des passagers.

(C) Augmenter la vitesse des trains.

(D) Doubler son profit.

Sélection numéro 4

Thème du cours : La quête de soi

Introduction

Dans cette sélection il s'agit d'un poème de Philippe-Louis Onbédé. Philippe-Louis est né au Cameroun en 1930 et écrit sous le pseudonyme « René Philombe ». Le poème parle de la colonisation de l'Afrique et a été publié en 1978.

« Civilisation »

Ils m'ont trouvé dans les ténèbres saines
de ma hutte de bambou
Ils m'ont trouvé
vêtu d'Obom et de peaux de bête
avec mes palabres
et mes rires torrentiels
avec mes tam-tams,
mes gris-gris
et mes dieux

O pitié, qu'il est primitif !
Civilisons-le !...
Alors ils m'ont douché la tête
dans leurs livres bavards
puis ils m'ont harnaché le corps
de leurs gris-gris
à eux.
Puis ils ont inoculé
dans mon sang,
dans mon sang clair et transparent
et l'avarice
et l'alcoolisme

et la prostitution
et l'inceste
et la politique fratricide…

Hourra…
Car me voilà un homme civilisé !

---

26. Comment l'auteur considère-t-il sa transformation ?
    (A) La civilisation mène à d'autres problèmes sociaux.
    (B) Il préfère être un homme civilisé.
    (C) Il voudrait lire des livres bavards.
    (D) Son ancienne vie ne lui manque pas.

27. Quelle est l'attitude de Philombe en ce qui concerne sa transformation ?
    (A) Il a l'air lugubre.
    (B) Il n'est pas fier d'être civilisé comme les blancs.
    (C) Il regrette sa décision.
    (D) Il ne se souvient plus de ses idées.

28. De quelle façon l'influence des blancs change-t-elle l'auteur ?
    (A) Il devient de plus en plus comme les occidentaux.
    (B) Il regrette sa décision de devenir prêtre.
    (C) Il devient un homme propre.
    (D) Il est heureux.

29. Dans l'esprit du poème, quel autre titre pourrait être utilisé ?
    (A) "Transformation de maison"
    (B) "Homme en Hutte"
    (C) "Homme Primitif"
    (D) "Apprivoisé et Socialisé"

30. Aujourd'hui, il y a toujours des gens qui essaient de changer les autres pour…

(A) des raisons religieuses.

(B) des raisons financières.

(C) pour mieux se comprendre eux-mêmes.

(D) pour ne pas changer d'avis sur la politique.

END OF SECTION 1, PART A

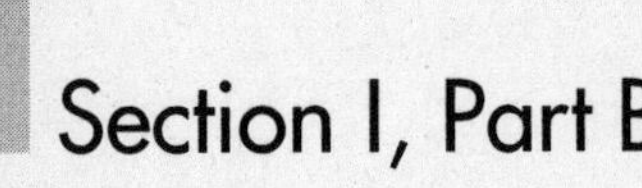

Section I, Part B

Interpretive Communication: Print and Audio Texts (combined)
Part B Time—55 minutes

You will listen to several audio selections. The first two audio selections are accompanied by reading selections. When there is a reading selection, you will have a designated amount of time to read it.

For each audio selection, first you will have a designated amount of time to read a preview of the selection as well as to skim the questions that you will be asked. Each selection will be played twice. As you listen to each selection, you may take notes. Your notes will not be scored.

After listening to each selection the first time, you will have 1 minute to begin answering the questions; after listening to each selection the second time, you will have 15 seconds per question to finish answering the questions. For each question, choose the response that is best according to the audio and/or reading selection and mark your answer on your answer sheet.

Vous allez écouter plusieurs sélections audio. Les deux premières sélections audio sont accompagnées chacune d'une lecture. Quand il y a une lecture, vous aurez un temps déterminé pour la lire.

Pour chaque sélection audio, vous aurez d'abord un temps déterminé pour lire une introduction et pour parcourir les questions qui vous seront posées. Chaque sélection sera jouée deux fois. Vous pouvez prendre des notes pendant que vous écoutez chaque sélection mais elles ne seront pas comptées.

Apres avoir écouté chaque sélection une première fois, vous aurez 1 minute pour commencer à répondre aux questions; après avoir écouté chaque sélection une deuxième fois, vous aurez 15 secondes par question pour finir de répondre aux questions. Pour chaque question, choisissez la meilleure réponse selon la sélection audio ou lecture et indiquez votre réponse sur votre feuille de réponse.

Sélection numéro 1

Thème du cours : La citoyenneté

Source numéro 1

Vous aurez 2 minutes pour lire l'introduction et parcourir les questions.

Introduction

Dans cette sélection il s'agit d'une version abrégée de l'hymne national français « La Marseillaise », interprété par Edith Piaf. Il y a sept couplets dans la version complète, mais Piaf n'en chante que trois dans cette version.

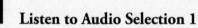

 **Listen to Audio Selection 1**

Source numéro 2

Vous aurez d'abord 4 minutes pour lire la source numéro 2.

Introduction

Dans cette sélection, Jean Jaurès défend une chanson prolétaire : « l'internationale », accusée d'appeler à la violence, en dénonçant l'hymne national français. La Marseillaise est un hymne révolutionnaire, appelant à l'insurrection, et ses paroles guerrières sont controversées par beaucoup dans un monde où la paix et l'entente sont devenues si importantes.

Jean Jaurès

Marseillaise et Internationale. 1903.

[…] Il est vraiment extraordinaire qu'on continue à nous opposer la Révolution française. S'il ne s'agit que des brutalités d'expression qui accentuent ça et là tous les chants révolutionnaires, osera-t-on dire que ceux de la Révolution française en sont exempts ? […]

Ce n'est pas seulement sur la forme que porte la controverse ; c'est sur les idées. Or, je dis que La Marseillaise, la grande Marseillaise de 1792, est toute pleine des idées qu'on dénonce le plus violemment dans l'Internationale. Que signifie, je vous prie, le fameux refrain du « sang impur » ? — « Qu'un sang impur abreuve nos sillons ! », l'expression est atroce. […] Propos abominable, car dès que les partis commencent à dire que le sang est impur qui coule dans les veines de leurs adversaires, ils se mettent à le répandre à flots et les révolutions deviennent des boucheries. Mais de quel droit la Révolution flétrissait-elle de ce mot avilissant et barbare tous les peuples, tous les hommes qui combattaient contre elle ?

Quoi ! Tous ces Italiens, tous ces Autrichiens, tous ces Prussiens qui sous le drapeau de leur gouvernement combattent la France révolutionnaire, tous les hommes qui, pour obéir à la volonté de leurs princes, c'est-à-dire à ce qui est alors la loi de leur pays, affrontent la fatigue, la maladie et la mort ne sont que des êtres vils ? Il ne suffit pas de les repousser et de les vaincre ; il faut les mépriser. Même la mort ne les protège pas contre l'outrage; car de leurs larges blessures, c'est « un sang impur » qui a coulé. Oui, c'est une parole sauvage. Et pourquoi donc la Révolution l'a-t-elle prononcée ? Parce qu'à ses yeux tous les hommes qui consentaient, sous le drapeau de leur roi et de leur pays, à lutter contre la liberté française, espoir de la liberté du monde, tous ces hommes cessaient d'être des hommes ; ils n'étaient plus que des esclaves et des brutes. […]

---

31. Quel est le refrain de la Marseillaise ?
    (A) « Allons enfants de la Patrie, Le jour de gloire est arrivé... »
    (B) « Aux armes citoyens, Formez vos bataillons... »
    (C) « Français, en guerriers magnanimes, Portez ou retenez vos coups... »
    (D) « Amour sacré de la Patrie, Conduis, soutiens nos bras vengeurs... »

32. A quelle occasion la Marseillaise est-elle devenue populaire ?
    (A) La guerre Franco-prussienne.
    (B) L'invasion de la France par les Autrichiens.
    (C) La rébellion de Marseille.
    (D) La Révolution Française.

33. La Marseillaise a été écrite pour inspirer quelles sortes de sentiments ?
    (A) Le patriotisme et le courage afin de résister à l'ennemi.
    (B) Le courage de pardonner à l'ennemi.
    (C) Une furie meurtrière contre l'ennemi.
    (D) L'espoir de renverser le roi et de devenir une démocratie.

34. A quelle sorte de gens la Marseillaise s'adresse-t-elle ?
    (A) Aux soldats français.
    (B) Aux citadins, à la bourgeoisie.
    (C) Au petit peuple, aux paysans.
    (D) À la noblesse.

35. Contre quelle phrase spécifique de la Marseillaise Jaurès s'insurge-t-il ?
    (A) « L'étendard sanglant est levé ».
    (B) « Aux armes citoyens ».
    (C) « Ils viennent jusque dans nos bras, égorgez nos fils et nos compagnes ».
    (D) « Qu'un sang impur abreuve nos sillons ».

36. Pourquoi Jaurès dénonce-t-il cette phrase ?

(A) C'est une excuse pour les boucheries exécutées au nom de la Révolution.

(B) Ce n'est pas du bon français, ça ne veut rien dire.

(C) C'est méprisant envers les ennemis de la Révolution.

(D) Abreuver la terre avec du sang est très cruel.

37. Que dit Jaurès a propos des Autrichiens, Italiens et Prussiens ?

(A) Ce sont des ennemis, il faut les vaincre et les mépriser.

(B) Ils ne font qu'obéir à leurs rois, il faut les respecter.

(C) Ce sont des personnes impures.

(D) Ce sont des esclaves et des brutes.

38. Quelle est l'intention de Jaurès en écrivant cet article ?

(A) Défendre « l'Internationale ».

(B) Dénoncer la Révolution Française.

(C) Défendre les ennemis de la Révolution.

(D) Changer l'hymne national.

Sélection numéro 2

Thème du cours : La vie contemporaine

Source numéro 1

Vous aurez d'abord 1 minute pour lire la source numéro 1.

Introduction

Dans cette sélection il s'agit d'un graphique publié par l'INSEE, L'Institut National des Statistiques et Études Économiques, montrant la baisse de la consommation d'alcool depuis 1970.

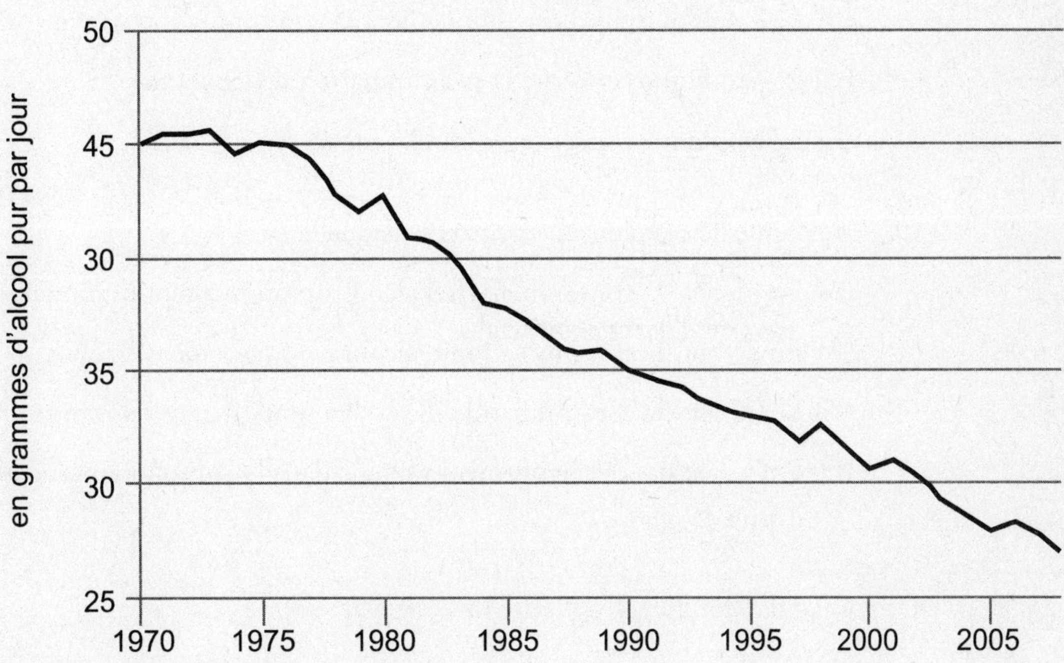

Champ: France; personnes de 15 ans ou plus.
Source: Insee

Source numéro 2

Vous aurez 1 minute pour lire l'introduction et parcourir les questions.

Introduction

Dans cette sélection il s'agit du changement de la loi concernant la publicité sur l'alcool en France, et des raisons qui ont apporté ce changement. La sélection dure à peu près trois minutes et demie.

Listen to Audio Selection 2

39. Une seule de ces phrases est correcte, laquelle ?

    (A) Le graphique concerne la consommation d'alcool en Europe.

    (B) Le graphique concerne uniquement la consommation de vin.

    (C) Le graphique concerne la consommation d'alcool pur.

    (D) Le graphique concerne les français de moins de 15 ans.

40. Une seule de ces phrases est correcte, laquelle ?

    (A) En 35 ans, la consommation d'alcool a pratiquement diminué de moitié.

    (B) En 35 ans, la consommation d'alcool a pratiquement doublé.

    (C) En 35 ans, la consommation d'alcool a pratiquement diminué d'un quart.

    (D) Il n'y a eu pas de changement notable dans la consommation d'alcool depuis 1970.

41. Quand la loi Evin a-t-elle été mise en place ?

    (A) 1970

    (B) 1991

    (C) 1995

    (D) 2005

42. Qui dit : « l'amendement adopté à l'Assemblée nationale est un très mauvais coup porté contre la sécurité routière » ?

(A) Bernard Poirette.

(B) Le Ministre des Transports.

(C) Claude Evin.

(D) Le Ministre de la Santé.

43. Quel est le pourcentage des accidents de la route dans lesquels l'alcool est en cause ?

(A) 5%

(B) 25%

(C) 30%

(D) 50%

44. Par combien a été divisé le nombre de morts sur la route depuis 5 ans ?

(A) deux

(B) trois

(C) quatre

(D) dix

45. Qu'est ce que les Français applaudissent ?

(A) La casse de la loi Evin.

(B) Le reflet d'une pin-up en robe rouge dans un ballon de bordeaux.

(C) Les publicités pour l'alcool.

(D) La chasse impitoyable à l'alcool.

46. Le journaliste parle de trois intérêts entre lesquels il faut faire un choix. Lequel de ceux cités ci-dessous n'est pas mentionné ?

(A) L'intérêt d'une activité agricole.

(B) L'intérêt d'une activité sportive régulière.

(C) L'intérêt de la santé.

(D) L'intérêt des gens.

47. De quel secteur parle le journaliste quand il dit « le secteur est sinistré » ?

(A) Le secteur viticole (du vin).

(B) Le secteur des transports.

(C) Le secteur de la santé.

(D) Le secteur de l'éducation.

48. Parmi les propositions suivantes, laquelle n'était pas un objectif national prioritaire pour Jacques Chirac ?

(A) La lutte contre le cancer.

(B) La lutte contre les handicaps.

(C) La baisse de la consommation d'alcool.

(D) La sécurité routière.

Sélection numéro 3

Thème du cours : Les droits de l'être humain

Source numéro 1

Vous aurez d'abord 1 minute pour lire l'introduction et parcourir les questions.

Introduction

Dans cette sélection il s'agit d'un témoignage sur les atteintes aux droits de l'homme dans un pays africain. La sélection dure à peu près une minute.

Listen to Audio Selection 3

49. Quelle est la profession de l'homme qui parle ?

(A) Il est responsable des programmes.

(B) Il est journaliste.

(C) Il est écrivain.

(D) Il est chanteur.

50. Dans quel milieu exerce-t-il sa profession ?

(A) Un journal.

(B) Une maison d'édition.

(C) Une station de radio.

(D) Une chaîne de télévision.

51. Quel droit fondamental est évoqué dans cet extrait ?

(A) Le droit à l'éducation.

(B) La liberté de circulation.

(C) Le droit d'asile.

(D) La liberté d'expression.

52. Combien de fois ce droit est-il cité dans l'extrait ?

(A) une

(B) deux

(C) trois

(D) quatre

53. Quelle expression n'est pas utilisée par les responsables de la radio pour qualifier les sujets proposés par le journaliste ?

(A) Des sujets indécents.

(B) Des questions délicates.

(C) Des sujets subversifs.

(D) Des questions qui pourraient déranger.

Sélection numéro 4

Thème du cours : La musique

Source numéro 1

Vous aurez d'abord 1 minute pour lire l'introduction et parcourir les questions.

Introduction

Dans cette sélection il s'agit de la chanteuse Miriam Makeba. « Mama Afrika » aura marqué un continent et laissé son empreinte d'artiste dans le monde entier. Exilée plus de trente ans loin de son pays, elle est une figure de la lutte contre l'apartheid. Alain Foka lui consacre une émission lors de sa disparition en novembre 2008 et esquisse le portrait d'une grande dame sud-africaine. La sélection dure à peu près une minutes et demie.

▶| **Listen to Audio Selection 4**

54. Dans cet extrait, de quoi Miriam Makeba et le journaliste parlent-ils ?

    (A) Des voyages de la chanteuse.

    (B) De la musique du monde.

    (C) De la politique en Afrique.

    (D) De l'enfance de la chanteuse.

55. Quel surnom est donné à la chanteuse par le journaliste ?

    (A) « Mama Africa ».

    (B) « Mama Keba ».

    (C) « Madame Africa ».

    (D) « Mama Miriam ».

56. Qui sont Harry Belafonte et Paul Simon pour la chanteuse ?

    (A) Des artistes avec qui elle a travaillé.

    (B) Des artistes qui ont influencé sa musique.

    (C) Des artistes qu'elle voudrait connaître.

    (D) D'autres artistes africains.

57. Que signifie l'expression « Harry Belafonte lui a mis le pied à l'étrier » ?

(A) Harry Belafonte a réussi sa carrière grâce à Miriam Makeba.

(B) C'est l'artiste qui lui a donné envie de chanter depuis qu'elle est petite.

(C) Ils ont fait de l'équitation ensemble.

(D) Belafonte a lancé sa carrière internationale de chanteuse.

58. Sur quels pays Miriam Makeba n'a-t-elle pas écrit de chansons ?

(A) L'Afrique du Sud.

(B) L'Indonésie.

(C) La Malaisie.

(D) Le Brésil.

59. Dans quelles langues Miriam dit-elle qu'elle a chanté ?

(A) Indonésien et brésilien.

(B) Brésilien et anglais.

(C) Indonésien et français.

(D) Français et anglais.

Sélection numéro 5

Thème du cours : Le nationalisme

Source numéro 1

Vous aurez d'abord 1 minute pour lire l'introduction et parcourir les questions.

Introduction

Dans cette sélection il s'agit de l'histoire de l'ETA, le Mouvement Séparatiste Basque.

La sélection dure à peu près une minute et demie.

Listen to Audio Selection 5

60. Quels pays ont un ennemi en commun ?

    (A) La France et le pays basque.

    (B) Le pays basque et l'Espagne.

    (C) La France et l'Espagne.

    (D) La France et l'Italie.

61. Depuis combien d'années ont-ils cet ennemi commun ?

    (A) 30

    (B) 45

    (C) 47

    (D) 50

62. En quelle année l'ETA a-t-elle été créée ?

    (A) 1959

    (B) 1960

    (C) 1964

    (D) 1989

63. Comment la France contribue-t-elle au terrorisme basque ?

(A) Elle abrite les terroristes basques.

(B) L'armée française donne des armes à l'ETA.

(C) La France envoie les militants présents sur son territoire en Espagne.

(D) La France juge et emprisonne les terroristes présents sur son territoire.

64. Que veut l'ETA ?

(A) Annexer l'Espagne.

(B) L'indépendance du Pays basque.

(C) Conquérir la France.

(D) Une révolution contre le président espagnol.

65. Une seule des propositions suivantes est correcte, laquelle?

(A) Tous les séparatistes Basques sont d'accord avec les moyens employés par l'ETA.

(B) La majorité des basques approuve les méthodes de l'ETA.

(C) L'ETA est une association pacifique.

(D) L'ETA est une organisation qui utilise des méthodes violentes depuis le début.

END OF SECTION 1, PART B

Section II

Interpersonal Writing: E-mail Reply
1 Prompt: 15 minutes

You will write a reply to an e-mail message. You have 15 minutes to read the message and write your reply.

Your reply should include a greeting and a closing and should respond to all the questions and requests in the message. In your reply, you should also ask for more details about something mentioned in the message. Also, you should use a formal form of address.

Vous allez écrire une réponse a un message électronique. Vous aurez 15 minutes pour lire le message et écrire votre réponse.

Votre réponse devrez débuter par une salutation et terminer par une formule de politesse. Vous devra répondre a toutes les questions et demandes du message. Dans votre réponse, vous devrez demander des détails a propos de quelque chose mentionne dans le texte. Vous devrez également utiliser un registre de langue soutenu.

Thème du cours : La vie contemporaine

Introduction

Vous comptez passer vos vacances dans une cabine au bord d'un lac. La propriétaire vous répond.

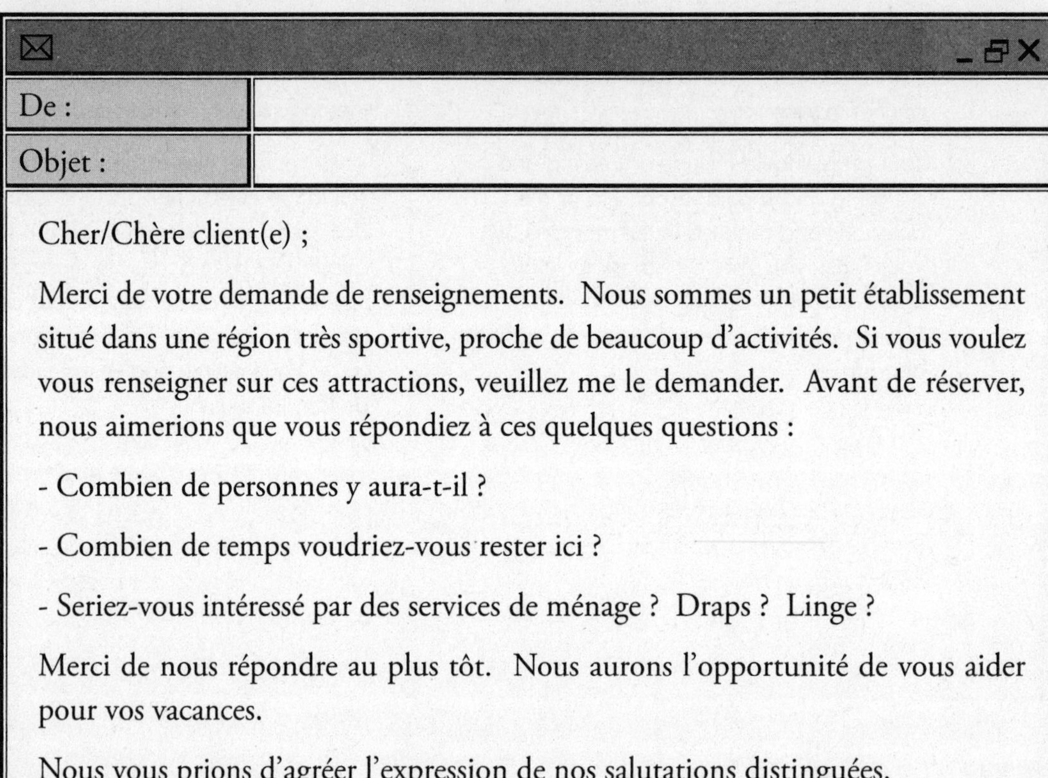

De :

Objet :

Cher/Chère client(e) ;

Merci de votre demande de renseignements. Nous sommes un petit établissement situé dans une région très sportive, proche de beaucoup d'activités. Si vous voulez vous renseigner sur ces attractions, veuillez me le demander. Avant de réserver, nous aimerions que vous répondiez à ces quelques questions :

- Combien de personnes y aura-t-il ?

- Combien de temps voudriez-vous rester ici ?

- Seriez-vous intéressé par des services de ménage ? Draps ? Linge ?

Merci de nous répondre au plus tôt. Nous aurons l'opportunité de vous aider pour vos vacances.

Nous vous prions d'agréer l'expression de nos salutations distinguées.

Presentational Writing: Persuasive Essay 1 Prompt: 55 minutes

You will write a persuasive essay to submit to a French writing contest. The essay topic is based on three accompanying sources that present different viewpoints on the topic and include both print and audio material. First, you will have 6 minutes to read the essay topic and the printed material. Afterward, you will hear the audio material twice; you should take notes while you listen. Then, you will have 40 minutes to prepare and write your essay.

In your persuasive essay, you should present the sources' different viewpoints on the topic and also clearly indicate your own viewpoint and defend it thoroughly. Use information from all of the sources to support your essay. As you refer to the sources, identify them appropriately. Also, organize your essay into clear paragraphs.

Vous allez écrire un essai persuasif pour un concours d'écriture de langue française. Le sujet de l' essai est basé sur trois sources ci-jointes, qui présentent des points de vue différents sur le sujet et qui comprennent à la fois du matériel audio et imprimé. Vous aurez d'abord 6 minutes pour lire le sujet de l'essai et le matériel imprimé. Ensuite, vous écouterez l'audio deux fois; vous devriez prendre des notes pendant que vous écoutez. Enfin, vous aurez 40 minutes pour préparer et écrire votre essai.

Dans votre essai, vous devriez présenter les points de vue différents des sources sur le sujet et aussi indiquer clairement votre propre point de vue que vous défendrez à fond. Utilisez les renseignements fournis par toutes les sources pour soutenir votre essai. Quand vous ferez référence aux sources, identifiez-les de façon appropriée. Organisez aussi votre essai en paragraphes bien distincts.

Thème du cours : La famille et la Communauté

Vous aurez 6 minutes pour lire le sujet de l'essai, la source numéro 1 et la source numéro 2.

Source numéro 1

Introduction

Dans cette sélection il s'agit des abandons d'animaux domestiques en France. L'article original a été publié le 11 août 2010 pat le journaliste Michel Waintrop pour la version en ligne du journal La Croix.

Les abandons d'animaux domestiques sont en augmentation

La crise économique, mais aussi la déresponsabilisation des acheteurs, expliquent la saturation des refuges

« Pour lui l'amour… pour moi la mort. » La phrase est affichée depuis le mois de juillet sur les murs du métro parisien pour illustrer le destin de deux chiens. L'un choyé par des enfants, l'autre semblant agoniser. Avec cette campagne choc, la Fondation Brigitte Bardot a voulu, pour la deuxième année consécutive, sensibiliser le public sur les abandons d'animaux domestiques. « L'abandon tue 100 000 animaux par an », affirment les affiches.

Si tous les animaux laissés ne meurent heureusement pas, la plupart des associations s'accordent sur le nombre d'abandons. Ce qui a fait dire à la Société protectrice des animaux (SPA), au moment du Festival de Cannes 2009, que la France détenait la palme d'or de l'abandon en Europe.

« Encore ce chiffre ne concerne-t-il que les chats et les chiens », explique Valérie Fernandez, responsable de la communication au sein de cette association qui compte 56 refuges à travers la France. Les petites bêtes qu'on appelle les nouveaux animaux de compagnie, comme les rats, furets ou lapins, rencontrent en effet de plus en plus de succès et n'échappent pas, bien au contraire, au phénomène de l'abandon.

Une année « catastrophique »

En 2009, à elle seule, la SPA a recueilli 43 000 chats et chiens. Les félins arrivent plus nombreux entre avril et octobre, la période des portées, les chiens, eux, plus régulièrement tout au long de l'année. Mais les refuges sont particulièrement sollicités à l'arrivée de l'été. « L'été en raison des vacances, explique Valérie Fernandez, et parce que, parfois, la petite boule de poil achetée sur un coup de cœur à Noël a grandi et devient gênante. »

Si les associations sont tristement habituées à ces comportements, elles disent s'inquiéter d'une nette augmentation des abandons depuis deux ou trois ans. Et plus particulièrement cette année, considérée comme « catastrophique ». « Notre seul refuge, qui se situe en Normandie, a reçu 275 chiens et 206 chats en 2009, indique Stéphanie Nougarède, de la Fondation Brigitte Bardot. Cette année, ces chiffres devraient être largement dépassés. »

À travers la France, les refuges pour animaux se disent saturés. Comme celui de la SPA à Orgeval (Yvelines), dont le responsable, Christophe Guillo, évoque une situation très tendue. « L'an dernier, nous avons connu une hausse des abandons d'environ 15 % par rapport à 2008. Et pour le premier semestre de cette année, nous sommes déjà à + 30 % d'abandons par rapport à la même période de 2009. » Inversement, les adoptions semblent ralentir. « Une année correcte voit ici quelque 2 000 animaux partir avec de nouveaux maîtres, dit Christophe Guillo. Cette année, la baisse s'annonce sensible. »

Un phénomène aggravé par la crise économique

La crise économique explique en grande partie cette tendance. « Je vois ainsi des gens qui disent ne plus pouvoir payer pour la nourriture et les soins de leur animal, précise Christophe Guillo. D'autres expliquent avoir été obligés de vendre leur pavillon et ne pas pouvoir conserver leur chien dans un appartement en location… »

Dans les dispensaires, on connaît également une explosion des demandes de soins vétérinaires. C'est le cas dans celui géré par la SPA dans le 17e arrondissement de Paris. « Nous avons réalisé 20 000 actes l'année dernière, indique sa responsable Carole Croville. Nous en sommes déjà à 15 000 cet été. » Depuis deux ou trois ans, elle voit affluer un nouveau public : personnes âgées, chômeurs, bénéficiaires du RSA ou immigrés roumains propriétaires d'animaux.

La crise n'est toutefois pas la seule raison qu'invoquent les associations pour expliquer le pic d'abandons. Selon elles, le développement des animaleries dans les centres commerciaux favoriserait les « achats coup de cœur » et leurs vendeurs ne responsabiliseraient pas toujours les clients sur les conséquences d'une telle acquisition.

« Mais il faut surtout régler le problème des petites annonces et de la vente des animaux par Internet, affirme Christophe Guillo. Ce sont des circuits qu'on ne contrôle pas et qui alimentent le marché. » Pour ce dernier, plus il est facile d'acheter un animal, plus cela favorise « l'esprit de consommation » de ses maîtres. « Certains disent carrément vouloir se débarrasser de leur animal comme d'un objet encombrant dans une déchetterie. »

Source numéro 2

Introduction

Dans cette sélection il s'agit des raisons citées par les personnes qui abandonnent leurs animaux. Ces raisons apparaissent souvent comme infondées, ou, pire, de mauvaise foi. Selon les responsables des refuges, 85 % des propriétaires venant abandonner leur animal ne s'intéressent pas à ce qu'il va devenir. Ces statistiques ont été publiées dans le magazine « 30 millions d'amis ».

Raisons données par les propriétaires pour l'abandon de leur animal

Raisons données par les propriétaires pour justifier l'abandon de leur animal	
Déménagement	74%
Divorce/Séparation/Nouvelle union	73%
Allergie	50%
"Defaut" de l'animal	30%
Animal agressif	13%
Animal trop bruyant	11%
Animal de taille inadaptée	7%
Animal mal éduqué	4%
Animal trop vieux	2%
Décès du maître	21%
Présence d'enfant au foyer	20%
Coût occasionné par l'animal	13%
Maladie/hospitalisation	11%
Autres	20%
Nsp	1%

Source numéro 3

Vous aurez 30 secondes pour lire l'introduction.

Introduction

Dans cette sélection il s'agit d'un reportage pour le journal télévisé de TF1, une chaîne française, concernant les abandons d'animaux de compagnie.

La sélection dure à peu près deux minutes.

 **Listen to Audio Selection 6**

Interpersonal Speaking: Conversation
5 Prompts: 20 seconds for each response

You will participate in a conversation. First, you will have 1 minute to read a preview of the conversation, including an outline of each turn in the conversation. Afterward, the conversation will begin, following the outline. Each time it is your turn to speak, you will have 20 seconds to record your response.

You should participate in the conversation as fully and appropriately as possible.

Vous allez participer a une conversation. D'abord, vous aurez une minute pour lire une introduction a cette conversation qui comprend le schéma des échanges. Ensuite, la conversation commencera, suivant le schéma. Quand ce sera à vous de parler, vous aurez 20 secondes pour enregistrer votre réponse.

Vous devriez participer à la conversation de façon aussi complète et appropriée que possible.

Thème du cours : Les arts du spectacle

Vous aurez 1 minute pour lire l'introduction.

Introduction

C'est une conversation avec Pierre, un camarade de classe de l'université française où vous passez un semestre. Vous participez à cette conversation parce que vous êtes en train de monter une pièce de théâtre basée sur votre film français préféré et vous aimeriez qu'il joue dedans.

Listen to Audio Selection 7

Pierre : Il a entendu dire que vous montiez une pièce de théâtre et il vous demande des détails.

Vous : Nommez le film sur lequel votre pièce est basée et le rôle que vous lui proposez ; demandez-lui si il serait intéressé de participer.

Pierre : Il vous répond que ça a l'air intéressant mais que ça dépend des horaires des répétitions.

Vous : Vous lui demandez son emploi du temps et ses préférences en expliquant qu'il est possible de s'arranger.

Pierre : Il parle de son emploi du temps, mais il n'est pas convaincu par le rôle que vous lui proposez.

Vous : Vous lui proposez un rôle plus important en essayant de le convaincre. (Vous voulez vraiment qu'il joue dans votre pièce.)

Pierre : Il est convaincu mais il veut être rémunéré.

Vous : Vous n'avez pas les fonds nécessaires pour payer vos acteurs, mais vous lui proposer autre chose.

Pierre : Il accepte et vous dit qu'il est très pressé de commencer.

Vous : Dites-lui au revoir et assurez-le que vous le verrez bientôt.

Presentational Speaking: Cultural Comparison 1 Prompt: 2 minutes to respond

You will make an oral presentation on a specific topic to your class. You will have 4 minutes to read the presentation topic and prepare your presentation. Then you will have 2 minutes to record your presentation.

In your presentation, compare your own community to an area of the French-speaking world with which you are familiar. You should demonstrate your understanding of cultural features of the French-speaking world. You should also organize your presentation clearly.

Vous allez faire un exposé pour votre classe sur un sujet spécifique. Vous aurez 4 minutes pour lire le sujet de présentation et préparer votre exposé. Vous aurez alors 2 minutes pour l'enregistrer.

Dans votre exposé, comparez votre propre communauté à une région du monde Francophone que vous connaissez. Vous devriez montrer votre compréhension des facettes culturelles du monde Francophone. Vous devriez aussi organiser clairement votre exposé.

Thème du cours: L'identité culturelle

Sujet de présentation:

La cuisine est un aspect important de l'identité culturelle d'un pays. La cuisine américaine peut-elle être considérée comme un aspect important de l'identité culturelle des Etats-Unis ? A quel point la cuisine américaine est-elle importante dans le monde ? Comparez l'importance que les Etats-Unis accordent à la cuisine américaine avec l'importance que les Français ou les Francophones d'autres pays ou régions accordent à leur propre cuisine. Quel est l'impact de la cuisine française et d'autres régions francophones dans le monde ?

END OF EXAM

Practice Exam 2

Answer Key and Explanations

Part A : Sélection 1

Question 1

(A)	This answer is incorrect because the article only talks about the weather and not the number of contestants.
(B)	**This answer is correct because the article is talking about the rain, and the strategies of driving, since driving on wet ground is different from driving on dry ground.**
(C)	This answer is incorrect because the article doesn't mention the state of mind of the contestants.
(D)	This answer is incorrect because the article doesn't mention any accidents.

Question 2

(A)	**This answer is correct because the article says that Jenson Button triumphed.**
(B)	This answer is incorrect because the article says that Mark Webber finished fifth.
(C)	This answer is incorrect because the article says that Jenson Button was ahead of Fernando Alonso.
(D)	This answer is incorrect because the article says that Jenson Button was ahead of Sebastian Vettel.

Question 3

(A)	**This answer is correct because the article talks about the GP of Canada and the next GP of Belgium.**
(B)	This answer is incorrect because the article only mentions Spain and Germany to refer to the other contestants' nationalities.
(C)	This answer is incorrect because the article is about a GP taking place in Hungary, and Australia is the birthplace of one of the contestants.
(D)	This answer is incorrect because the article does not mention England and the United States.

Question 4

(A)	This answer is incorrect because the article says that the last races of the season will start on this very date, the 28th of August.
(B)	This answer is incorrect because the article suggests that the drivers will be on vacation until the 28th of August, the date on which the GP of Belgium starts.
(C)	**This answer is correct because the article says that the GP starts on the 28th of August.**
(D)	This answer is incorrect because the article clearly mentions that this GP will be taking place in Belgium.

Question 5

(A)	This answer is incorrect because "une bouffée d'oxygène", literally "a breath of oxygen" refers to the way the drivers are breathing.
(B)	This answer is incorrect because the article doesn't suggest that the drivers are tired.
(C)	This answer is incorrect because the expression applies to the drivers, and not to their cars or the way they control them.
(D)	**This answer is correct because the expression refers to the drivers being able to breathe more easily after they win.**

Question 6

(A)	This answer is incorrect because the article clearly says that Jenson Button won, not Sebastian Vettel.
(B)	**This answer is correct because the article says that despite finishing second at this particular race, Vettel stays as leader in the championship.**
(C)	This answer is incorrect because the article does not mention any mechanical problems that Vettel had during this race.
(D)	This answer is incorrect because the article says that Fernando Alonso didn't win and there is no reason to congratulate him.

Part A : Sélection 2

Question 7

(A)	This answer is incorrect because the two maps show an evolution of the risks of summer fire in French forests.
(B)	**This answer is correct because the maps show that between 1998 and 2040, there are more red zones representing the zones under higher risk of summer fire.**
(C)	This answer is incorrect because the maps do not mention water.
(D)	This answer is incorrect because the maps do not mention the climate, but only the risks of summer fire.

Question 8

(A)	This answer is incorrect because the article mentions the lack of water as a measure against the reason for the catastrophes.
(B)	**This answer is correct because the article suggest the climate change and the general rise of temperature are to blame for the catastrophes.**
(C)	This answer is incorrect because the storms in the Atlantic are listed with the catastrophes.
(D)	This answer is incorrect because the article lists the legislative measures as measures passed to work against climate change, and in favor of ecology.

Question 9

(A)	**This answer is correct because the article mentions that the program of the ministers consist of about two hundreds measures.**
(B)	This answer is incorrect because even though the article talks about existing tools, the measures are presented as news.
(C)	This answer is incorrect because the ministers are working against the change of the climate.
(D)	This answer is incorrect because the article only mentions the Fontainebleau forest's risk of burning because of the summer fires.

Question 10

(A)	**This answer is correct because the article never mentions the price of gas, or even cars.**
(B)	This answer is incorrect because the maps clearly link the summer fires with the change in the climate.
(C)	This answer is incorrect because the article mentions the risk of inundation of houses near the seas and oceans as a result of the change in the climate.
(D)	This answer is incorrect because the maps show how dry and vulnerable to summer fire the Midi is, because of the change in the climate.

Question 11

(A)	This answer is incorrect because the article only mentions forests as being subject to summer fires.
(B)	**This answer is correct because the article links the waste of water with the rundown state of the water tanks.**
(C)	This answer is incorrect because the 20% refers to the diminution of the water consummation by 2020.
(D)	This answer is incorrect because the article only mentions the seas as potential dangers as the level is rising due to the change in climate and could cause inundations.

Question 12

(A)	This answer is incorrect because the article does not mention the erosion of the coasts.
(B)	This answer is incorrect because getting vaccinated would not help the change in climate.
(C)	This answer is incorrect because the article talks about reducing water consumption by fixing the water tanks, and not drinking less water.
(D)	**This answer is correct because Nathalie Kosciusko-Morizet is promoting her program of measures to protect the environment.**

Question 13

(A)	**This answer is correct because the expression means that it is already happening, it is in process.**
(B)	This answer is incorrect because the expression does not refer to speed.
(C)	This answer is incorrect because the expression does not refer to food.
(D)	This answer is incorrect because Nathalie Kosciusko-Morizet uses the expression to warn the readers and urge them to act while it's not too late.

Question 14

(A)	This answer is incorrect because the article talks about the summer fires but does not focus on it.
(B)	**This answer is correct because the article is seeking to explain the problems due to the change in the climate as well as the measures implemented by the government to work against this phenomenon.**
(C)	This answer is incorrect because the article focuses on the explanation of the measures which will protect the climate.
(D)	This answer is incorrect because the article says that the measures implemented reinforce existing ones and are not new.

Question 15

(A)	**This answer is correct because the predicted map of 2040 shows that the summer fires will affect the north of France with time.**
(B)	This answer is incorrect because the maps show that within the next thirty years, summer fires will affect northern regions as well.
(C)	This answer is incorrect because the maps show that regions that were not concerned with the risk of summer fires between 1998 and 2008 will be in 2040.
(D)	This answer is incorrect because the maps show that more regions will be subject to summer fires in 2040 than in 1998-2008.

Question 16

(A)	This answer is incorrect because the article does not mention reducing the amount of drinking water.
(B)	This answer is incorrect because the article does not mention reducing water resources.
(C)	**This answer is correct because the article talks about reducing the wastewater by 20% through the fixing of water tanks.**
(D)	This answer is incorrect because the article does not talk about increasing the wastes, but reducing them.

Question 17

(A)	**This answer is correct because the article focuses on the measures taken by the ministers concerning ecology.**
(B)	This answer is incorrect because you wouldn't address the Secretary of Ecology in such a familiar way.
(C)	This answer is incorrect because the article already explains the change of climate.
(D)	This answer is incorrect because everyone knows the answer to that question and you wouldn't ask the Secretary of Ecology.

Question 18

(A)	This answer is incorrect because the article lists the dangers caused by the climate changes and fires are already listed earlier.
(B)	**This answer is correct because the article links "dengue" with "epidemic."**
(C)	This answer is incorrect because the article mentions the fires just before in the sentence.
(D)	This answer is incorrect because the expression does not refer to a fish.

Part A : Sélection 3

Question 19

(A)	**This answer is correct because the article talks about using railways to transport trucks and "ferroviaire" is an adjective referring to trains.**
(B)	This answer is incorrect because "autoroute" refers to the highways used by cars and trucks.
(C)	This answer is incorrect because the article does not talk about public transports but commercial roads.
(D)	This answer is incorrect because the expression does not refer to train stops, but railways.

Question 20

(A)	This answer is incorrect because the "500 000 tonnes" refer to the CO_2 emissions and not the weight of the trucks.
(B)	This answer is incorrect because the article does not suggest that the SNCF is in danger.
(C)	This answer is incorrect because the article talks about freeing the roads, but the speed limitations won't change.
(D)	**This answer is correct because the article talks about saving the climate through a reduction of the CO_2 emissions.**

Question 21

(A)	This answer is incorrect because the article talks about reducing the inconvenience of driving on highways, not railways as "ferroviaire" suggests.
(B)	**This answer is correct because the article says that by taking 500,000 trucks off the road, it would reduce CO_2 emissions by 500,000 tons.**
(C)	This answer is incorrect because the article talks about creating new railway tracks intended to carry trucks.
(D)	This answer is incorrect because the creation of those railways are meant to keep trucks off the road and not help the SNCF.

Question 22

(A)	This answer is incorrect because the article mentions more than one railroad, apart from the ones not already built.
(B)	**This answer is correct because the article talks about the two railroads in service.**
(C)	This answer is incorrect because the article talks about less than three railroads in service.
(D)	This answer is incorrect because the article talks about only two railroads in service. The other two mentioned are only projects.

Question 23

(A)	This answer is incorrect because the article already mentions two existing railroads.
(B)	This answer is incorrect because the article already mentions two railroads and talks about the project to build more of them for 2020.
(C)	This answer is incorrect because the article already mentions two existing railroads and the building of two more for 2020, which makes four, not three.
(D)	**This answer is correct because the article mentions two more railroads: Lille-Turin and Lille-Paris-Bayonne, for a total of four axes.**

Question 24

(A)	**This answer is correct because the expression refers to the number of travels a day to carry the trucks.**
(B)	This answer is incorrect because "naviguer" refers to sea travels.
(C)	This answer is incorrect because in this particular sentence and linked with "rhythm," the expression refers to the number of travels a day.
(D)	This answer is incorrect because the only passengers on these railroads will be trucks.

Question 25

(A)	**This answer is correct because the article is about the project of the SNCF to create railroads for the transportation of trucks.**
(B)	This answer is incorrect because these new railroads won't be carrying passengers other than trucks.
(C)	This answer is incorrect because the speed of the trains is not mentioned in the article.
(D)	This answer is incorrect because the article does not mention the money earned by the SNCF apart from the government's investment.

Part A : Sélection 4

Question 26

(A)	**This answer is correct because the author links civilization with cupidity, alcoholism, prostitution, incest, and fratricide politic.**
(B)	This answer is incorrect because the author explains how he was forcefully civilized and how civilization brings forth cupidity and other sins.
(C)	This answer is incorrect because the author's characterization of the books as "talkative" is a negative thing.
(D)	This answer is incorrect because the author clearly misses his former life, linked with "torrential laughs."

Question 27

(A)	This answer is incorrect because the author does not sound mournful or gloomy, but uses irony and sarcasm in his poem.
(B)	**This answer is correct because the author explains how unhappy he is to have been civilized.**
(C)	This answer is incorrect because the poem talks about how the author did not have a say in his civilization.
(D)	This answer is incorrect because the author clearly has an opinion and ideas concerning his transformation.

Question 28

(A)	**This answer is correct because the author explains how the civilized men have perverted his "clear and see-through blood" with "cupidity," "alcoholism," "prostitution,"etc.**
(B)	This answer is incorrect because the poem does not mention the author becoming a priest.
(C)	This answer is incorrect because the author does not become clean.
(D)	This answer is incorrect because the author is not happy, he denounces his forced civilization.

Question 29

(A)	This answer is incorrect because it's not the house of the author which is being transformed, but himself.
(B)	This answer is incorrect because the poem does not focus on the place where the author lives.
(C)	**This answer is correct because the poem is about how civilized men judged the author as being primitive and decided to civilize him on the assumption that their culture was better.**
(D)	This answer is incorrect because the poem suggests the author was forcefully civilized, and not simply tamed. "Socialize" is a positive word, while "civilized" suggests that one culture is superior to another one.

Question 30

(A)	**This answer is correct because the poem mentions "gods" and "lucky charms."**
(B)	This answer is incorrect because economics wasn't the reason for civilizing the author.
(C)	This answer is incorrect because people trying to civilize others have no doubts about the superiority of their own culture.
(D)	This answer is incorrect because people trying to civilize others have no doubts about the superiority of their politics.

Part B : Sélection 1

Question 31

(A)	This answer is incorrect because this sentence only appears once in the song.
(B)	**This answer is correct because this sentence appears three times in the song.**
(C)	This answer is incorrect because this sentence only appears once in the song.
(D)	This answer is incorrect because this sentence only appears once in the song.

Question 32

(A)	This answer is incorrect because the article does not mention the Franco-Prussian war.
(B)	This answer is incorrect because the article does not mention an Austrian invasion of France.
(C)	This answer is incorrect because the article does not mention Marseille.
(D)	**This answer is correct because the article mentions it in the first sentence.**

Question 33

(A)	**This answer is correct because the song contains the words "freedom," "enemy," and "holy love of the Nation."**
(B)	This answer is incorrect because this song is a soldiers' song, encouraging fighting and defending their Nation.
(C)	This answer is incorrect because the second paragraph encourages soldiers to be merciful and spare the "sad victims" forced to fight them.
(D)	This answer is incorrect because the song doesn't mention the King.

Question 34

(A)	This answer is incorrect because the song mentions "soldiers" in reference to enemies in the first paragraph.
(B)	This answer is incorrect because the song calls to the citizens, to the "children of the Nation," but not in the cities.
(C)	**This answer is correct because the song mentions the "countryside" and the "furrows" where the blood will flood.**
(D)	This answer is incorrect because the song calls for insurrection against the nobility.

Question 35

(A)	This answer is incorrect because this sentence does not appear in the article.
(B)	This answer is incorrect because this sentence does not appear in the article.
(C)	This answer is incorrect because this sentence does not appear in the article.
(D)	**This answer is correct because this sentence is mentioned several times in the article.**

Question 36

(A)	This answer is incorrect because the article does not suggest that the sentence was used as an apology for the blood spilled.
(B)	This answer is incorrect because the article does not talk about grammar or vocabulary.
(C)	**This answer is correct because the article mentions several words like "méprisant," "avilissant," and "outrage."**
(D)	This answer is incorrect because the article does not judge the action, but the expression.

Question 37

(A)	This answer is incorrect because the author of the article is being ironic when saying the enemies of the revolution should be despised.
(B)	**This answer is correct because the author implies that they are victims, they are only obeying, and qualifying their blood with the word "impure" is very base.**
(C)	This answer is incorrect because the author is writing against the idea that the blood of the enemies should be "impure."
(D)	This answer is incorrect because when the author uses those words he is explaining the mentality of the revolution which maintains that anyone fighting against it is not a man anymore.

Question 38

(A)	**This answer is correct because the article was written to say that the "Internationale" song is being criticized for its violent ideas while the national anthem is full of them, and that it is not fair.**
(B)	This answer is incorrect because the article does not focus on history, but on the words of the song that became the national anthem.
(C)	This answer is incorrect because the article is not defending the enemies of the revolution, but merely stating that they do not deserve to be despised.
(D)	This answer is incorrect because the article only denounces the ideas in the "Marseillaise", but does not seek to alter it.

Part B : Sélection 2

Question 39

(A)	This answer is incorrect because the statistics only concern France.
(B)	This answer is incorrect because the statistics refer to the consummation of "alcohol," not a specific kind of alcohol.
(C)	**This answer is correct because the consummation is calculated in grams of alcohol only.**
(D)	This answer is incorrect because the statistics concern persons who are 15 years old or older.

Question 40

(A)	**This answer is correct because in 1970, French people over 15 years old consumed about 45 grams of alcohol a day, and it went down to about 25 grams of alcohol in 2005.**
(B)	This answer is incorrect because the curve clearly goes down, showing that the consumption of alcohol has decreased with time.
(C)	This answer is incorrect because, in 35 years, the consumption of alcohol decreased from 45 grams to 25 grams.
(D)	This answer is incorrect because if there had not been a change in the consumption of alcohol, it would not have been a curve, but a flat line.

Question 41

(A)	This answer is incorrect because that date is not mentioned in the article.
(B)	**This answer is correct because the article says the Evin law has been regulating ads for alcohol in France since 1991.**
(C)	This answer is incorrect because that date is not mentioned in the article.
(D)	This answer is incorrect because that date is not mentioned in the article.

Question 42

(A)	This answer is incorrect because Bernard Poirette is the journalist talking and he links the statement to the Secretary of Transports.
(B)	**This answer is correct because the Secretary of Transports was mentioned just before the quote.**
(C)	This answer is incorrect because Claude Evin does not talk about security on the roads.
(D)	This answer is incorrect because the Secretary of Health allegedly did not really fight the repeal of the law discussed in the article.

Question 43

(A)	This answer is incorrect because that percentage is not mentioned in the article.
(B)	This answer is incorrect because that percentage is not mentioned in the article.
(C)	**This answer is correct because the article mentions that alcohol is involve in 30% of the road accidents.**
(D)	This answer is incorrect because that percentage is not mentioned in the article.

Question 44

(A)	**This answer is correct because the article mentions that the number of victims of car accidents was divided by two, thanks to radar speed checks and anti-alcohol work.**
(B)	This answer is incorrect because the article says the number of victims was divided by 2.
(C)	This answer is incorrect because the article says the number of victims was divided by 2.
(D)	This answer is incorrect because the article says the number of victims was divided by 2.

Question 45

(A)	This answer is incorrect because the article does not mention the reaction of the population to the repeal of this law.
(B)	This answer is incorrect because the article does not mention the reaction of the population to certain advertisements now allowed.
(C)	This answer is incorrect because the article does not mention the reaction of the population to the advertisements now allowed.
(D)	**This answer is correct because the article adds that 56% of the French want to see the blood alcohol level allowed for motorists reduced to 0 instead of 0.5.**

Question 46

(A)	This answer is incorrect because the article mentions this expression.
(B)	**This answer is correct because this expression is not mentioned in the article.**
(C)	This answer is incorrect because the article mentions this expression.
(D)	This answer is incorrect because the article mentions this expression.

Question 47

(A)	**This answer is correct because the article suggests that over time, people have been drinking less alcohol, and exports are under pressure from heavier competition abroad.**
(B)	This answer is incorrect because this minister is only mentioned for its Secretary.
(C)	This answer is incorrect because this minister is only mentioned for its Secretary, Philippe Douste-Blazy.
(D)	This answer is incorrect because this minister is not mentioned in the article.

Question 48

(A)	This answer is incorrect because the article does mention that it is one of Chirac's three priorities.
(B)	This answer is incorrect because the article does mention that it is one of Chirac's three priorities.
(C)	**This answer is correct because the article accuses Jacques Chirac of watching the Evin law being repealed without intervening.**
(D)	This answer is incorrect because the article does mention that it is one of Chirac's three priorities.

Part B : Sélection 3

Question 49

(A)	This answer is incorrect because the author denounces the fact that the person in charge of the programs on the radio chooses what can and cannot be said.
(B)	**This answer is correct because the author clearly says "I am a journalist."**
(C)	This answer is incorrect because this occupation is not mentioned.
(D)	This answer is incorrect because this occupation is not mentioned.

Question 50

(A)	This answer is incorrect because the author mentions the radio twice.
(B)	This answer is incorrect because the author is not a writer and he mentions the radio twice.
(C)	**This answer is correct because the author mentions the persons in charge of the national radio for whom he works.**
(D)	This answer is incorrect because the author mentions the radio twice.

Question 51

(A)	This answer is incorrect because this article focuses on freedom of expression.
(B)	This answer is incorrect because this article focuses on freedom of expression.
(C)	This answer is incorrect because this article focuses on freedom of expression.
(D)	**This answer is correct because the speaker talks about how wrong it is to decide what can and cannot be said on national radio.**

Question 52

(A)	This answer is incorrect because the speaker does not use the expression.
(B)	This answer is incorrect because the speaker does not use the expression.
(C)	**This answer is correct because the speaker uses the expression three times.**
(D)	This answer is incorrect because the speaker does not use the expression.

Question 53

(A)	**This answer is correct because the expression is not mentioned by the speaker's managers.**
(B)	This answer is incorrect because the people in charge of national radio used this expression to qualify the speaker's work.
(C)	This answer is incorrect because the people in charge of national radio used this expression to qualify the speaker's work.
(D)	This answer is incorrect because the people in charge of national radio used this expression to qualify the speaker's work.

Part B : Sélection 4

Question 54

(A)	This answer is incorrect because the singer mentions what types of music she takes inspiration from, but not her travels.
(B)	**This answer is correct because the journalist mentions that the singer sings "world music."**
(C)	This answer is incorrect because the subject of politics is not mentioned by either speaker.
(D)	This answer is incorrect because the singer does not talk about her childhood.

Question 55

(A)	**This answer is correct because the journalist uses this expression to refer to the singer.**
(B)	This answer is incorrect because this expression is not used by the journalist.
(C)	This answer is incorrect because this expression is not used by the journalist.
(D)	This answer is incorrect because this expression is not used by the journalist.

Question 56

(A)	**This answer is correct because the journalist mentions the two singers as people Miriam has worked with.**
(B)	This answer is incorrect because the journalist does not mention whether the two singers' music has influenced Miriam's.
(C)	This answer is incorrect because the journalist says Miriam worked with the two singers. She does know them.
(D)	This answer is incorrect because the journalist does not speak about the origins of the two singers.

Question 57

(A)	This answer is incorrect because the expression implies Harry Belafonte is the one who helped Miriam.
(B)	This answer is incorrect because the journalist does not suggest Miriam knew Harry since she was a kid.
(C)	This answer is incorrect because the expression is used in a figurative way.
(D)	**This answer is correct because the expression implies Harry helped Miriam in her career.**

Question 58

(A)	This answer is incorrect because Miriam does say she sang songs from that country.
(B)	This answer is incorrect because Miriam does say she sang songs from that country.
(C)	**This answer is incorrect because Miriam doesn't mention singing songs from that country.**
(D)	This answer is incorrect because Miriam does say she sang songs from that country.

Question 59

(A)	This answer is incorrect because Miriam says she sang songs from those countries, but not in their original language.
(B)	This answer is incorrect because Miriam mentions Brazilian songs, not the language.
(C)	This answer is incorrect because Miriam mentions Indonesian songs, not the language.
(D)	**This answer is correct because Miriam mentions singing songs in French and English.**

Part B : Sélection 5

Question 60

(A)	This answer is incorrect because the Basque Country is not a nation. It's a region where the terrorists come from.
(B)	This answer is incorrect because the Basque Country is not a nation. It's a region where the terrorists come from.
(C)	**This answer is correct because the Basque Country, where the terrorists come from, is both in France and in Spain.**
(D)	This answer is incorrect because Italy is not mentioned in this article.

Question 61

(A)	This answer is incorrect because although France and the Basque separatists are enemies, they are not common enemies.
(B)	This answer is incorrect because the Basque separatists and Spain are not common enemies.
(C)	**This answer is correct because the speaker says that Spain and France have shared this enemy for thirty years.**
(D)	This answer is incorrect because the speaker does not mention Italy.

Question 62

(A)	**This answer is correct because the speaker refers twice to 1959 as being the year of creation and beginning of the ETA organization.**
(B)	This answer is incorrect because 1960 is the year of the first bomb attack from the ETA.
(C)	This answer is incorrect because 1964 is the year when the ETA decided to use terrorism as a means of action.
(D)	This answer is incorrect because 1989 is never mentioned in the article.

Question 63

(A)	This answer is incorrect because the speaker clearly says that France considers Basque terrorists as enemies and would not harbor them.
(B)	This answer is incorrect. If they consider the Basque terrorists enemies, there would be no reason to have anything to do with l'ETA.
(C)	The answer is incorrect because the speaker explains that France considers Basque terrorists as enemies.
(D)	**This answer is correct because the speaker explains that Basque terrorists are judged in France by French judges.**

Question 64

(A)	This answer is incorrect because the ETA is asking only for a part of Spain, the region that belongs to the Basque Country.
(B)	**This answer is correct because the speaker states at the beginning that the reason why the ETA was created was to fight for the independence of the Basque Country.**
(C)	This answer is incorrect because the ETA is asking only for a part of France, the region that belongs to the Basque Country.
(D)	This answer is incorrect because the speaker never mentions the Spanish president or government.

Question 65

(A)	This answer is incorrect because the speaker says that most Basque inhabitants criticize the ETA's methods.
(B)	This answer is incorrect because the speaker says that most Basque inhabitants criticize the ETA's methods.
(C)	This answer is incorrect because the ETA organisation is presented as being a terrorist organization.
(D)	**This answer is correct because the speaker explains that since it was created the ETA organization was violent and revolutionary.**

Section II

Interpersonal Writing: Email Reply

Sample Response

Cher/Chère Mr/Mme,

Je vous réponds aussi tôt que possible afin de pouvoir réserver votre cabine pour les vacances.

Nous serions cinq personnes : deux adultes, moi compris, et trois enfants.

Nous aimerions louer votre établissement pour deux semaines.

Nous ramènerons nos propres draps ainsi que notre linge pour dormir, mais nous serions intéressés par une dame de ménage.

J'aimerais aussi vous demander plus d'informations concernant les attractions et activités que vous avez mentionnées dans votre e-mail. Mes enfants aimeraient aller à la plage. Quant à moi, j'aime beaucoup le ski nautique.

Merci de toute l'aide que vous pourrez nous apporter.

Cordialement, Alain

Presentational Writing: Persuasive Essay

Sample Response

La première source est un article sur les abandons d'animaux en France. D'après le journaliste et les personnes qu'il a interviewées, les abandons de chiens et de chats sont en hausse depuis les années précédentes. Il y a plusieurs raisons à cela : avec la crise économique, les gens ne peuvent plus payer pour les soins et la nourriture de leurs animaux ; beaucoup de gens ne se rendent également pas compte de la responsabilité d'entretenir un animal de compagnie ; d'autres personnes préfèrent partir en vacance que de devoir rester à la maison avec leur animal… etc. De plus, les gens achètent moins dans les refuges pour animaux. Ils achètent plus facilement sur internet ou dans les centres commerciaux.

La deuxième source est un tableau de statistiques des raisons données par les propriétaires pour justifier l'abandon de leur animal. La principale raison évoquée est un déménagement, comme dans le premier article lorsque les propriétaires déménagent dans un appartement plus petit où les animaux de compagnie ne sont souvent pas acceptés. Le deuxième motif d'abandon le plus fréquent est un changement d'un autre ordre : un divorce, une séparation ou une nouvelle union. Parfois, lors d'une nouvelle rencontre, le partenaire ne veut pas d'animal, ou n'aime pas les chiens/chats. La dernière raison importante évoquée est l'animal lui-même.

Enfin, la dernière source est un reportage télévisé concernant la hausse des abandons d'animaux lors des vacances d'été. Les gens préfèrent partir en vacance et abandonner leur animal de compagnie. D'après Michèle Boulet, les gens inventent des excuses parfois. On peut donc questionner le document 2 avec les statistiques, et à quel les gens répondent honnêtement. Le journaliste parle aussi de ce qui arrive aux animaux abandonnés dans les abris. Contrairement à ce que beaucoup de gens pensent, les abris ne peuvent pas aider tous les animaux parce qu'il y en a trop. Beaucoup de ces chiens et chats sont en danger d'être euthanasié faute de place et de moyens.

Ces trois documents ont chacun une approche différente concernant le même sujet : l'abandon des animaux domestiques, et plus précisément des chiens et des chats.

A mon avis, certaines raisons ne peuvent pas être évitées. Par exemple, lorsqu'un animal est agressif, cela peut être dangereux si les propriétaires ont des enfants. Il y a des accidents de chiens attaquant des enfants chaque année, et je comprends que cela puisse effrayer des parents. Le deuxième paragraphe évoque également des changements de vie tels que des déménagements et des divorces/remariages. Ce n'est pas toujours facile de trouver quelqu'un qui accepte de s'occuper d'un animal domestique, comme une tante, ou un ami. S'occuper d'un animal, surtout des animaux plus gros comme des chiens, demande beaucoup de moyens et de temps. Il faut le sortir tous les jours, qu'il pleuve ou qu'il neige, il faut le nourrir, le faire vacciner…etc.

Le troisième document mentionne que beaucoup d'animaux sont ramassés par la fourrière. Pour peu qu'un animal domestique n'ai pas de médaille, il peu être ramassé par erreur, comme dans le film Disney : « La Belle et le Clochard ». C'est pour ça qu'il est très important de munir son animal d'une médaille avec son numéro de téléphone.

Néanmoins, je suis très choqué(e) par le comportement de certains propriétaires mentionné dans le dernier document. Je suis contre le maltraitement des animaux, quelles que soient les raisons. C'est terrible que certaines personnes soient prêtes à brûler ou arracher l'oreille d'un animal simplement pour qu'on ne puisse pas les retrouver. De plus, je considère qu'un animal est vivant, il faut le respecter. Si on achète un animal, il faut être prêt à s'en occuper toute sa vie, il faut l'aimer. J'ai un chien que j'adore et jamais je ne m'en séparerais. Si jamais je devais habiter avec une personne qui n'aime pas les chiens, je garderais quand même le mien et il vivrait dans une salle séparée. C'est triste, mais je ne l'abandonnerais jamais.

Interpersonal Speaking: Conversation

Sample Response

Pierre : J'ai entendu dire que tu montais une pièce théâtre, de quoi ça parle ?

Vous : Ma pièce de théâtre est basée sur le film « *Mme Bovary* », et j'aimerais bien que tu joues le rôle *du mari de Mme Bovary.* Est-ce que ça t'intéresserait de participer ?

Pierre : Ça a l'air très intéressant dis donc ! Je suis curieux de voir ce que ça va donner. Je veux bien t'aider, mais ça dépend des horaires de répétition, je suis très occupé, tu sais.

Vous : Quel est ton emploi du temps ? Quand est-ce que tu es libre ? Quand préférerais-tu répéter ? Il est possible de s'arranger.

Pierre : Eh bien, je suis libre le lundi soir et le jeudi soir. J'aime beaucoup le film que tu as choisi, néanmoins je ne suis pas convaincu par le rôle que tu me proposes. Je n'aime pas beaucoup ce personnage.

Vous : Qu'est ce que tu dirais du rôle de *Rodolphe* ? C'est un rôle plus important, et il est plus intéressant ! J'aimerais vraiment que tu joues dans ma pièce, tu as beaucoup de talent. Sans toi, je suis sûr que ma pièce n'aura aucun succès.

Pierre : D'accord, cette fois c'est bon. Je préfère de loin ce que tu me proposes là. Les répétitions vont prendre du temps et beaucoup d'efforts, va-t-on être rémunéré ? Cela me semblerait juste.

Vous : Je n'ai pas assez d'argent pour payer les acteurs, ça coûterait beaucoup trop cher ! Néanmoins, je te propose autre chose : *Je vous invite tous au restaurant pour fêter le succès de ma pièce.*

Pierre : Ça marche, j'accepte. Ta pièce est vraiment une bonne idée, je suis très pressé de commencer les répétitions. J'espère que tu m'as choisi une jolie partenaire !

Vous : Bon, alors on se voit bientôt, pour la première répétition. Au revoir !

Presentational Speaking: Cultural Comparison

Sample Response

Chaque état des Etats-Unis a sa propre cuisine, comme la cuisine créole en Louisiane. La seule cuisine commune dans tous les Etats-Unis, qui s'est exportée dans le monde entier, est la nourriture de fast food. Cela est dommage car chaque état a sa propre culture et sa propre cuisine qui mérite plus d'être connue que Mc Donald par exemple. Les Français/acadiens/louisianais... accordent beaucoup d'importance à la nourriture. Ils ont une cuisine très riche dont la réputation a fait le tour du monde. Les restaurants français sont très chers en général, ce qui montre la valeur que les Américains lui donnent. Je pense que /A mon avis, les Français/... accordent plus d'importance à leur cuisine que les Américains. Par exemple, un Français moyen passe 1h à table pour le déjeuner, alors qu'un Américain mange très vite. En France, le repas est un moment de partage. Beaucoup d'Américains ne mangent pas en famille le midi, mais se retrouvent le soir.

Answer Sheets

Practice Exam 1

Answer Sheet

Section 1

1. Ⓐ Ⓑ Ⓒ Ⓓ
2. Ⓐ Ⓑ Ⓒ Ⓓ
3. Ⓐ Ⓑ Ⓒ Ⓓ
4. Ⓐ Ⓑ Ⓒ Ⓓ
5. Ⓐ Ⓑ Ⓒ Ⓓ
6. Ⓐ Ⓑ Ⓒ Ⓓ
7. Ⓐ Ⓑ Ⓒ Ⓓ
8. Ⓐ Ⓑ Ⓒ Ⓓ
9. Ⓐ Ⓑ Ⓒ Ⓓ
10. Ⓐ Ⓑ Ⓒ Ⓓ
11. Ⓐ Ⓑ Ⓒ Ⓓ
12. Ⓐ Ⓑ Ⓒ Ⓓ
13. Ⓐ Ⓑ Ⓒ Ⓓ
14. Ⓐ Ⓑ Ⓒ Ⓓ
15. Ⓐ Ⓑ Ⓒ Ⓓ
16. Ⓐ Ⓑ Ⓒ Ⓓ
17. Ⓐ Ⓑ Ⓒ Ⓓ
18. Ⓐ Ⓑ Ⓒ Ⓓ
19. Ⓐ Ⓑ Ⓒ Ⓓ
20. Ⓐ Ⓑ Ⓒ Ⓓ
21. Ⓐ Ⓑ Ⓒ Ⓓ
22. Ⓐ Ⓑ Ⓒ Ⓓ
23. Ⓐ Ⓑ Ⓒ Ⓓ
24. Ⓐ Ⓑ Ⓒ Ⓓ
25. Ⓐ Ⓑ Ⓒ Ⓓ
26. Ⓐ Ⓑ Ⓒ Ⓓ
27. Ⓐ Ⓑ Ⓒ Ⓓ
28. Ⓐ Ⓑ Ⓒ Ⓓ
29. Ⓐ Ⓑ Ⓒ Ⓓ
30. Ⓐ Ⓑ Ⓒ Ⓓ
31. Ⓐ Ⓑ Ⓒ Ⓓ
32. Ⓐ Ⓑ Ⓒ Ⓓ
33. Ⓐ Ⓑ Ⓒ Ⓓ
34. Ⓐ Ⓑ Ⓒ Ⓓ
35. Ⓐ Ⓑ Ⓒ Ⓓ
36. Ⓐ Ⓑ Ⓒ Ⓓ
37. Ⓐ Ⓑ Ⓒ Ⓓ
38. Ⓐ Ⓑ Ⓒ Ⓓ
39. Ⓐ Ⓑ Ⓒ Ⓓ
40. Ⓐ Ⓑ Ⓒ Ⓓ
41. Ⓐ Ⓑ Ⓒ Ⓓ
42. Ⓐ Ⓑ Ⓒ Ⓓ
43. Ⓐ Ⓑ Ⓒ Ⓓ
44. Ⓐ Ⓑ Ⓒ Ⓓ
45. Ⓐ Ⓑ Ⓒ Ⓓ
46. Ⓐ Ⓑ Ⓒ Ⓓ
47. Ⓐ Ⓑ Ⓒ Ⓓ
48. Ⓐ Ⓑ Ⓒ Ⓓ
49. Ⓐ Ⓑ Ⓒ Ⓓ
50. Ⓐ Ⓑ Ⓒ Ⓓ
51. Ⓐ Ⓑ Ⓒ Ⓓ
52. Ⓐ Ⓑ Ⓒ Ⓓ
53. Ⓐ Ⓑ Ⓒ Ⓓ
54. Ⓐ Ⓑ Ⓒ Ⓓ
55. Ⓐ Ⓑ Ⓒ Ⓓ
56. Ⓐ Ⓑ Ⓒ Ⓓ
57. Ⓐ Ⓑ Ⓒ Ⓓ
58. Ⓐ Ⓑ Ⓒ Ⓓ
59. Ⓐ Ⓑ Ⓒ Ⓓ
60. Ⓐ Ⓑ Ⓒ Ⓓ
61. Ⓐ Ⓑ Ⓒ Ⓓ
62. Ⓐ Ⓑ Ⓒ Ⓓ
63. Ⓐ Ⓑ Ⓒ Ⓓ
64. Ⓐ Ⓑ Ⓒ Ⓓ
65. Ⓐ Ⓑ Ⓒ Ⓓ

Section II Essays

Use the following pages to prepare your essays.

Section II Essays *(continued)*

Practice Exam 2

Answer Sheet

Section 1

1. Ⓐ Ⓑ Ⓒ Ⓓ
2. Ⓐ Ⓑ Ⓒ Ⓓ
3. Ⓐ Ⓑ Ⓒ Ⓓ
4. Ⓐ Ⓑ Ⓒ Ⓓ
5. Ⓐ Ⓑ Ⓒ Ⓓ
6. Ⓐ Ⓑ Ⓒ Ⓓ
7. Ⓐ Ⓑ Ⓒ Ⓓ
8. Ⓐ Ⓑ Ⓒ Ⓓ
9. Ⓐ Ⓑ Ⓒ Ⓓ
10. Ⓐ Ⓑ Ⓒ Ⓓ
11. Ⓐ Ⓑ Ⓒ Ⓓ
12. Ⓐ Ⓑ Ⓒ Ⓓ
13. Ⓐ Ⓑ Ⓒ Ⓓ
14. Ⓐ Ⓑ Ⓒ Ⓓ
15. Ⓐ Ⓑ Ⓒ Ⓓ
16. Ⓐ Ⓑ Ⓒ Ⓓ
17. Ⓐ Ⓑ Ⓒ Ⓓ
18. Ⓐ Ⓑ Ⓒ Ⓓ
19. Ⓐ Ⓑ Ⓒ Ⓓ
20. Ⓐ Ⓑ Ⓒ Ⓓ
21. Ⓐ Ⓑ Ⓒ Ⓓ
22. Ⓐ Ⓑ Ⓒ Ⓓ
23. Ⓐ Ⓑ Ⓒ Ⓓ
24. Ⓐ Ⓑ Ⓒ Ⓓ
25. Ⓐ Ⓑ Ⓒ Ⓓ
26. Ⓐ Ⓑ Ⓒ Ⓓ
27. Ⓐ Ⓑ Ⓒ Ⓓ
28. Ⓐ Ⓑ Ⓒ Ⓓ
29. Ⓐ Ⓑ Ⓒ Ⓓ
30. Ⓐ Ⓑ Ⓒ Ⓓ
31. Ⓐ Ⓑ Ⓒ Ⓓ
32. Ⓐ Ⓑ Ⓒ Ⓓ
33. Ⓐ Ⓑ Ⓒ Ⓓ
34. Ⓐ Ⓑ Ⓒ Ⓓ
35. Ⓐ Ⓑ Ⓒ Ⓓ
36. Ⓐ Ⓑ Ⓒ Ⓓ
37. Ⓐ Ⓑ Ⓒ Ⓓ
38. Ⓐ Ⓑ Ⓒ Ⓓ
39. Ⓐ Ⓑ Ⓒ Ⓓ
40. Ⓐ Ⓑ Ⓒ Ⓓ
41. Ⓐ Ⓑ Ⓒ Ⓓ
42. Ⓐ Ⓑ Ⓒ Ⓓ
43. Ⓐ Ⓑ Ⓒ Ⓓ
44. Ⓐ Ⓑ Ⓒ Ⓓ
45. Ⓐ Ⓑ Ⓒ Ⓓ
46. Ⓐ Ⓑ Ⓒ Ⓓ
47. Ⓐ Ⓑ Ⓒ Ⓓ
48. Ⓐ Ⓑ Ⓒ Ⓓ
49. Ⓐ Ⓑ Ⓒ Ⓓ
50. Ⓐ Ⓑ Ⓒ Ⓓ
51. Ⓐ Ⓑ Ⓒ Ⓓ
52. Ⓐ Ⓑ Ⓒ Ⓓ
53. Ⓐ Ⓑ Ⓒ Ⓓ
54. Ⓐ Ⓑ Ⓒ Ⓓ
55. Ⓐ Ⓑ Ⓒ Ⓓ
56. Ⓐ Ⓑ Ⓒ Ⓓ
57. Ⓐ Ⓑ Ⓒ Ⓓ
58. Ⓐ Ⓑ Ⓒ Ⓓ
59. Ⓐ Ⓑ Ⓒ Ⓓ
60. Ⓐ Ⓑ Ⓒ Ⓓ
61. Ⓐ Ⓑ Ⓒ Ⓓ
62. Ⓐ Ⓑ Ⓒ Ⓓ
63. Ⓐ Ⓑ Ⓒ Ⓓ
64. Ⓐ Ⓑ Ⓒ Ⓓ
65. Ⓐ Ⓑ Ⓒ Ⓓ

Section II Essays

Use the following pages to prepare your essays.

Appendix 1

Practice Exam 1

Audio Scripts

Audio Selection 1

Sélection numéro 1

Thème du cours : La technologie et la société

Introduction

Dans cette sélection, il s'agit d'une discussion sur l'emploi de la technologie dans les salles de classe. L'entretien original a eu lieu au Congrès Make/Faire, le 20 juin 2011, à Montréal. Une journaliste canadienne, Sophie Desjardins, s'entretient avec Marc Gaillard, professeur de philosophie. La sélection dure environ deux minutes.

Script

SD : Aujourd'hui j'ai l'occasion de parler avec Professeur Marc Gaillard, un professeur de philosophie à l'Université de Montréal au Congrès Make/Faire. Les organisateurs du Congrès ont réuni des experts dans des domaines variés—y compris l'informatique, la programmation, les arts plastiques, l'architecture, l'anthropologie, l'écologie, et la philosophie—et les ont invités à créer un dialogue interdisciplinaire au sujet de la technologie et la vie quotidienne. Professeur Gaillard a fait partie d'une table ronde dont les participants ont parlé des avantages et des désavantages de l'emploi de nouvelles technologies comme les smartphones et les tablettes tactiles dans la salle de classe.

Bonjour, Professeur Gaillard.

MG: Bonjour, Sophie.

SD : Dans votre présentation, vous avez dit que vous êtes contre l'emploi de nouvelles technologies dans la salle de classe. Vous avez dit que vous interdisez les ordinateurs et les portables dans vos salles de classe. Pouvez-vous nous expliquer pourquoi ?

MG : Bien sûr. Pour moi, il s'agit de privilégier des méthodes d'apprentissage que nous sommes en train de perdre, celle de lire et celle de se parler, mais surtout celle d'apprendre par ce que nous ressentons. Mes détracteurs disent que je suis trop traditionnel. Il y en a certains qui m'appellent Professeur Dinosaure. Ils suggèrent qu'il est possible de lire un texte électroniquement en utilisant un ordinateur ou une tablette tactile. De la même manière, ils affirment que les webcams permettent aux personnes de se parler et de se voir. Je comprends ce qu'ils me disent, mais je ne suis pas convaincu. Les écrans ont leurs limites. À cause de la technologie, nous sommes en train de perdre certaines expériences sensorielles. Quand nous lisons un livre, un vrai livre en papier, nous sommes en contact direct avec le livre. Nous pouvons toucher et tourner les pages. Nous pouvons aussi sentir le livre. Chaque livre a son propre parfum. C'est vraiment une expérience esthétique. Il est impossible d'évoquer ces sensations à travers un écran. C'est pour cette raison, surtout, que je suis contre l'emploi des technologies dans mes salles de classe.

SD : Merci, Professeur Gaillard.

MG : Merci, Sophie.

Audio Selection 2

Sélection numéro 2

Source numéro 2 :

Vous aurez 1 minute pour lire l'introduction et regarder les questions.

Introduction

Dans cette sélection il s'agit d'une conversation entre Marie et Mathilde, la veille de leur marathon. La sélection dure environ une minute et demie.

Script

Mathilde : Bonsoir, Marie. Ça va ?

Marie : Oui, ça va, même si je suis un peu nerveuse. Comme tu sais, demain je vais faire mon premier marathon.

Mathilde : Ne t'inquiète pas, Marie. Ça va aller. Ça fait combien de mois que tu fais ton entraînement assidu ?

Marie : Ça fait huit mois. J'ai fait attention à bien établir ma base pendant les premiers quatre mois avant d'augmenter mes distances.

Mathilde : C'est sûr. Tu es prête.

Marie : Mais Mathilde, tu as déjà fait cinq marathons. C'est facile pour toi. Comme c'est ma première fois, je ne sais pas à quoi m'attendre.

Mathilde : Est-ce que je pourrais te donner un conseil ?

Marie : Pourquoi pas ?

Mathilde : Fais attention à ce que tu manges, ce soir et demain matin. Avant chaque marathon, je mange à peu près les mêmes choses. Le soir, je mange toujours une pizza à pâte fine, garnie de sauce rouge, avec du fromage, du jambon, de l'ananas et du piment. Comme dessert : du yaourt au miel et une banane. Je bois aussi beaucoup d'eau. Le lendemain matin, je mange toujours un sandwich à l'œuf avec un peu de sel et de poivre. Ce régime, c'est mon secret. J'ai toujours beaucoup d'énergie pendant la course.

Marie : Ah bon ?

Mathilde : Oui, une fois, je n'ai pas respecté ce régime. La veille de l'événement, j'ai mangé un ragoût aux légumes et des pâtes chez une amie et ensuite, rien comme dessert. Le lendemain, mes résultats étaient catastrophiques. Je n'ai pas pu finir la course.

Audio Selection 3

Sélection numéro 3

Thème du cours : La politique et le pouvoir

Introduction

Dans cette sélection il s'agit de commentaires politiques concernant les élections en Côte d'Ivoire en 2010 par un artiste ivoirien renommé. L'interview originale a paru sur un site Internet pour les Citoyens Ivoiriens contre l'Injustice Politique. L'artiste a été interviewé par la journaliste française Jeanne Lemauft. La sélection dure environ deux minutes et demie.

Vous aurez d'abord 1 minute pour lire l'introduction et regarder les questions.

Script

JL : Aujourd'hui, je parle avec un artiste ivoirien renommé au sujet des problèmes politiques qui ont touché son pays récemment. Plus précisément, nous discutons des élections qui ont eu lieu en Côte d'Ivoire, en novembre 2010. Bien que les résultats officiels aient affirmé qu'Alssane Ouattara a gagné l'élection contre le président en fonction Laurent Gbagbo, les deux candidats n'ont pas réussi à négocier un transfert de pouvoir paisible. Par conséquent, l'Organisation des Nations Unies et les chefs d'état de plusieurs pays africains, européens et nord-amércains ont décidé d'intervenir.

La politique est un sujet délicat à aborder en Côte d'Ivoire, puisque le pays lutte toujours pour maintenir la paix après la guerre civile qui a eu lieu entre 2002 et 2007. Pour cette raison, beaucoup d'artistes et d'intellectuels ne veulent parler aux journalistes que sous réserve d'anonymat.

Ce soir, je parle avec un l'un de ces artistes et intellectuels engagés. Il nous explique pourquoi il se méfie du rôle que certains pays européens et américains jouent en Côte d'Ivoire.

Bonjour Monsieur.

AA : Bonjour.

JL : Pourriez-vous nous expliquer ce que vous pensez de la situation actuelle dans votre pays ?

AA : Oui, bien sûr. Notre problème, en Côte d'Ivoire, est simple. Nous n'étions pas prêts pour les élections, en particulier car certaines régions de notre pays étaient encore des zones militarisées à cette époque. Dans de telles régions, ce sont les soldats qui dominaient—ils contrôlaient les frontières et les commerces de la région. Tout cela limitait la mobilité des personnes, la communication des idées, et l'échange des biens, non seulement entre les habitants de la région mais aussi avec les personnes qui se trouvaient ailleurs, dans d'autres régions et dans d'autres pays.

Le problème, c'est que la communauté internationale a insisté pour que des élections aient lieu en Côte d'Ivoire avant la fin de 2010, malgré les défis auxquels nous avons été confrontés. Je suis sûr que si nous avions eu la possibilité d'attendre une année de plus afin d'essayer de résoudre nos conflits internes, le résultat de l'élection aurait été plus paisible. J'en suis convaincu.

JL : Merci, Monsieur.

AA : Merci bien.

Audio Selection 4

Sélection numéro 4

Thème du cours : L'industrie et l'environnement

Introduction

Dans cette sélection, il s'agit de la marée noire du golfe du Mexique qui a eu lieu en 2010. Le reportage original a été diffusé sur une station de radio Francophone internationale pendant l'été 2010. La sélection dure environ deux minutes et demie.

Vous aurez d'abord 1 minute pour lire l'introduction et regarder les questions.

Script

Nous voyons encore les séquelles de la marée noire du golfe de Mexique qui a touché les plages de Louisiane. Cette catastrophe écologique, qui a eu lieu en avril 2010, a touché tous les secteurs d'activité de la région, en particulier le tourisme, l'industrie des pêches, la santé publique, et l'environnement littoral. Évidemment, la marée noire a décimé la faune et de flore de la région, suffoquées sous le poids du pétrole brut répandu tout au long de la côte. Les retombées économiques, écologiques et industrielles restent à être déterminées.

Pour évaluer les conséquences à long terme de cette catastrophe, la Société pour la Préservation des Oiseaux Littoraux de Louisiane recrute des bénévoles pour l'automne 2010. Les bénévoles sélectionnés participeront à une semaine d'orientation et de formation pendant laquelle ils apprendront comment travailler efficacement et sainement. Puisque la tâche la plus importante est de retrouver et nettoyer les oiseaux et autres animaux contaminés, ils apprendront comment sauver et soigner ces espèces littorales sans se faire mal. Il y a en effet des risques associés au contact avec ces populations—surtout des problèmes de santé qui peuvent en résulter—et il faut à tout prix les éviter.

De fait ce travail qui n'est ni divertissant ni facile. Les bénévoles passent de longues journées à nettoyer les déchets pétroliers de la marée noire et à soigner les animaux contaminés. De plus, la Société pour la Préservation des Oiseaux Littoraux de Louisiane n'a pas beaucoup de ressources financières. Bien que l'organisme ne soit pas capable de payer ses bénévoles, il offre un logement et de la nourriture aux personnes qui veulent bien relever le défi.

La Société pour la Préservation des Oiseaux Littoraux de Louisiane encourage les candidats convaincus et engagés à envoyer un CV récent et une lettre de motivation à la coordinatrice de travail bénévole, Madame Josette Desprès. Ses coordonnées sont disponibles sur le site Internet de la Société à www.spoll.org.

Audio Selection 5

Sélection numéro 5

Thème du cours : Le tourisme

Introduction

Vous aurez d'abord 1 minute pour lire l'introduction et considérer les questions.

Dans cette sélection, il s'agit d'informations pratiques pour les touristes qui souhaitent se rendre à Saint Pierre, en Martinique. L'enregistrement est disponible sur le site web d'une agence de voyages qui propose des séjours à la Martinique. La sélection dure environ deux minutes.

Script

Loin des stations balnéaires du sud de l'île, juste au nord de Fort de France, l'ancienne capitale de la Martinique, Saint Pierre, est prête à être découverte. En 1902, la ville a été complètement détruite suite à une éruption volcanique. Tous les habitants de la ville sont morts à cause de cette catastrophe, à l'exception d'une seule personne. Le seul survivant, Louis Cyparis, était un prisonnier placé en isolement carcéral. Sa cellule, censée l'empêcher de s'évader, l'a protégé contre la chaleur de l'éruption et l'a sauvé d'une mort par asphyxie.

De nos jours, les passants peuvent visiter ce qui reste de cette cellule, ainsi que les ruines de l'église, du théâtre et d'autres bâtiments qui continuent à dominer le paysage de la ville. En effet, la ville de Saint Pierre s'est reconstruite autour de ses ruines, surtout celles du Quartier du Figuier, l'ancien quartier commercial situé au bord de la mer. Flâner dans les rues labyrinthiques de la ville, à l'ombre d'un volcan actif, plaira sans doute aux amateurs d'archéologie et à tous ceux qui s'intéressent au patrimoine historique, artistique et culturel de la ville.

Les poètes trouveront de l'inspiration sur la plage de Saint Pierre - un endroit paisible et calme, parfois trop calme, comme un lieu hanté... À la place des coquillages, on croise au hasard des traces de la vies- quotidiennes- des anciens habitants de la ville–des morceaux de bouteilles et d'assiettes cassées, des ruines de bâtiment en pierre ou en briques, et parfois des fragments d'os brisés—perdus dans la mer, polis par les vagues et rejetés sur la côte plus d'un siècle plus tard.

Rassurez-vous, Saint Pierre n'est pas complètement morne. C'est un centre culturel important qui monte beaucoup d'expositions artistiques et de manifestations culturelles. De plus, pour les touristes actifs et intrépides, il y a la possibilité d'explorer des épaves en mer, avec des équipes de plongeurs sous-marins, ou d'apprécier la beauté des forêts tropicales avoisinantes, avec des groupes de randonneurs.

Saint Pierre, c'est vraiment une ville comme nulle autre.

Audio Selection 6

Source numéro 3 :

Vous aurez 30 secondes pour lire l'introduction.

Introduction

Dans cette sélection, il s'agit de la politique linguistique du Sénégal. L'entretien original avec le Professeur Madjiguène Sow a été fait par Pierre Plantu, au Congrès Francophone de 2012. L'entretien dure environ deux minutes et demie.

Script

PP : Aujourd'hui nous sommes au Congrès Francophone 2012, qui réunit des écrivains, des traducteurs, des philosophes, des professeurs, et des délégués culturels se réunissent afin de parler de la politique de la langue française dans le monde Francophone.

Présentement, j'ai l'occasion de parler avec le Professeur Madjiguène Sow. Elle est professeur de littérature Francophone à l'Université Cheikh Anta Diop, à Dakar.

Bonjour Professeur Sow.

MS : Bonjour Monsieur Plantu.

PP : Professeur, pendant le Congrès, vous avez indiqué que vous souteniez le statut de langue actuelle au Sénégal, que vous étiez pour la préservation de la langue française comme langue officielle unique dans votre pays. Néanmoins, certains de vos adversaires cherchent à remplacer le français par les deux langues co-officielles : le wolof et le dioula. Comment répondez-vous à cette proposition ?

MS : Mes adversaires commettent une grave erreur en soutenant que le français devrait être aboli comme langue officielle de notre pays. Tout en reconnaissant la valeur et la richesse de nos langues locales, il faut néanmoins admettre qu'élever deux langues au statut de langue officielle, c'est privilégier deux groupes ethniques majoritaires dans notre pays. Il est dangereux d'être partisan de deux langues dans un pays qui en a 37.

En outre, dans la région sahélienne, il y a de nombreux pays Francophones—y compris le Mali, la Côte d'Ivoire et le Benin—dont la langue officielle est aussi le français. Je pense que la langue française sert à nous unir, malgré nos différences politiques, culturelles, et surtout linguistiques. Bien que le dioula soit parlé en Côte d'Ivoire et le wolof au Mali, chaque pays a un profil linguistique différent. Il suffit de prendre par exemple la Côte d'Ivoire, un pays où le français reste la seule langue officielle et où les populations locales parlent 68 langues différentes à travers le pays. Bien que le dioula soit une langue majoritaire et véhiculaire dans certaines régions du sud, il y a d'autres langues qui sont favorisées dans d'autres régions du pays. Pour nous, les Sénégalais, il est indéniable que choisir des langues locales comme langues officielles limiterait les populations avec qui nous pourrions communiquer dans la région africaine. Bref, pour nous, la langue française est une langue de diplomatie régionale stratégique et il faut en profiter.

PP : Merci Professeur Sow.

MS : Merci Monsieur Plantu.

Audio Selection 7

Oral conversation

Script

Marianne: Bonjour. Bienvenue chez moi. Comme tu le vois, il y a une salle de séjour ensoleillée et une cuisine bien équipée. La salle de bains est minuscule, mais en bon état. Il y a aussi deux chambres à coucher confortables. Voici la mienne et voici la chambre disponible.

Vous :

Marianne : Le loyer est de 500 euros par mois, toutes charges comprises. Je suis contente que l'appartement t'intéresse. En tout cas, j'aimerais m'assurer que nous nous entendrons bien ensemble. Pourrais-tu me parler de ton emploi du temps et de tes activités habituelles ?

Vous :

Marianne : Oh, c'est bon. Je pense que cela me conviendra. Quant à moi, je suis très occupée en ce moment et je ne passe pas trop de temps dans l'appartement. En tout cas, de temps en temps j'aime inviter spontanément des amis chez moi pour boire un verre ou partager un repas. Pour cette raison, je préfère que l'appartement soit propre et bien rangé tout le temps. Pourrais-tu me parler de ta personnalité et de tes habitudes ?

Vous :

Marianne : La semaine prochaine, j'organise une soirée ici, dans l'appartement, pour fêter l'anniversaire de ma meilleure amie Diane. Il y aura des amuse-gueules à grignoter et un gâteau d'anniversaire. Il y aura une quinzaine de personnes dans l'appartement de 9h à minuit. J'espère que la fête ne te dérangera pas.

Vous :

Marianne: Bon. C'était un plaisir de te revoir. Je te contacterai dès que j'aurai pris une décision. Au revoir et à bientôt !

Vous :

Appendix 2

Practice Exam 2

Audio Scripts

Audio Selection 1

Sélection numéro 1

Introduction

Dans cette sélection il s'agit de l'hymne national français « La Marseillaise »

Script

Allons enfants de la Patrie
Le jour de gloire est arrivé !
Contre nous de la tyrannie
L'étendard sanglant est levé
Entendez-vous dans les campagnes
Mugir ces féroces soldats ?
Ils viennent jusque dans nos bras.
Égorger nos fils, nos compagnes !
Aux armes citoyens
Formez vos bataillons
Marchons, marchons
Qu'un sang impur
Abreuve nos sillons

[...]

Français, en guerriers magnanimes
Portez ou retenez vos coups !
Épargnez ces tristes victimes
À regret s'armant contre nous
Mais ces despotes sanguinaires
Mais ces complices de Bouillé
Tous ces tigres qui, sans pitié
Déchirent le sein de leur mère !

[...]

Aux armes citoyens
Formez vos bataillons
Marchons, marchons
Qu'un sang impur
Abreuve nos sillons
Amour sacré de la Patrie
Conduis, soutiens nos bras vengeurs
Liberté, Liberté chérie
Combats avec tes défenseurs !
Sous nos drapeaux, que la victoire
Accoure à tes mâles accents
Que tes ennemis expirants
Voient ton triomphe et notre gloire !
Aux armes citoyens
Formez vos bataillons
Marchons, marchons
Qu'un sang impur
Abreuve nos sillons

Audio Selection 2

Sélection numéro 2

Introduction

Dans cette sélection il s'agit du changement de la loi concernant la publicité sur l'alcool en France, et des raisons qui ont apporté ce changement. La sélection dure à peu près trois minutes et demie.

Script

Champs-Élysées, politique

La loi Evin réglementait jusqu'à présent très strictement depuis 1991 la publicité pour l'alcool en France. Les députés viennent de la casser. Désormais, Bernard Poirette, la publicité pour les boissons alcoolisées redevient beaucoup plus facile.

Oui, et tous ceux qui se battent contre ce fléau national qu'est l'alcool sont consternés, à commencer par le ministre des Transports pour qui « l'amendement adopté à l'Assemblée nationale est un très mauvais coup porté contre la sécurité routière ». L'alcool tue chaque année quarante-cinq mille personnes en France, plus que le tabac. Il est en cause dans trente pour cent des accidents de la route. Or, depuis cinq ans, le nombre des victimes du carnage routier a été divisé par deux, grâce aux radars, bien sûr, mais aussi grâce à la chasse impitoyable à l'alcool.

Et les Français applaudissent. Selon un récent sondage, cinquante-six pour cent d'entre eux voudraient voir instaurer un taux légal d'alcoolémie* zéro au volant, contre 0,5 actuellement. Pourtant, par cent deux voix contre douze, les députés de la République sont allés contre. Dorénavant, la référence « aux caractéristiques qualitatives du produit » sera autorisée dans la publicité pour l'alcool. En clair, le reflet d'une pin up en robe rouge dans un ballon de bordeaux ou les mérites de « ce chablis au merveilleux goût de chèvrefeuille » passeront sans heurts le barrage du Bureau de Vérification de la Publicité.

C'était impossible depuis treize ans. Les professionnels du marketing et les lobbyistes viticoles jurent leurs grands dieux qu'il ne s'agit pas d'inciter à boire plus, mais à boire mieux. La rengaine habituelle, à laquelle Claude Evin lui-même réplique ceci :

Moi je crois qu'il ne faut pas être hypocrite. On sait très bien qu'en termes de santé publique, la consommation, y compris de vin, à raison de plus de deux à trois verres par jour, est nocive en termes de santé. Donc, il faut le dire. Et on ne peut pas préconiser que les consommateurs consomment plus de vin demain. Alors là, il faut faire un choix entre l'intérêt des gens, l'intérêt de la santé et l'intérêt, qui n'est pas négligeable sans doute, mais l'intérêt d'une activité agricole.

Et de toute évidence donc, le gouvernement a choisi de soutenir l'alcool contre la santé publique. Le ministre de la Santé, Philippe Douste-Blazy, s'est opposé très mollement à la casse de la loi Evin. Il faut dire qu'il était sous la pression de dizaines de députés de son propre camp, élus de régions viticoles et représentant des cohortes d'électeurs qui vivent de près ou de loin de la vigne et qui se lamentent depuis des années. La consommation d'alcool en France a baissé de moitié en vingt ans. La crise à l'exportation est profonde ; la concurrence de nouveaux terroirs lointains est violente.

En conclusion : le secteur est sinistré. Démanteler la loi Evin permettra-t-il de le sauver ? Nous verrons bien. Toujours est-il que, politiquement, l'affaire est exemplaire de lâcheté et de renoncements. Voici deux mois à peine, Monsieur Douste-Blazy voulait que soient indiqués sur les bouteilles d'alcool les risques pour la femme enceinte. Dans la foulée, il affirmait qu'il se battrait frontalement contre ceux qui veulent toucher à la loi Evin. Le gouvernement pour sa part maintient contre toute logique son objectif de baisse de la consommation d'alcool de vingt pour cent sur les quatre prochaines années. Quant à Jacques Chirac, pour qui « sécurité routière, lutte contre le cancer et lutte contre les handicaps » sont les trois objectifs nationaux prioritaires, eh bien, il observe pour l'instant sans broncher le saccage de la loi Evin.

Audio Selection 3

Sélection numéro 3

Thème du cours : Les droits de l'être humain

Vous aurez d'abord 1 minute pour lire l'introduction et parcourir les questions.

Introduction

Dans cette sélection il s'agit d'un témoignage sur les atteintes aux droits de l'homme dans un pays africain. La sélection dure à peu près une minute.

Script

Dans ma vie professionnelle, j'ai le sentiment de n'avoir pas toujours bénéficié de la liberté d'expression. Je suis journaliste et j'ai tenté, enfin, j'ai proposé des sujets de magazine dans mon pays, et je me suis souvent entendu dire par les responsables de la radio nationale pour laquelle je travaillais : « ce sont des sujets subversifs ; ce sont des questions délicates ; ce sont des questions qui pourraient déranger. » Et, c'est déjà pour moi une atteinte à la liberté d'expression que de s'autocensurer ; qu'un responsable de radio, qu'un responsable de programme décide de son propre chef, unilatéralement, qu'un sujet est subversif et délicat ou pas. Et pour moi, ce type de réactions est une atteinte à la liberté d'expression.

Audio Selection 4

Sélection numéro 4

Thème du cours : La musique

Vous aurez d'abord 1 minute pour lire l'introduction et parcourir les questions.

Introduction

Dans cette sélection il s'agit de la chanteuse Miriam Makeba. « Mama Afrika » aura marqué un continent et laissé son empreinte d'artiste dans le monde entier. Exilée plus de trente ans loin de son pays, elle est une figure de la lutte contre l'apartheid. Alain Foka lui consacre une émission lors de sa disparition en novembre 2008 et esquisse le portrait d'une grande dame sud-africaine. La sélection dure à peu près une minutes et demie.

Script

(Journaliste) Miriam Makeba va chanter dans pratiquement tous les pays de la planète, bien avant qu'on ne range sa musique dans l'appellation fourre-tout de « world music ».

(Miriam) Moi je ne sais pas ce que ça veut dire « world music ». Je ne sais pas. Toute musique est « world » parce que nous faisons tous partie de ce monde. Je pense que n'importe quelle musique est « world music » parce qu'elle vient ce « world » là.

(Journaliste) Mais si Miriam Makeba est considérée par beaucoup comme l'ambassadrice de la musique africaine, « Mama Africa » refuse de s'enfermer. Elle est ouverte à toutes les influences musicales. Elle travaille d'ailleurs avec des grands artistes de diverses origines tels que Harry Belafonte, qui lui a d'ailleurs mis le pied à l'étrier, ou encore Paul Simon. Pour elle, la musique ne doit pas avoir de frontières rigides.

(Miriam) Je ne chante pas seulement les chansons sud-africaines. Je me suis toujours ouverte. Si vous regardez tous mes disques depuis le début, il n'y a pas seulement des chansons sud-africaines ou africaines, il y a des chansons indonésiennes, des chansons brésiliennes, des chansons en anglais, des chansons en français ; j'ai toujours aimé chanter la musique du monde. J'ai toujours aimé la musique et la culture des autres.

Audio Selection 5

Sélection numéro 5

Thème du cours : Le nationalisme

Vous aurez d'abord 1 minute pour lire l'introduction et parcourir les questions.

Introduction

Dans cette sélection il s'agit de l'histoire de l'ETA., le Mouvement Séparatiste Basque.

La sélection dure à peu près une minute et demie.

Script

Champs-Élysées, enquête.

Depuis près de trente ans, la France et l'Espagne ont un ennemi commun : le terrorisme basque, et plus particulièrement l'organisation séparatiste ETA. L'ETA réclame l'indépendance du Pays basque, région à cheval sur la frontière franco-espagnole. Mais ses méthodes sont très critiquées par la majorité des Basques. On reproche à l'ETA plusieurs centaines d'assassinats depuis sa création, en 1959.

Enquête pour Champs-Élysées, Nicolas Albrand.

L'organisation séparatiste basque ETA a vu le jour il y a presque quarante-cinq ans. D'emblée, elle affiche comme principale revendication l'indépendance du Pays basque. Dès le début, en 1959, l'ETA se veut clandestine, révolutionnaire et violente : premier attentat à la bombe en 1960 ; choix du terrorisme comme moyen d'action en 1964. Dès lors, la lutte interne est farouche entre partisans et opposants à la lutte armée.

Si les actions de l'ETA se concentrent essentiellement au Pays basque espagnol, la France est également impliquée dans l'histoire de cette organisation. Car depuis longtemps, le territoire français a fait office de base arrière du terrorisme basque. Des militants sont toujours détenus en France et, régulièrement, certains d'entre eux sont jugés par les magistrats français.

Audio Selection 6

Presentational Writing: Persuasive Essay

Thème du cours : La famille et la Communauté

Vous aurez d'abord 1 minute pour lire l'introduction et parcourir les questions.

Introduction

Dans cette sélection il s'agit d'un reportage pour le journal télévisé de TF1, une chaîne française, concernant les abandons d'animaux de compagnie.

La sélection dure à peu près deux minutes.

Script

Les abandons d'animaux en forte hausse cet été: transcription

Je vous le disais en titre, l'été a été catastrophique pour les animaux domestiques, le nombre d'abandons de chats et de chiens n'a jamais été aussi haut, plus 25%. Les refuges sont débordés, les associations de défense des animaux disent leur grande inquiétude.

Il y a une semaine à peine les maîtres de Kalif, jeune chiot d'un mois et demi, la jettent par-dessus la grille de ce refuge, une chute de plus de deux mètres.

Michèle Boulet (responsable d'un refuge de la SPA):
Il faut dire qu'elle revient de loin, hein. Au début on s'est vraiment demandé si on arriverait à la sortir de son traumatisme, ne serait-ce qu'à arriver à la faire se réalimenter. Elle ne voulait absolument pas manger.

Un abandon programmé au moment des vacances. Avant l'été le refuge accueillait chaque semaine une vingtaine de chats et de chiens, depuis le mois de juin le chiffre est passé à trente.

Michèle Boulet (responsable d'un refuge de la SPA):
Jusqu'à présent les gens ne nous disaient pas franchement qu'ils partaient en vacances, ils nous inventaient tout un tas de raisons. Maintenant on a eu plusieurs personnes cette année qui nous ont dit: Non, non, nous on part en vacances et on ne sait pas quoi faire de l'animal. Donc on n'en veut plus.

95% des animaux sont amenés ici par la fourrière. Les propriétaires pour qu'on ne remonte pas jusqu'à eux n'hésitent pas à mutiler leur chien. Rio, griffon d'un an et demi, n'a plus qu'une oreille.

Michèle Boulet (responsable d'un refuge de la SPA):
...ou ils coupent l'oreille pour éviter qu'on le retrouve ou alors ils peuvent utiliser... brûler en fait le tatouage pour qu'on ne puisse pas le lire. Après le chien se retrouve avec une oreille en moins certes mais aussi une peur de l'homme qui est parfois irréversible.

Les associations sont confrontées à toutes sortes d'abandons, de maltraitance. Sur ce terrain une quarantaine d'animaux vivent depuis deux ans dans des conditions déplorables.

Michèle Boulet (responsable d'un refuge de la SPA):
Ce sont des animaux qui souffrent terriblement de maltraitance, de mauvais traitements. Ils passent leur temps à dormir dehors été comme hiver par tous les temps enchaînés à 30, 40 cm de laisse, sans nourriture.

Une fois soignés, ces animaux seront confiés à un refuge. Des refuges qui ne peuvent plus faire face faute de place. Seule une hausse des demandes d'adoption éviterait d'avoir recours à l'euthanasie.

Audio Selection 7

Interpersonal Speaking: Conversation

Script

Pierre	J'ai entendu dire que tu montais une pièce théâtre, de quoi ça parle ?
Vous	*20 secondes*
Pierre	Ça a l'air très intéressant dis donc ! Je suis curieux de voir ce que ça va donner. Je veux bien t'aider, mais ça dépend des horaires de répétition, je suis très occupé, tu sais.
Vous	*20 secondes*
Pierre	Eh bien, je suis libre le lundi soir et le jeudi soir. J'aime beaucoup le film que tu as choisi, néanmoins je ne suis pas convaincu par le rôle que tu me proposes. Je n'aime pas beaucoup ce personnage.
Vous	*20 secondes*
Pierre	D'accord, cette fois c'est bon. Je préfère de loin ce que tu me proposes là. Les répétitions vont prendre du temps et beaucoup d'efforts, va-t-on être rémunéré ? Cela me semblerait juste.
Vous	*20 secondes*
Pierre	Ça marche, j'accepte. Ta pièce est vraiment une bonne idée, je suis très pressé de commencé les répétitions. J'espère que tu m'as choisi une jolie partenaire !
Vous	*20 secondes*